일본의 눈물

일본의 눈물

초판 1쇄 발행_ 2012년 3월 9일
초판 3쇄 발행_ 2012년 7월 25일

지은이_ 김대홍
본문 사진 제공_ KBS
펴낸이_ 이성수
주간_ 박상두
편집_ 최대흠, 황영선, 이홍우, 박현지
본문디자인_ 이세영
마케팅_ 이현숙, 이경은
제작_ 박흥준
인쇄_ 월드P&P

펴낸곳_ 올림
주소_ 서울시 종로구 신문로1가 163 광화문오피시아 1810호
등록_ 2000년 3월 30일 제300-2000-192호(구:제20-183호)
전화_ 02-720-3131
팩스_ 02-720-3191
이메일_ pom4u@naver.com
홈페이지_ www.ollim.com

값_ 14,000원
ISBN 978-89-93027-31-0 03300

※ 이 책은 寬勳클럽信永研究基金의 도움을 받아 저술·출판되었습니다.

일본의 눈물

김대홍 지음

울림

3·11 대지진으로 희생된 모든 일본인들,

그리고 방사능 공포 속에서도

끝까지 마이크와 카메라를 놓지 않은

KBS 동일본 대지진 특별취재팀에게

이 책을 바칩니다.

나와 할머니, 그리고 일본

나의 할머니는 재일동포이다. 제주 4·3 사건 때 할아버지가 돌아가시자 일곱 살, 다섯 살 난 두 아들을 버리고 일본으로 건너가 재혼하셨다. 친척들은 그런 할머니를 '나쁜 년'이라며 아직도 손가락질하신다. 하지만 아버지와 작은아버지는 할머니를 이미 용서하셨다. 당시 상황에서는 어쩔 수 없는 일이 아니었겠느냐고 이해하셨던 듯하다.

재혼한 할머니는 평생 가난하셨다. 아니 좀 더 정확하게 말하면 평생 '돈, 돈' 하며 돈을 쫓아다니셨다. 하지만 할머니는 억세게도 운이 없었던 것 같다. 어렵게 어렵게 모은 돈으로 일본에서 낳은 큰아들과 함께 신주쿠에 조그만 선술집을 차리셨는데, 문을 연 지 며칠 만에 화재가 나는 바람에 권리금이고 뭐고 한 푼도 건지지 못한 채 빚더미에 올라앉았다.

노년은 더욱 쓸쓸했다. 신주쿠구에서 마련해준 방 두 개짜리 영세민 아파트에서 하루 종일 TV를 켜놓고 우두커니 창밖만 내다보셨다. 침대 옆에는 약 봉투가 수북이 쌓여 있었다. 약만 먹어도 배가 부를 정도였다. 할머니는 걸어 다니는 종합병원이었다. 당뇨병에 무릎 관절염, 심장병에다 기관지도 나빠서 말도 제대로 못하셨다. 그래도 손자인 나는 끔찍이 아끼셨다. 절뚝거리면서도 제주도 손자가 왔다고 '냉국수'를 만들어

주셨다. 삶은 소면에 오이를 가늘게 채 썰어 올리고 간장을 뿌리는 것이 전부였지만, 맛있었다. 어쩌다 가족들과 함께 찾아뵈면 근처 초밥집에 전화해 '모듬 스시'를 주문하셨다. 내 아이들에게는 여느 제주도 할머니들처럼 꼬깃꼬깃한 천 엔짜리 지폐를 꺼내 나눠주시기도 했다.

2년 전 할머니는 돌아가셨다. 당시 나는 KBS 도쿄 특파원이었다. 할머니가 편찮으시다는 이야기를 할머니의 일본 큰아들한테 듣고 아내가 만들어준 콩국을 플라스틱 보온병에 넣고 병문안을 갔다.

할머니는 얼굴과 손발이 퉁퉁 부어 있었다. 말도 제대로 못하시면서 "대홍이 왔니? 뭐하러 왔어, 회사일로 바쁠 텐데…" 하셨다. 배가 고프다고 하셔서 가까운 편의점에서 '다시마'가 들어 있는 삼각 김밥을 세 개 사왔다. 할머니는 문자 그대로 눈 깜짝할 사이에 그걸 다 드셨다. 그리고 정확히 5시간 뒤 할머니는 돌아가셨다. 한국과 일본에서 두 번이나 결혼했지만 호강 한 번 못하신 할머니는 우리들 기억 속에서 점점 사라져갔다.

내가 KBS 도쿄 특파원이 될 수 있었던 것도 어찌 보면 이런 불행한 가족사 때문인지도 모른다. 60년 전 어린 두 아들을 제주에 남겨 놓고 일본으로 도망간 할머니는 평생 죄책감을 떨쳐버리지 못하셨고, 아버지와 작은아버지는 평생 어머니를 그리며 살았다. 나는 이들을 연결해주는 고리가 되고 싶었다. 시간은 많지 않았다. 할머니가 치매 증세까지 보인다는 소식을 듣고 나는 조급했다. 더 이상 미뤘다가는 나의 바람도 불가능해질 것이라는 느낌이 들었다.

하늘이 도운 것일까? 내가 그런 고민을 할 때 KBS 보도본부에서 도쿄 특파원을 모집한다는 공고가 났다. 나는 응시를 했고 운 좋게 한 번만에 임기 3년의 도쿄 특파원으로 선발됐다.

모든 기자들의 욕심은 똑같다. 역사의 현장을 취재하고 싶다는 욕심이다. 현장은 기자들에게 에너지와 영감을 준다. 현장에 있고 없고의 차이는 기사에서 확연하게 차이가 난다. 현장에 있어야만 한 문장 한 문장이 살아 꿈틀거리는 기사를 쓸 수 있다.

그런 의미에서 나는 참 운이 좋은 기자다. 50년 만의 정권교체, 도요타자동차의 리콜 굴욕, 조선왕실의궤 반환 등 일본 역사에서 빼놓을 수 없는 굵직굵직한 사건 현장을 특파원으로서 직접 취재할 수 있었기 때문이다.

그러나 무엇보다 잊을 수 없는 현장은 3·11 동일본 대지진이었다. 규모 9.0의 대지진보다 무서운 것은 20미터가 넘는 초대형 쓰나미였고, 그 쓰나미보다 더 무서운 것은 방사능 공포였다. 대지진과 쓰나미, 그리고 방사능이라는 3가지 대재앙이 한꺼번에 일본 열도에 불어닥친 것이다.

피해 규모만 봐도 엄청나다. 사망자만 15,853명에 이르고, 행방불명된 사람도 3,283명이나 된다. 경제적 손실 또한 천문학적이다. 완전 파괴된 건물이 128,746채, 반파된 건물이 245,239채에 달하며 일부만 파괴되거나 침수된 건물은 그 수를 헤아리기조차 힘들다. 일본 언론들은 이번의 대재앙으로 최소 24조 엔 정도의 피해를 본 것으로 추산하고 있다.

9·11 테러가 세계 유일의 '절대 강국' 미국의 이미지를 추락시켰다면, 3·11 대지진은 경제대국 일본의 한계를 적나라하게 보여주었다. 천문학적인 경제 손실보다 더 큰 문제는 일본사회를 지탱하고 있던 공동체의 붕괴였다. 서방 언론들은 대재앙 속에서도 침착한 일본인들을 보고 "인류가 진화하고 있다는 것을 보여줬다"고 칭찬했지만, 실제 취재현장에서 목격한 일본인들의 모습은 그렇지 않았다. 그들도 우리와 마찬가지로 하늘을 원망하고, 제대로 대처하지 못하는 정부를 비판했다. 그들의 눈물은 누가 닦아줄 것인가.

일본은 지금 기로에 서 있다. 서서히 침몰하는 군함처럼 역사 속으로 사라질 것인지, 아니면 제2차 세계대전의 잿더미에서 일어섰던 것처럼 힘차게 부활할 것인지 전 세계가 주목하고 있다.

이 책은 KBS 도쿄 특파원으로 활동한 3년 동안의 취재 경험과 TV에서 전하지 못한 취재 뒷이야기를 모은 것이다. 3·11 대지진 이후 쓰나미 피해 현장에서 만난 이재민들과 일본의 정치, 경제, 사회 지도자들, 그리고 일본 언론인들과의 토론 등을 정리했다.

처음에는 특파원 3년 동안의 경험만으로 책을 낸다는 것이 무리라는 생각이 들었다. 글재주도 없으면서 너무 욕심을 부리는 것이 아닌지 하루에도 몇 번씩 스스로에게 물었다. 하지만 일본을 잘 알지도 못하면서 '일본은 있다'느니 '없다'느니 하면서 단편적으로 일본을 재단하는 것보다 어쩌면 현장에서 땀 흘리며 취재한 이야기를 들려주는 것이 일본을 더 잘 이해하는 방법이 되지 않을까 하고 생각했다.

이 책은 2011년 3월 11일 동일본 대지진 이후 일본사회가 어떻게 변해가고 있는지를 추적한다. 흔히들 3·11 대지진 이후 일본사회가 변하고 있다고 말한다. 과연 그럴까? 어쩌면 3·11 대지진 훨씬 이전부터 일본사회가 바뀌어왔던 것은 아닐까? 이번 대지진을 통해 그동안 우리가 잘 몰랐던 일본의 변화된 모습이 단지 표면 위로 부상한 것은 아닐까?

일본사회의 변화를 추적하려면 다루어야 할 문제가 한두 가지가 아니다. 그리고 그 모든 문제들을 한 권의 책 속에 다 담는 것은 나의 능력에 넘치는 일이다. 다만 도쿄 특파원 3년 동안 일본 열도 각지를 돌아다니며 취재한 내용을 바탕으로 3·11 대지진 당시 일본사회의 혼란과 그 원인, 이후의 대처 과정을 집중적으로 다루려 한다.

이 책에는 간 나오토 전 총리, 손정의 소프트뱅크 회장, 강상중 도쿄대 교수, 고노 다로 일본 자민당 국회의원 등 이름만 들어도 쉽게 알 수 있는 유명인도 나오지만 익명을 조건으로 인터뷰에 응했던 일본의 핵과학자들도 등장한다. 그들의 증언은 한마디로 충격적이었다. 쓰나미로 가족을 잃고 고통스러운 나날을 보내고 있는 미망인과 노부부의 애절한 사연도 빼놓지 않았다. "사랑하는 사람들이 모두 다 사라졌기 때문에 이제 더 이상 아무것도 두렵지 않다"는 지바 할머니의 떨리는 목소리가 아직도 귓가에 맴도는 것 같다.

이 책은 전문 학술서가 아니다. 신문이나 방송 기사를 모아 놓은 것은 더더욱 아니다. 직접 3·11 대지진을 취재하면서 겪은 일, 그 과정에서 만난 수많은 일본인들의 솔직한 심정을 있는 그대로 기록한 것이다.

이 책을 통해 우리나라 사람들이 '가깝지만 먼 나라' 일본을 좀 더 깊이 이해할 수 있었으면 좋겠다. 특히 일본을 연구하는 젊은이들이 일본의 또 다른 모습을 들여다보는 계기가 되기를 바란다.

미래의 방송기자, 특히 특파원을 꿈꾸는 젊은이들에게도 이 책을 권하고 싶다. 매일 TV에서 보는 뉴스가 어떻게 만들어지고, 또 현장에 있는 기자들이 얼마나 치열하게 고민하고 땀 흘리며 뉴스를 만드는지를 이해하게 될 것이다. 방사능 피폭이라는 위험한 상황 속에서도 방송을 위해 몸을 사리지 않는 기자들의 열정 또한 느껴볼 수 있을 것이다.

우리 사회의 지도자들에게도 이 책이 유용하리라 생각한다. 원전사고와 같은 '국가적 초비상 사태'가 발생했을 때 지도자들은 국민들에게 어떤 모습을 보여야 하는가? 원전사고 이후 일본의 정치인과 과학자들이 왜 국민들로부터 신뢰를 받지 못하게 되었는가? 이 책이 그에 대한 해답을 줄 것이다. 더불어 이 책을 통해 위기의 시대에 더욱 빛나는 리더십의 길을 새롭게 묻고 탐색하는 기회가 되기를 바라는 마음 간절하다.

이 책이 나오기까지 도움을 주신 권혁주 KBS 도쿄지국장님, 이상구 특파원, 신강문 특파원, 아사카와 노리유키(浅川法之) 씨, 그리고 〈KBS 스페셜〉을 함께 제작한 김형석 PD 특파원, 홍승환 촬영감독, 이영웅 코디네이터에게 감사드린다. 또 흔쾌히 졸고의 출판을 맡아주신 올림 식구들에게도 고마운 마음을 전한다. 어려운 환경 속에서도 열심히 생활하고 있는 딸 세영, 아들 덕용, 그리고 아내 양윤실에게도 이 자리를 빌어 고맙다는 말을 전하고 싶다. 마지막으로 80년 신군부의 강압으로 해직기자가 되신 아버지 김영훈, 그리고 그 아버지를 평생 뒷바라지하신 어머니 고국심 두 분께 깊은 감사의 말씀을 올린다.

김대홍

차례   ≫

1장

대지진 5일간의 기록

"NHK 긴급 지진 속보입니다"

2011년 3월 11일. 그날 나는 도쿄 도심 아카사카(赤坂) 근처에서 평소 가깝게 지내던 경제인들과 점심식사를 했다. 도요타자동차 리콜 이후 일본 경제가 어떻게 바뀔지에 대한 논의가 집중적으로 이뤄졌다. 시부야 NHK 건물 안에 있는 KBS지국 사무실로 돌아온 것은 오후 2시쯤이었다. 서울 본사 국제부 데스크에게 전화를 걸었다. 특별한 일은 없었다. 그렇다면 안심. 지난주부터 미뤄왔던 편집을 시작했다. 우리에게도 잘 알려진 〈날아라! 호빵맨〉의 원작가 야나세 다카시(やなせたかし, 92세) 씨의 만화 인생을 9시 뉴스로 만드는 작업이었다.

90살이 넘은 야나세 씨는 인터뷰할 때도 웃음을 잃지 않았다. 호빵맨 캐릭터가 들어간 양말을 보여주며 "나이는 숫자예요. 자기가 좋아하는 일을 해야 해요"라고 자신감이 넘치는 얼굴로 말했다. 그는 50살이 넘어 만화를 그리기 시작했다. 잘나가던 문구회사를 정리하고 어릴 적 꿈이었던 만화가로 변신한 것이다.

〈날아라! 호빵맨〉은 단순히 어린이들만을 위한 만화가 아니다. 이 만화 속에는 야나세 씨의 심오한 인생철학이 들어있다. 예를 들면 호빵맨의 적이자 악의 상징인 '세균맨'이 있는데, 호빵맨은 세균맨을 혼내줄 뿐, 죽이지는 않는다. 왜일까? 인생은 선과 악이 공존해야 한다는 야나세 씨의 철학 때문이다. 야나세 씨는 악이 있어야 선이 있고, 선이 있어야 악이 있다고 믿는다. 실제로 야나세 씨는 인터뷰에서 "악이 나쁘다고 다 없애버리면 선만 남겠죠. 그럼 세상은 선으로만 가득 찰까요? 나는 아니라고 봐요. 악이 있기 때문에 선이 더 빛이 나는 거예요. 만약 악이 없다면 선도 의미가 없어져요. 우리의 몸을 봐요. 우리의 몸은 수많은 세균에 노출돼 있어요. 세균이라고 다 나쁜 것만은 아니에요. 좋은 세균도 있거든요. 유산균 같은…. 그래서 선과 악을 조화시키는 것, 이것이 어쩌면 악을 없애는 것보다 더 어려워요."

편집이 거의 다 끝나갈 무렵, 갑자기 아들 덕용이가 생각났다. 오늘이 마지막 등교일이라서 수업이 끝나는 오후 3시에 학교 교문 앞에서 만나기로 약속했기 때문이다. 아내와 딸은 한국에 있었다. 서둘러 아들을 만나러 가려고 복도를 나서는 순간, 갑자기 '꽝' 하는 소리와 함께 건물이 심하게 흔들렸다. 그냥 흔들리는 게 아니라 30미터쯤 되는 긴 복도가 마치 동물의 내장처럼 이리저리 뒤틀리는 것 같았다. 한쪽 벽에 손을 대고 내 몸을 지탱했다. '뭘까? 또 지진인가?' 일본은 지진이 잦은 나라다. 잠을 잘 때 침대가 심하게 움직이는 진도 4 정도의 지진은 한 달에도 서너 번 발생한다.

하지만 이때는 달랐다. 가만히 서 있기도 힘들 정도로 심하게 흔들렸다. '진도 6은 넘겠는데?' 기상청 지진 담당자가 된 것처럼 막연히 추측해봤다. 3년 가까이 일본에 살면서도 진도 6 이상은 경험한 적이 없었다. 하지만 '이러다 곧 멈추겠지'라고 스스로를 위로했다. 사실 그때까지 내가 경험한 일본의 지진은 길어봤자 5~6초 정도였기 때문이다. 그런데 그 날의 지진은 나의 예상을 깨고 2분 이상 계속됐다. 아마 내가 느낀 시간은 이보다 두세 배는 더 길었던 것 같다.

복도 밖으로 NHK 직원들이 뛰쳐나왔다. 50대 중년 여성은 "무서워! 무서워!"라고 외치며 복도에 주저앉았다. 눈물을 흘리는 사람, 공포에 질려 신음 소리만 내는 사람, 복도를 빠져나가려고 필사의 탈출을 시도하는 사람… NHK 동관 7층 복도는 순식간에 아수라장으로 변해버렸다. 건물의 흔들림은 이후에도 멈추지 않았다. 마치 성냥갑 속에 성냥들을 넣고 흔드는 것처럼 비상등만 켜진 깜깜한 복도 안의 사람들이 이쪽 벽에서 저쪽 벽으로 왔다 갔다를 반복했다.

문득 대학교 1학년 때 술에 취했던 기억이 떠올랐다. 제주에서 올라온 지 얼마 안 된 때였다. 서울대 정문 앞 '강 건너'라는 술집에서 고등학교 친구 4명과 막걸리와 소주를 마셨다. 얼마나 먹었는지 생각도 안 날 정도로 만취했다. 부모로부터의 해방감, 군사정권 아래 참담한 대학생활에 대한 회의, 그리고 민주국가를 만들어야 한다는 어설픈 사명감 등이 술을 더 마시게 했던 것 같다. 술 취한 친구들과 서로 어깨동무를 하고 노래를 부르며 서울대 정문 쪽으로 걸어갔다. 그때 나는 이상한 체험을 했다. 아스팔트 도로가 마치 파도처럼 밀려오더니 내 머리를 때리는 것이었다. 왜 땅바닥에 붙어 있어야 할 아스팔트가 꿈틀거리다가 나를 때리는 걸까? 술 취해 내가 비틀거리고 있다는 것을 그때는 전혀 의식하지 못했다.

NHK 동관 복도도 마찬가지였다. '그래 어쩌면 내가 흔들리는 거야. 왜 멀쩡한 복도가 동물의 창자처럼 뒤틀리겠어. 그럴 리 없지! 그런데 지금은 술도 안 마셨는데… 왜 그렇게 보이는 걸까?'

다시 사무실로 돌아왔다. 사무실은 말 그대로 난장판이었다. 선반 위에 놓여 있는 뉴스 모니터용 TV에서는 NHK 아나운서의 다급한 목소리가 들렸다. "긴급 지진속보를 전해드리겠습니다. 규모 8.8의 강진(나중에 일본 기상청은 9.0으로 정정했다)이 일본 동북부 바닷가에서 발생했습니다. 앞으로도 강력한 규모의 여진이 계속 이어지겠습니다. 특히 동북부 지역을 중심으로 일본 열도 동해안 대부분 지역에서 쓰나미 경보가 발령됐습니다. 최대 높이는 20미터에 이르겠습니다. 피해가 없도록 각별히 주의해주시기 바랍니다."

사무실에 있던 촬영기자 이상구 특파원은 직감적으로 움직였다. ENG 카메라를 메고 엉망진창이 된 사무실을 촬영했다. 우왕좌왕하는 사무실 사람들의 모습도 그대로 카메라에 담았다. NHK 뉴스 속보도 찍었다. 사무실 바닥에는 선반에서 떨어진 방송용 테이프들이 여기저기 흩어져 있었다.

나는 KBS 로고가 박힌 마이크를 들고 촬영기자에게 사무실의 상황을 1분 이상 계속 묘사할 테니까 중간에 끊지 말라고 부탁했다. 미리 연습할 시간도 없었다. '큐' 하는 소리가 나자 ENG 카메라에 빨간 불이 들어왔다. 나는 카메라를 보며 다급하게 말했다. "네, 지진으로 쑥대밭이 된 KBS 도쿄지국 사무실입니다. 보시는 것처럼 바닥에는 방송용 테이프들이 널브러져 있고 선반 위에 있던 방송용 기기들도 다 넘어졌습니다. 이곳에 있는 TV 모니터는 한쪽으로 기울었습니다. 얼마나 강하게 사무실이 움직였는지를 잘 보여주는 증거들입니다. 아직도 지진은 끝난 것이 아닙니다. 여진이 2~3분 간격으로 느껴집니다."

편집할 시간도 없이 이 화면을 본사 국제부에 보냈다. 과거와 달리 최근에는 인터넷 기술의 발달로 도쿄에서 그림을 송출하면 서울에서 실시간으로 받을 수 있다. 그림을 송출하고 나서 촬영팀은 곧바로 시내 스케치를 하겠다며 나갔다. 사무실에는 권혁주 도쿄지국장과 신강문 특파원, 그리고 나 이렇게 세 명만 남았다.

한편 같은 시각, 서울에서는 긴급 간부회의가 소집됐다. 김일성 사망 이후 긴급 간부회의는 이번이 처음이라고 들었다. 그만큼 서울에서도 이번 사태의 심각성을 인식하고 있었던 것이다.

권혁주 지국장이 말했다. "대홍 씨, 집에 식구도 없는데, 애는 어떻게 했어요? 아직도 학교에 있는 건가요?" 갑자기 아들이 걱정됐다. 시부야 건물이 이 정도로 흔들렸다면 10킬로미터 떨어진 학교도 마찬가지일 텐데, 초등학생인 덕용이는 괜찮을까? 놀라지는 않았을까? 지국장에게 부탁했다. "죄송하지만 잠깐만 다녀오겠습니다. 30분 안에는 돌아올 겁니다." 지국장은 걱정 말라며 급한 일은 일단 후배 특파원에게 지시하겠다고 말했다.

사무실을 빠져나와 깜깜한 복도를 달렸다. 불 꺼진 복도에는 아직도 서성이는 사람들이 적지 않았다. 7층에서 주차장까지 가려면 남쪽 엘리베이터를 이용해야 하는데 지진 충격으로 멈춰 서 있었다. 다시 비상계단으로 몸을 돌렸다. 계단은 이미 사람들로 꽉 차 있었다. 위층에서 내려오는 사람과 7층에서 내려가려는 사람들이 서로 섞이면서 발 디딜 틈이 없을 정도로 혼잡했다.

가까스로 1층 주차장으로 내려와 자동차에 시동을 걸고 아들의 학교로 향했다. 시부야(渋谷)에서 상겐자야(三軒茶屋), 그리고 요가(用賀)를 거치면 넉넉잡아 왕복 40분이면 충분할 것이라고 생각했다. 하지만 나의 예상은 처음부터 빗나갔다. 우선 시부야를 빠져나가는 것 자체가 쉽지 않았다. 도로는 거대한 주차장으로 변해 있었다. 이런 경우는 처음이었다. 지하철 등 대중교통이 발달된 일본에서는 우리나라와 같은 교통정체가 거의 일어나지 않는다. 하지만 그날은 달랐다.

결국 246번 국도를 이용하려던 당초 계획 대신 조금 멀더라도 주택가 골목길을 이용하기로 했다. 시부야에서 고마자와(駒沢)올림픽공원을 통해 오자와 이치로(小澤一郎) 전(前) 간사장 집을 지나는 코스를 택했다. 다행히 그쪽은 크게 밀리지 않았다. 운전하는 도중에 차량 내비게이션에 장착된 TV로 NHK 뉴스를 틀었다. 좀 전에 봤던 남자 아나운서가 계속 뉴스 속보를 진행하고 있었다. 구체적인 피해 화면은 아직도 들어오지 않은 것 같았다. 방송국에 설치된 CCTV 화면과 지진 규모가 적힌 컴퓨터 그래픽이 전부였다.

운전을 하면서 서울 본사에 전화를 걸어 데스크인 박상용 차장을 찾았다. 연결이 안 됐다. 나중에 알았지만, 지진으로 갑자기 통화가 폭증하면서 일본 내 모든 휴대전화가 먹통이 됐던 것이다. 마음이 초조했다. 회사일과 집안일이 한꺼번에 겹치면서 둘 다 걱정이 됐기 때문이다. 일단은 아이를 빨리 데려오는 것이 급선무였다. '애와 함께 사무실로 돌아가는 거야. 그다음 일은 회사에서 생각하자!' 가까스로 학교 근처에 도착했다. 하지만 더 이상 접근할 수가 없었다. 아이들을 데려가려는 학부모 수십 명이 차를 몰고 학교로 몰려들었기 때문이다. 차를 세우고 학교 행정실로 달려갔다. 학생들은 학교에 없었다. 안내원은 학교 운동장에 전교생이 모여 있다고 알려줬다. 축구장과 야구장으로 쓰이는 학교 운동장에는 마치 소풍가는 학생들처럼 맨 앞에 선생님이 서 있고 학생들은 그 뒤를 따라 차례대로 줄을 맞춰 서 있었다.

지진이 나면 일본 학생들은 책상 아래로 들어가 숨는다. 천장에 붙어 있던 물건들이 떨어지거나 벽에 세워뒀던 물건들이 넘어지면서 학생들이 다칠 수 있기 때문이다. 그리고 어느 정도 지진이 잠잠해지면 곧바로 학교 운동장으로 나온다. 붕괴 위험이 있는 건물 안보다는 공터가 훨씬 더 안전하다는 판단 때문이다.

담임선생님에게 간단히 인사한 뒤 아이를 데리고 나왔다. 덕용이도 크게 놀란 모양이었다. 나를 보자마자 눈물을 흘리며 "아빠, 왜 이렇게 늦게 왔어?"라고 말했다. 차에 시동을 걸자 아이가 창밖을 보며 말했다. "정말 재수 없어. 왜 하필이면 오늘 대지진이 난 거야?" 내일이면 덕용이는 엄마와 누나가 있는 한국으로 갈 예정이었다. 그러니까 오늘이 덕용이에게는 일본에서의 마지막 수업이 있는 날이었고, 수업이 끝나면 친구들과 간단히 파티도 할 예정이었다. 일본에서 2년 반 동안 친하게 지냈던 친구들에게 선물도 나눠주고 또 그들로부터 선물도 받는 그런 날에 규모 9.0의 대지진이 일어난 것이다. 파티도 못하고 친구들에게 선물도 받지 못하게 된 덕용이에게는 어쩌면 오늘이 인생 최악의 날 가운데 하나로 기록될 것 같았다.

왔던 길을 다시 되돌아갔다. 덕용이와 나는 아무 말도 않고 NHK 뉴스만 봤다. 지진 피해 영상이 들어오기 시작했다. NHK 헬기가 도쿄 상공에서 촬영한 화면이었다. 오다이바(お台場)에 있는 후지TV 뒤쪽 빌딩

에서 검은 연기가 피어올랐다. 마치 공중폭격을 맞은 듯했다. 잠시 뒤 해안가에 있는 석유 저장소에서도 시뻘건 불길과 함께 검은 연기가 하늘을 뒤덮었다. 너무나 충격적이었다. '아, 이러다 일본 열도 전체가 침몰하는 것 아닐까?' 갑자기 두려워졌다. 지진이 무섭다는 것은 알았지만, 이 정도로 강력할 줄은 꿈에도 몰랐다.

KBS 도쿄지국은 전쟁터를 방불케 했다. 권혁주 지국장과 신강문 특파원이 번갈아가면서 생방송에 참여하고 있었다. NHK와 일본의 민방들이 방송한 화면을 중심으로 지금 일본이 어떤 지진 피해를 입었는지 전달하고 있었다. 나는 새로 들어온 TV 화면과 일본의 신문, 통신사에서 새로 전송된 기사들을 검색하면서 정리한 내용을 방송 진행자들에게 넘겨줬다. 그렇게 정신없이 일하던 어느 순간, NHK 방송화면을 본 나는 심장이 얼어붙는 것 같았다.

NHK 센다이지국 소속 헬기에서 찍은 쓰나미 동영상이었다. 거대한 물기둥이 두세 개 잇따라 일본 동북부 해안으로 접근하는 모습이었다. 처음에 나는 그 동영상이 컴퓨터 그래픽인 줄만 알았다. 너무나도 선명하고 고요하게 다가왔기 때문이다. 잠시 후 또 하나의 쓰나미 동영상이 보도됐다. 해안가를 덮친 쓰나미가 논밭을 뒤엎으면서 마을을 집어삼키는 장면이었다. 할리우드에서 만든 그 어떤 재난영화에서도 이런 장면은 없었을 것이다. 대자연의 공포가 이 정도일 줄은 꿈에도 몰랐다. 함께 영상을 보던 스태프들도 너무나 충격이 컸는지 할 말을 잃었다.

NHK 헬기가 세계적인 특종 영상을 촬영할 수 있었던 것은 NHK만의 독특한 취재 시스템 덕분이다. 현재 NHK는 전국 12개 권역에 14대의 헬기를 임대 방식으로 운용하고 있다. 헬기 조종사와 NHK 촬영기자는

24시간 교대근무를 하기 때문에 긴박한 사건이 터졌을 때 신속하게 이동하여 촬영할 수 있다. 지진 당시 일본 센다이공항에는 NHK 헬기 외에 민방이나 정부기관 소속 헬기도 있었지만 '긴급 지진 속보'와 함께 헬기를 띄운 곳은 NHK뿐이었다. 헬기 조종사와 촬영기자가 헬기 바로 옆에서 24시간 대기하고 있었기 때문이다.

이번 쓰나미 영상은 운도 따랐다. NHK 관계자의 설명에 따르면 지진 당시 NHK 헬기는 정비를 받기 위해 격납고 밖으로 나와 있었다고 한다. 즉각적인 출동과 신속한 취재는 그렇게 가능했던 것이다.

'이 시각 현재 도쿄… 제2 지진해일 우려'

2011년 3월 11일 오후 5시. 서울 본사 긴급 대책회의가 끝났다. 메인 뉴스인 KBS 9는 특집 뉴스로 결정이 났다. 일본 대지진 관련 뉴스로 1시간을 가기로 한 것이다. 국제부에는 국제부 기자들뿐만 아니라 정치, 경제, 사회, 문화부에서 차출된 기자들이 보강됐다. 일본에서 보내주는 영상과 AP, 로이터 등에서 수신되는 영상 등을 이용해 최대한 겹치지 않으면서 내용이 다양한 뉴스를 만들라는 지시가 내려왔다.

도쿄 특파원들의 아이템도 결정됐다. 권혁주 지국장에게는 12번째 아이템으로 '도쿄까지 충격파, 수도권도 피해', 신강문 특파원에게는 15번째 아이템으로 '일본 정부 비상, 피해 수습 안간힘'을 제작하라는 지시가 떨어졌다. 나는 9시 뉴스 도중에 생방송으로 도쿄를 연결할 테니 새로 들어오는 소식을 전해달라는 주문을 받았다. 제목은 '이 시각 현재 도쿄… 제2 지진해일 우려'였다. 모두가 각자 맡은 임무를 수행하기 위해 분주하게 돌아다녔다. 그런데 문제가 생겼다. 김형석 PD 특파원과 홍승환 촬영감독이 지방 출장 중이라 이들의 도움 없이는 동시에 3개의 아이템을 소화한다는 것이 무리였기 때문이다. 결국 아들 덕용이를 투입하기로 결정했다. 초등학교 6학년이지만 덩치는 아빠만한 아들이 조명을 들고 권혁주 지국장과 함께 야간 취재에 나선 것이다.

퇴근길 일본 시민들의 불편을 담기 위해 권 지국장과 촬영 스태프들은 시부야 전철역으로 향했다. 기자들이 원고를 쓰고 촬영기자가 편집을 하는 동안 덕용이는 근처 한국식당에 가서 도시락 배달을 했다. 초등학생도 쓸모가 있을 때가 있었다.

우여곡절 끝에 그날 9시 뉴스는 깔끔하게 잘 나갔다. 서울에서도 수고했다는 격려의 전화가 이어졌다. 하지만 문제는 그때부터였다. 특파원 3명서 일본 대지진을 커버하기가 어려웠다. 당장 다음 날부터는 피해 현장도 찾아봐야 하고, 정부 대책도 알아봐야 하고, 한국 교민들의 피해는 없는지 알아보기 위해 대사관에도 취재를 나가야 했다. 서울에 인력 지원을 요청했다. 보도본부장과 보도국장은 우선 서울에서 5개 팀을 꾸려 날이 밝으면 피해가 큰 동북부 센다이 지역으로 보내기로 결정했다. 우선 일본어가 가능한 남종혁, 양지우 등 전직 도쿄 특파원 선배들이 투입됐다. 이와는 별도로 보도제작국 기자들과 편성제작국 소속 PD들도 다음 날 센다이(仙台), 아오모리(靑森) 등 지방 공항을 통해 피해 지역으로 속속 들어갔다.

도쿄지국에서도 회의가 열렸다. 일단 당분간은 철야방송을 해야 하기 때문에 특파원 3명을 3개조로 나눴다. 생방송 출연은 아무래도 특파원이 맡는 게 낫다는 판단 때문이었다. 저녁 7시부터 밤 12시까지 한 사람이 맡고 아침 뉴스광장이 시작되는 6시부터 또 다른 사람, 마지막 한 사람이 낮 뉴스 시간대 생방송을 맡기로 잠정 결론을 내렸다. 아울러 도쿄 특파원들도 피해 현지로 올라가야 하기 때문에 최소 2팀 정도를 도쿄에 파견해달라고 서울에 요청했다. 피해 현장에는 신강문 특파원과 이상구 촬영기자 특파원을 보내기로 결정했다. 이들은 잠깐 집에 들러 세면도구를 갖춘 뒤 곧바로 북부 이바라키(茨城)현을 거쳐 센다이시에 들어간다는 전략을 세웠다. 나와 권 지국장은 도쿄에 남아 생방송에 출연하면서 취재 현장에 나가 있는 기자들을 지원하기로 했다.

지진 발생 다음 날인 12일 오후, 서울 파견팀들로부터 연락이 왔다. 우선 현지 사정에 밝은 코디네이터와 차량을 지원해달라는 요청이었다. 아무래도 한국 유학생이나 재일동포가 적격인 것 같아 찾아봤지만 쉽지 않았다. 유학생들은 지진 이후 대부분 한국으로 돌아갈 예정이었다. 재일동포들도 현업을 지키는 것이 우선이라며 부정적인 반응이었다. 가장 큰 문제는 자동차 연료였다. 대지진으로 도쿄 인근에 있는 대형 정유 시설에 불이 나고 도쿄와 지방을 잇는 철도망도 끊기면서 휘발유 공급이 사실상 중단됐기 때문이다. 서울 파견팀은 10여 명이 함께 이동도 하고 중간중간 차 안에서 쉴 생각으로 소형 버스를 빌렸는데 휘발유를 공급받지 못해 차가 오히려 애물단지가 됐다.

취재 경쟁에 불이 붙었다. 누가 가장 빨리 현장으로 들어가 1보를 방송하느냐가 마치 기자의 능력처럼 평가받기 때문이다. 벌써 MBC와 SBS가 센다이에 들어갔다는 소문도 들렸다. 하지만 곧 사실이 아닌 것으로 확인됐다. 쓰나미의 영향으로 피해가 큰 해안 지역에 들어가는 것이 쉽지 않았기 때문이다. 휘발유를 공급받으려고 100미터가 넘는 줄을 서야 했다. 그것도 취재차량이라는 딱지가 있어야만 '만땅'을 채울 수 있었다.

그렇지 않은 일반 차량은 2,000엔, 우리 돈 3만 원어치의 휘발유만 살 수 있었다.

먹고 자는 것도 문제였다. 센다이 지역 대부분의 호텔들이 파손돼 수돗물 공급도 제대로 이뤄지지 않았다. 난방도 안 됐다. 3월 중순이라고는 하지만 일본 동북부 지역은 우리나라의 강원도보다 더 춥다. 눈까지 내려 취재는 최악의 상황이었다. 여기에다 식당들이 문을 닫으면서 식사를 해결하기도 어려웠다. 취재팀을 안내하는 코디네이터들은 취재팀의 통역이나 차량 운전은 물론 먹고 자는 문제까지도 해결해야만 했다. KBS의 한 코디네이터는 아침부터 저녁까지 식량을 구하지 못해 취재팀으로부터 거친 항의를 받았다고 했다. 이처럼 KBS를 포함한 대부분의 한국 언론사들이 주먹구구식으로 재난 지역 취재에 임하고 있었다.

하지만 NHK는 모든 것을 매뉴얼대로 처리하고 있었다. 지진이 발생하자마자 NHK 보도본부 소속 총무부장은 직원 2명을 NHK 뉴스센터에 즉각 파견했다. 기자들이 취재에 전념할 수 있도록 재정, 차량, 식량 등을 공급하는 것을 1차적인 임무로 여기는 그는 우선 주거래 은행인 '미즈호(みずほ)은행'에서 비상자금으로 1,000만 엔을 찾았다. 보도 총무부는 언제든지 오프라인에서 현금을 인출할 수 있는 '미즈호(みずほ) 스페셜 카드'를 2장 갖고 있는데, 카드 한 장으로 1,000만 엔까지 찾을 수 있다. 지진 발생 다음 날 NHK 보도 총무부장은 총무부 소속 직원 10명을 센다이로 보냈다. 2시간 뒤에는 수도권 기자 70명과 중계차와 소형 버스 등 차량 20대를 피해 현장으로 보냈다. 나카야마 시게히사(中山繁久) 보도 총무부장은 "NHK 기자는 먹을 것, 마실 것, 그리고 방한복만 지원하면 어디서든 방송할 수 있다. 최소한 이것만 갖춰주면 된다"고 말했다.

실제로 NHK는 지진 발생 뒤 10일 동안 2만 명분의 비상식량과 음료수 6,000리터를 육로를 통해 현지에 보냈다. 또 기자들에게 나눠줄 비타민 등 종합영양제도 빼놓지 않았다. NHK 총무부의 취재지원은 전시의 '병참'작전을 방불케 했다. 제2차 세계대전 당시에도 일본은 이런 매뉴얼에 따라 군인들을 지원했을 것이다. 그러니까 NHK의 취재지원은 일본인들의 몸에 배어 있는 생활습관을 보여주는 것인지도 모르겠다.

하지만 이런 NHK도 난관에 부딪혔다. '기자는 먹을 것만 공급하면 문제없다'고 생각했는데 예상 밖의 일이 터진 것이다. 원전사고였다. 3월 12일 오후 후쿠시마(福島)원전 1호기가 폭발한 것이다. NHK는 원전에 관한 취재 매뉴얼은 있었지만 기자들을 위한 보호 장비가 절대 부족했다. 당시 NHK의 방사선 선량계는 100대밖에 없었다. 이후 어렵게 300대를 더 확보해 현장에 보냈다.

당시 현지에서 취재하던 한국 언론사들은 원전사고에 대비한 보호 장비나 선량계가 하나도 없었다. 부랴부랴 후쿠시마에서 철수하라는 긴급 지시가 떨어졌다. 아침까지 생방송을 준비하던 기자들은 짐을 챙겨 도쿄로 돌아왔다.

하늘에서 본 참사의 현장

　　지진 발생 이틀 뒤인 2011년 3월 13일 일요일. 새벽에 잠깐 집에 들러 속옷을 갈아입었다. 지진 발생 후 처음 찾는 집이었다. 부엌 바닥에는 선반에서 쏟아져 나온 참치 통조림과 조미료통들이 여기저기 흩어져 있었고, 진열장은 넘어지면서 앞 유리창이 깨져 있었다. 어느 것 하나 온전한 것이 없었다. 하지만 치울 여유가 없었다. 다행히 덕용이는 지진 다음 날 한국으로 돌아갈 수 있었다. 혹시 비행기가 뜨지 못할까 걱정도 했지만 다행히 하네다공항은 정상 운항됐다. 이제 남은 사람은 나 하나였다. 특파원 임기가 6월 말까지이니 남은 기간이 석 달도 안 되었다. 조금은 여유 있게 송별회나 참석하면서 좋아하는 일본 술이나 좀 마시다 한국에 들어갈 생각이었는데, 운명의 여신은 나를 그렇게 놔두지 않았다.

　　센다이에 간 후배 특파원으로부터 전화가 걸려왔다. "선배, 쓰나미로 도로가 끊기면서 더 이상 해안 취재는 어렵습니다. 게다가 후쿠시마는 원전사고 때문에 모두 철수하고 있습니다. 현장 르포가 전혀 안 됩니다.

도쿄 쪽에서 맡아줘야 할 것 같습니다." 순간적으로 헬기가 생각났다. 헬기를 띄워 현장을 상공에서 취재해야 한다는 생각이 뇌리를 스쳤다. 대형 사건이 터지면 일단 헬기를 타라는 사회부 시절 선배의 충고가 떠올랐던 것이다. 급하게 집을 나왔다. 일요일 새벽이라 거리는 한산했다. 운전을 하면서 회사에 전화를 걸었다. 일본인 코디네이터 아사카와(浅川) 씨에게 가능한 한 빨리 헬리콥터를 섭외해달라고 부탁했다. 장소는 후쿠시마와 센다이, 촬영감독은 홍승환 씨였다.

오후 1시 반. 도쿄 디즈니랜드 부근에 있는 민간 헬기장에서 KBS 취재팀을 태운 헬기가 이륙했다. 방사능 위험 때문에 후쿠시마 원전을 피해가며 센다이로 이동했다.

그날 9시 뉴스는 내가 취재한 헬기 르포가 톱뉴스로 결정됐다. 서울 국제부 데스크는 "형! 시간은 맘대로 쓰세요. 생생하게 현장감을 잘 살려서 만들어주세요"라고 부탁했다.

앵커 멘트 : 여러분 안녕하십니까? 대참사 사흘째, 일본 열도에는 봐도 봐도 믿기지 않는 처참함 속에 불안감이 계속되고 있습니다. 오늘도 일본 대지진과 관련한 특집 뉴스로 진행해드립니다. 먼저 폐허로 변한 일본 동북부 지역을 김대홍 특파원이 헬기를 타고 돌아봤습니다.

리포트 : 하늘에서 내려다본 일본 동북부 해안가는 그야말로 초토화된 모습입니다. 10미터가 넘는 지진해일이 덮치면서 해안가 주택가는 흔적도 없이 사라졌고 진흙탕으로 변했습니다. 제 눈이 믿기지 않을 정도입니다. 해안가 마을 전체가 완전히 폐허가 됐습니다. 사람의 흔적이라고는 찾아보기도 어렵습니다.

지진해일에 침수된 센다이공항은 아직도 폐쇄돼 있습니다. 1,300여 명이 공항 안에 고립돼 있지만 구조는 엄두도 못 내고 있습니다. 갑자기 검은 연기가 해안가 북쪽 하늘을 뒤덮습니다. 규모 9.0의 강진으로 정유시설이 파손되면서 기름이 흘러나와 불이 붙은 겁니다. 지진이 발생한 지 이틀이 지났지만 아직도 보시는 것처럼 시뻘건 불

"하늘에서 내려다본 일본 동북부 해안가는 그야말로 초토화된 모습입니다. 10미터가 넘는 지진해일이 덮치면서 해안가 주택가는 흔적도 없이 사라졌고 진흙탕으로 변했습니다. 제 눈이 믿기지 않을 정도입니다. 해안가 마을 전체가 완전히 폐허가 됐습니다."

길과 함께 검은 연기가 치솟고 있습니다. 항만 접안 시설도 모두 파괴됐습니다. 대형 크레인은 모두 쓰러졌고, 대형 화재까지 발생했습니다.

헬기 방향을 바꿔 방사능 유출사고가 난 후쿠시마 원전 쪽으로 돌렸습니다. 방사능 위험 때문에 더 이상 접근이 어렵습니다. 둥둥 떠다니는 주택들, 그리고 쓰레기 더미들이 사방에 널브러져 있습니다. 탈선한 열차가 마치 장난감처럼 구겨져 진흙탕 위에 나뒹굴고 있습니다. 당시 지진의 강도가 얼마나 강했는지 느낄 수 있습니다. 대지진과 지진해일로 일본 동북부 해안도시는 완전히 초토화되면서 도시 기능이 마비됐습니다. 센다이에서 KBS 뉴스 김대홍입니다.

헬기 취재는 대성공이었다. 박영환 선배(당시 9시 뉴스 메인 앵커)는 헬기 취재의 새로운 모습을 보여줬다며 칭찬해주셨다. 하지만 나는 기쁘지 않았다. 아니, 칭찬을 받을 일도 아니었다. 방송이 나가고 난 뒤 편집실에서 취재 원본 테이프를 다시 봤다. 처참했다. NHK 뉴스에서도 보

지 못했던 영상이 한둘이 아니었다. NHK 헬기에서도 분명 찍었을 텐데 너무나 참혹해 방송에 내보내지 않은 것은 아닐까 하는 생각이 들었다. 사실 우리도 편집할 때 자극적이고 비참한 장면은 최대한 자제했으니까.

물이 잠긴 센다이공항과 시내는 석 달 전 도쿄에 있는 외신 기자들과 함께 '프레스 투어' 때 찾았던 곳이다. 도호쿠(東北) 국립대학과 소 혓바닥 요리 '규탄'으로 유명한 센다이는 도쿄에서 신칸센을 타고 한 시간 정도 걸리는 곳에 있다. 우리나라로 친다면 대전 정도의 거리라고나 할까? 사실 지적이고 세련된 도시 분위기도 우리나라 대전과 유사하다. 실제로 일본에서는 자영업이나 전문직 종사자들이 가장 선호하는 도시가 센다이라고 한다. 그런 센다이가 먹고 마실 것도 없고 휘발유 공급마저 끊긴 비참한 도시로 전락한 것이다.

목숨 건 재난 취재

　　규모 9.0의 대지진이나 20미터가 넘는 쓰나미보다 더 무서운 것이 바로 보이지 않는 방사능이다. 어찌 보면 일본은 방사능과 질긴 악연이 있는 것 같다. 제2차 세계대전 당시 미군의 원자폭탄 투하로 히로시마와 나가사키 주민들이 피폭됐고, 이제 또다시 자신들이 만든 원자력발전소가 폭발하면서 부근 주민들이 방사능에 피폭되고 있다. 전 세계유일의 피폭국에서 또다시 방사능 공포가 확산되고 있었던 것이다.

　　지진 발생 나흘째인 3월 14일. NHK 뉴스가 또 한 번 전 세계를 놀라게 했다. AW 139 NHK 헬기에 장착된 하이비전 카메라(폭 40cm, 높이 56cm, 무게 47kg)가 후쿠시마 원전 밖 30킬로미터 상공에서 외벽이 붕괴된 후쿠시마 제1원전 3호기 사진을 전송한 것이다. 잠시 후 후쿠시마 원전을 관리하고 있는 도쿄(東京)전력이 공식 기자회견을 했다. "오전 11시 1분, 3호기에서 큰 폭발음과 흰 연기가 발생했습니다. (1호기와 같은) 수소폭발로 추정됩니다"라고 요시다 가오루(吉田薰) 대변인이 밝혔다. 이 사고로 직원 11명이 부상을 입었고, 반경 20킬로미터 안에 있던 600여 명이 건물 안으로 긴급 대피했다. 피해 복구를 위해 폭발지점에서 100킬로미터 떨어져 있었던 미국 헬기와 항공모함도 낮은 농도의 방사능에 노출됐다.

그런데도 일본 정부는 사태의 심각성을 모른 채 이를 가리기에 급급했다. 일본 정부 대변인인 에다노 유키오(枝野幸男) 관방장관은 핵물질이 들어 있는 격납용기는 안전한 것으로 확인됐다면서 전문가들도 밖에 노출된 방사성 물질을 기준치 이하로 보고 있다는 점을 강조했다. 과연 그럴까?

3호기 수소폭발은 이미 예견된 일이었다. 폭발 하루 전부터 냉각장치는 멈춰 있었다. 일본 정부는 바닷물까지 뿌리며 원자로를 냉각했지만 결국 소용이 없었다. 3호기 폭발은 1호기 폭발보다 2배 이상 강력했다. 당시 원전 주변 방사선량은 한때 시간당 400밀리시버트까지 뛰어올랐

후쿠시마 제1원전 정문 방사선량 〔γ선〕 (2011/3/12~16)

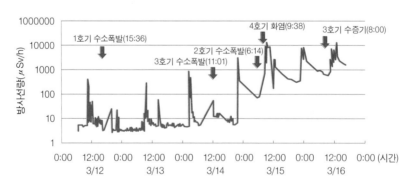

* 그래프의 종축은 대수(로그)를 기준으로 함

다. 일반인이 1년에 노출되는 방사선량의 400배로, 인체에 악영향을 줄 수 있는 양이었다.

3월 15일 새벽. 밤새 노심 전체가 두 차례나 수면 위로 노출되는 비상 상황이 발생한 끝에 후쿠시마 제1원전 2호기가 폭발했다. 이어 점검 때문에 가동 중단 상태였던 4호기에서도, 사용 후 핵연료를 보관한 수조의 수소폭발로 불이 났다. 지은 지 40년이 되어가는 후쿠시마 제1원전의 원자로 6기 가운데 4기가 폭발한 것이다.

후쿠시마 제1원전에서 잇따라 폭발이 일어날 때 나는 후쿠시마 상공에 있었다. 서울에서 파견 나온 촬영기자와 함께 헬기를 타고 '방사능 공포, 줄줄이 이어지는 피난 행렬'을 취재하고 있었다. 당시 9시 뉴스 원고를 보면 후쿠시마 주민들이 얼마나 다급했는지를 잘 알 수 있다.

앵커 멘트 : KBS가 헬기를 타고 후쿠시마원전에 가장 가까운 곳까지 접근했습니다. 마을은 텅 비었고 방사능을 피해가는 행렬은 끝이 없습니다. 계속해서 도쿄 김대홍 특파원입니다.

리포트 : 해안선을 따라 북쪽으로 향했습니다. 이바라키현과 후쿠시마를 연결하는 54번 국도. 상행선은 텅 비었지만 하행선은 극심한 정체를 빚고 있습니다. 도로 곳곳이 통제됐습니다. 피난 차량 행렬이 꼬리에 꼬리를 물고 있습니다. 방사능 공포를 피해 일제히 피난길에 나선 것입니다.

좀 더 북쪽으로 올라갔습니다. 방사성 물질이 잇따라 검출되면서 인구 34만 명의 이와키(いわき)시도 점점 죽음의 도시로 변해가고 있습니다. 거대한 도시는 텅 비어 있습니다. 사람의 흔적이라고는 찾아보기도 어렵습니다. 갑자기 기장이 헬기 방향을 바꿉니다.

헬기 기장(녹취) : 정면이 후쿠시마 제1원전입니다. 경계가 반경 30킬로미터이기 때문에 여기가 가장 가까운 곳입니다. 더 이상 들어갈 수 없습니다. 방향 돌리겠습니다.

리포트 : 도쿄에서 북쪽으로 120킬로미터 떨어진 도카이(東海)원전. 이곳도 위험합니다. 끝없는 피난 행렬, 그리고 텅 빈 마을. 방사능 공포는 이제 현실로 나타나고 있습니다. 후쿠시마 상공에서 KBS 뉴스 김대홍입니다.

오후 5시쯤 사무실로 돌아왔다. 그날도 도쿄에서 제작하는 9시 뉴스 아이템이 5개나 됐다. 서둘러 편집하지 않으면 제때에 방송되지 못할 불상사가 우려됐다. 흔히 방송국에서는 이럴 때를 '초치기'에 들어갔다고 표현한다. 원고를 쓰려면 먼저 촬영한 원본 테이프를 봐야 한다. 현장에 있었다고 하더라도 촬영기자가 어떤 장면을 찍었는지는 취재기자도 잘 모르기 때문이다. 나 역시 촬영기자의 원본 테이프를 보면서 화면에 맞는 내레이션을 구상하고 있었다.

그때 갑자기 헬기에 함께 탔던 촬영기자가 면담을 요청했다. "선배, 저 내일 서울에 돌아가고 싶어요." 나는 테이프를 모니터하면서 "왜?"라고 짧게 물었다. "아무래도 오늘 방사능에 오염된 것 같아요. 내일 서울에 가서 정밀 검사를 받고 싶어요." 나는 웃음을 참아가며 큰 소리로 말했다. "괜찮아. 우리는 하늘 높은 곳에 있었기 때문에 방사성 물질이 그쪽까지는 안 와. 중간에서 바람에 날려 옆으로 갔을 거야. 우리는 안전해, 걱정 마." 하지만 촬영기자는 "선배, 헬기 유리창을 열고 지상을 찍고 있을 때 검은 먹구름이 헬기를 덮쳤는데, 그게 영 찜찜해요. 구름이 내 몸을 통과했는데, 아무래도 그게 방사능 같아요." 나는 "야, 방사능은 색

깔이 없어. 그냥 기분이 그런 거니까 좀 쉬면 괜찮을 거야. 나만 믿어”라며 거듭 위로해주었다.

1시간 뒤 편집이 끝났다. 인터넷을 이용해 서울 국제부 편집실로 편집 화면을 전송하고 이제 한숨 좀 돌리려는데 촬영기자가 왔다.

“선배, 저 내일 서울 들어가요. 좀 전에 서울에 있는 영상취재부 데스크와 상의했는데 가능한 한 빨리 서울에 들어오라고 했어요. 미안하지만 대한항공이나 아시아나항공에 부탁 좀 해서 가능한 한 빨리 귀국하는 항공기를 예약해주실 수 있나요?”

“물론이지. 지금 바로 알아볼게. 네가 정 찜찜하다면 들어가야지. 나야 특파원이니까 이곳을 지켜야겠지만…” 사실 나는 그 후배에 대해 섭섭한 감정이 없다. 10년 전 사회부 경찰기자 때부터 워낙 험한 곳을 함께 많이 다녔기 때문에 서로가 서로를 잘 알고 있는 사이였다.

9시 뉴스가 끝나고 내일 기사 아이템을 정리하다 보니 벌써 밤 11시가 다 됐다. 아직까지도 사무실에 남아 있는 사람은 지국장과 서울에서 파견 나온 홍수진 기자, 그리고 나 이렇게 3명뿐이었다. 긴장이 풀렸는지 몸에서 열이 났다. 낮에 헬기 취재를 하면서 찬바람을 너무 많이 맞은 탓인지 감기 기운도 돌았다. 그때 문득 촬영기자가 한 말이 생각났다. “검은 먹구름이 내 몸을 통과했는데 그게 방사능 같았어요.”

너무 많이 아는 것도 병이라고 해야 할까? 사실 그 촬영기자의 말이 맞을 수도 있었다. 헬기를 타고 취재할 때 원전 3호기에서 수소폭발이 있었고, 당시 바람의 방향을 봐도 우리가 방사능 오염에 노출될 확률이 높은 것이 사실이었다. 그렇다면 지금 내 몸에서 열이 나고 머리가 띵한 것도 방사능에 피폭돼서 그런 것 아닐까? 갑자기 불안해졌다. 지국장에게 이야기했더니 얼른 함께 병원에 가서 검사를 받자고 했다. 의심이 병이라면서 일단 검사는 받아보자고 막무가내로 나를 차에 태웠다.

밤 12시. NHK 국제협력실에 근무하는 구사바 다케히코(草場武彦) 씨의 도움으로 도쿄대학 부속병원에 갈 수 있었다. 외래접수는 이미 끝난 시간이었기 때문에 바로 응급실로 갔다. 50대 후반쯤으로 보이는 응급실 안내원이 어떻게 왔냐고 물었다.

"네, 저는 한국 KBS 방송의 도쿄 특파원인데요. 오늘 낮에 후쿠시마 상공에서 취재를 하다 혹시 피폭된 것은 아닌지…."

말이 채 끝나기도 전에 안내원은 "피폭? 피폭이라고 했나요?"라고 물었다. "아니… 피폭인지 아닌지는 잘 모르겠지만, 혹시 피폭된 게 아닌가 걱정이 돼서요." 안내원은 내 말을 다 듣기도 전에 어디론가 연락을 했다. 2~3분 뒤 미국 SF 영화에서나 나올 법한 복장을 한 남녀 2명이 안에서 나왔다. 곁에 있던 지국장과 여자 후배는 거의 쓰러질 뻔했다.

방사능 보호복을 착용한 두 사람은 나를 병원 안으로 안내했다. 잠시 뒤 작은 다리미처럼 생긴 방사능 측정계를 몸에 대고 이리저리 움직였다. 그러고 나서 젊은 의사가 다가와 몇 가지 질문을 던졌다. "메스껍거나 구토 증세가 있었는가?" "몸에 열은 언제부터 났는가?" "후쿠시마에는 어디까지 접근했는가?" 다행히 이상은 없었다. 젊은 의사는 피폭된 것 같지는 않다며 좀 안정을 취하는 것이 좋겠다고 말했다.

응급실 밖에서 기다리던 지국장과 후배는 내가 무사히 걸어 나오는 것을 보더니 안도의 한숨을 쉬었다. 몇 달 뒤 서울 본사에서 연락이 왔다. 일본 원전을 취재하러 갔던 KBS 취재팀 가운데 9명이 방사능에 피폭됐다며 서울로 들어와 국립암센터에서 정밀진단을 받으라는 것이었다. 나는 괜찮다고 말했지만 간이 검사로는 피폭이 되지 않은 것으로 나왔던 사람도 피를 뽑는 DNA 검사에서는 염색체가 변형된 것으로 나왔다며 빨리 들어와 정밀 검사를 받으라고 했다.

1박 2일 일정으로 나는 서울 노원구에 있는 원자력병원에서 DNA 정밀 검사를 받았다. DNA 피폭 검사는 혈액 속에 있는 1,000개의 DNA 가운데 원형이 파손된 것이 몇 개인지를 육안으로 파악하는 것이다. 보통 1,000개 가운데 3개 이상이 파괴되면 피폭된 것으로 여겨지는데, KBS 취재팀 79명을 대상으로 실시한 검사에서 19명의 염색체가 3개 이상 파괴된 것으로 나타났다. 나는 염색체 2개가 파괴되었다.

더 놀라운 사실은 나와 함께 후쿠시마 상공에서 취재했던 그 촬영기자 후배는 검사 결과 염색체가 5개나 파괴돼 있었다. 그 후배의 말처럼 검은 먹구름 속에 방사성 물질이 있었는지도 모르겠다. 어쨌든 나는 그 후배에게 큰 죄를 지은 것만 같았다. 원전 밖 30킬로미터까지 접근하지 말라는 '보도 가이드라인'은 지켰지만 그것만으로 후배에게 떳떳할 자신은 없었다. 염색체 변형은 나중에 암을 유발할 가능성도 있다고 한다.

언론인들이 말하는 '기자 정신'이란 어디까지 적용해야 하는 걸까? 생명의 위협을 받으면서까지 '기자 정신'을 강요할 수는 없다. 우리도 좀 더 엄격한 보도 준칙을 세워야 할 것이다. 적어도 재난 지역이나 전쟁과 같은 극한 상황에서는 말이다. 일본 NHK나 민방들은 원전 가이드라인이라는 매뉴얼북을 갖고 다닌다. 그 안에는 방사능 위험 지역에 들어갈 때는 반드시 선량계를 착용하고 30분 이상 현장에 머물지 않는다, 선량계에서 경고음이 나는 등 위험한 상황이 발생할 때는 즉시 상부에 보고한다, 의료지원을 받는다는 등의 구체적인 행동지침이 자세히 적혀 있다.

2장

미나미산리쿠초의 비극

쓰나미가 방조제를 넘었다!

신이 버린 땅, 미나미산리쿠초(南三陸町). 지진 발생 사흘 뒤, KBS 취재팀은 일본 동북부 미야기현에 있는 이 작은 어촌마을을 찾았다.

거대한 쓰나미가 마을 중심부까지 덮치면서 주택과 병원은 물론 관공서까지도 폐허로 만들었다. 현재까지 파악된 사망자와 실종자 수만도 1100여 명. 지진 발생 1년이 다 됐지만 아직도 상당수의 주민들은 학교 등에 마련된 피난소에서 생활하고 있다.

일본 동북부 해안가 가운데서도 가장 조용하다던 어촌마을이 어쩌다 이렇게 된 걸까? KBS 취재팀은 취재 과정에서 만난 피난민들의 증언을 통해 당시 상황을 재구성해봤다.

오후 2시 46분

사토 진(佐藤仁, 59) 동장은 동사무소 2층 회의실에서 폐회 인사를 하고 있었다. "이틀 전에도 지진이 있었습니다. 피해가 없도록 각별히 신경

써주시길…" 바로 그 순간 회의실이 크게 흔들렸다. 일본 동북지방 근해에서 리히터 규모 9.0의 대지진이 일어나면서 미나미산리쿠초에서도 진도 6.0의 지진이 관측됐다. 가만히 서 있지도 못할 정도로 건물이 요동쳤다.

사토 도쿠겐(佐藤德憲, 60) 총무과장은 곧바로 집으로 달려갔다. 그리고 아내에게 "쓰나미가 오니까 빨리 피해!"라고 외쳤다. 하지만 아내는 피난을 가다 도중에 쓰나미에 휩쓸릴 수도 있다며 그냥 집에 있겠다고 말했다. 할 수 없다고 판단한 총무과장은 동사무소 별관인 '방재대책청사'로 향했다.

해안가에서 200미터쯤 떨어진 결혼식장에는 노인 450여 명이 모여 있었다. 장기자랑 발표를 기다리는 마을 노인들이었다. 동사무소 직원들은 노인들에게 다가가 외쳤다. "쓰나미가 오고 있어요. 높은 곳으로 피하세요."

방재대책청사 2층 위기관리과에서는 각종 정보가 속속 들어왔다. 쓰나미 경보가 발령되자 위기관리과 직원들은 곧바로 피난 방송을 내보냈다. 하지만 총무과장은 쓰나미 경보에 크게 놀라지 않았다. "그 정도는 충분히 막을 수 있다"는 확신이 섰기 때문이다.

1960년 칠레 대지진의 영향으로 지구 반대편에 있던 미나미산리쿠초에도 거대한 해일이 덮쳐 수많은 사람들이 숨졌다. 그래서 마을 사람들은 칠레 지진의 악몽을 잊지 말자며 해안가에 기념비를 세우고 높이 5.5미터의 쓰나미를 막을 수 있는 제방을 쌓았다. 5년 전에는 3층 높이의 방재대책청사까지 완공했다. 모두가 그 정도 높이의 방조제라면 쓰나미를 충분히 막을 수 있다고 생각했다.

쓰나미에 잠긴 미나미산리쿠초.

　비슷한 시각, 노인 장기자랑이 예정된 결혼식장에서 피난이 시작됐다. 동사무소 직원들이 노인들의 손을 잡고 4층 옥상으로 올라가고 있었다. 그때 갑자기 휴대전화 벨소리가 울렸다. "여보세요. 여보세요." 1층에 있던 직원이 건 전화였다. 하지만 전화는 받자마자 끊겼다. 벌써 쓰나미가 덮친 것이었다.

오후 3시 20분
　위기관리과에 급보가 접수됐다. "쓰나미가 방조제를 넘었어요." 방재청사 2층 방송실이 바빠졌다. 위기관리과 소속 엔도 미키(遠藤未希, 25, 여) 씨가 다급한 목소리로 주민들에게 안내방송을 시작했다. "쓰나미가 방조제를 넘었습니다. 빨리 달아나세요. 지금 당장 높은 곳으로 대피해야 합니다." 대피방송은 30분 동안 반복됐다.
　창문 너머로 쓰나미가 보였다. 일본이 자랑하는 고속 열차 '신칸센'과 같은 속력으로 다가오고 있었다. 당시 목격자들은 시속 400킬로미터는 되었을 것이라고 말했다. 방재청사에도 바닷물이 차오르기 시작했다. "쓰나미가 왔다. 옥상으로 도망가!" 총무과장은 직원들에게 이렇게 외치며 옥상 위로 올라갔다.

"앗!" 하는 순간 쓰나미는 벌써 옥상까지 차올랐다. 당시 옥상에 있던 직원은 30명. 거센 물살은 옥상을 덮더니 곧이어 허리께까지 밀고 들어왔다. 안 되겠다고 생각한 총무과장은 더 높은 곳을 찾으려 두리번거렸다. 높이 5미터의 무선통신용 철탑이 눈에 들어왔다. 몸을 틀어 그쪽으로 향했다. 철탑에는 9명의 직원들이 서로 손을 잡고 의지하고 있었다.

물살은 점점 거세져 허리를 제대로 세우기조차 힘들었다. 엎친 데 덮친 격으로 수위는 점점 더 올라가 목 밑까지 물이 차올랐다. 이내 입까지 물이 들어왔다. '아! 이제 죽는구나!'라는 생각이 들었다. 그때 누군가 옆에서 외쳤다. "힘내세요, 과장님! 조금만 힘내세요!" 다리에 힘을 주고 몸을 꼿꼿이 세워보았지만 쉽지 않았다. '역시 안 되는구나, 안 돼. 이제 포기할까?' 그렇게 생사의 고비를 몇 번이나 넘겼다. 시간이 얼마나 지났을까. 쓰나미가 물러나는 것 같은 느낌이 들었다. 수위도 서서히 내려가기 시작했다.

정신을 차리고 철탑에서 내려왔을 때 생사가 확인된 직원은 총무과장을 포함해 10명뿐. 함께 옥상에 대피했던 나머지 20명의 직원은 흔적도 없이 사라졌다. 대신 해안가에서 떠밀려온 어망과 그물이 붉은 철제 골조를 감싸고 있었다.

총무과장은 정확히 열흘 뒤 정년퇴직할 예정이었다. 쓰나미의 공포를 겪은 그는 쓰나미의 습격에도 견딜 수 있는 청사를 지어야 한다고 말했다. 행방불명된 아내에게 '고맙다'는 말 한마디 못하고 저승으로 떠나보낸 것이 너무나도 미안하다며 눈물을 글썽거렸다.

　마을에 있던 5개 철도역은 모두 물에 잠겼다. 주민센터와 센다이법무국 등 관공서도 예외가 아니었다. 마을 한가운데에 있는 5층짜리 병원 건물도 4층까지 피해를 입었다. 의료기구와 침대 그리고 모든 진료기록 카드도 바닷물에 쓸려 내려갔다. 간호사 등 병원 스태프 4명과 입원환자 67명이 사망하거나 실종됐다. 전체 17,000여 명의 마을주민 가운데 사망자 514명, 행방불명자 664명, 부상 3,877명으로 보고됐다.

그녀는 마지막까지 마이크를 놓지 않았다

쓰나미 경보가 내려진 뒤에도 주민들에게 대피독려 방송을 했던 여직원 엔도 미키 씨는 실종 52일 만에 마을 앞바다에서 숨진 채 발견됐다. 바닷가에서 태어나 바다를 유난히 좋아했던 그녀였다. 형체를 알아볼 수 없을 정도로 심하게 부패됐지만 그녀의 부모와 남편은 경찰이 사진을 보여주자 곧바로 그녀라는 것을 알아챘다. 왼쪽 발목을 감고 있던 오렌지색 털실을 확인했기 때문이다. 가족은 사망진단서가 도착하자 곧바로 유체를 화장했다. 이승에서 못다 이룬 꿈을 저세상에서는 이루라며 눈물을 흘렸다.

엔도 씨는 1986년 미나미산리쿠초 공립병원에서 태어났다. 첫딸을 품에 안은 부모는 '미래에 희망을 갖고 살라'는 의미로 아이 이름을 '미키(未希)'로 지었다. 고등학교를 졸업하고 부근 대도시인 센다이에 있는 간호전문학교에 입학한 엔도 씨는 대형병원의 간호사가 되려 했다. 하지만 부모가 고향에 돌아와 일자리를 잡길 원해 결국 지진 발생 한 달 전인 2011년 2월 미나미산리쿠초 동사무소에 취직했다. 첫 발령지는 위기관리센터였다. 동료들은 그녀가 "밝은 성격이었고 일처리도 능숙했다"고 기억했다.

비록 동사무소 말단 직원에 불과했지만 그녀는 다른 사람들을 도울 수 있다는 데 보람을 느끼고 있었다. 그것이 그녀의 운명이었을까? 방조제를 넘은 거대한 쓰나미가 몰려오는 것도 모른 채 대피방송을 되풀이하던 엔도 씨의 목소리는 이내 쓰나미에 휩쓸리고 말았다. 스물다섯 꽃다운 나이에 주민들을 살리기 위해 끝까지 마이크를 놓지 않고 최후를 맞은 그녀의 행동은 전 세계인에게 깊은 감동을 주었다.

대지진 발생 뒤 일본을 찾은 당시 민주당의 손학규 대표는 일본 정부 관계자들을 만난 자리에서 "대지진에서 보여준 일본인들의 침착함과 용기는 한국인들에게 큰 감동을 줬다. 미야기현의 마을 동사무소 여직원 엔도 미키 씨의 영웅적 희생은 우리 모두의 마음을 뭉클하게 했다"고 말했다.

그녀에게는 결혼을 약속한 남자가 있었다. 2010년 7월 17일, 그와 함께 동사무소에 '혼인신고서'도 제출했다. 일본에서는 보통 혼인신고를 먼저 한 뒤 결혼식은 나중에 올리는 경우가 많다. 직장 동료들로부터 축복을 받으며 두 사람은 웃는 얼굴로 기념사진을 찍었다.

처음에 부모들은 두 사람이 사귀는 것을 반대했다. "어째서 저런 남자와 결혼하겠다는 거냐?" "더 좋은 남자를 만나 보라"며 윽박지르기도 하고 달래보기도 했지만 딸의 마음을 돌리지는 못했다. 결국 혼인신고서를 제출한 뒤에 딸아이가 사귀는 남자를 사위로 인정해줬다. 두 사람은 2011년 9월 10일 미야기 현의 한 호텔에서 결혼식을 올릴 예정이었다.

엔도 씨의 어머니 미에(美惠) 씨는 "솔직히 말해 미키는 자존심이 강했지만 착했어요. 인생에 단 한 번 반항한 것이 있다면 그것은 아마 우리가 반대했는데도 혼인신고서를 제출한 거죠. 그것뿐이었어요. 정말 착한 애였죠. 우리도 나중에는 좋은 남자를 만났으니 행복할 거라고 생각했어요"라고 말했다.

엔도 씨의 부모도 집이 모두 파손돼 피난소에서 집단생활을 하고 있었다. 난방도 제대로 안 되는 학교 강당에서 뜬눈으로 밤을 지새운 날이 많았다. 하지만 실종된 딸을 한시도 잊은 적이 없었다. 날이 밝으면 가장 먼저 피난소를 나와 딸아이를 찾아 나섰다. 폐허로 변한 마을을 하루 종일 돌아다녔다. 경찰이나 자위대로부터 신원이 확인되지 않은 사체가 발견됐다는 연락이라도 받으면 어디든 달려갔다. 시체 안치소가 마련돼 있는 마을 체육관도 하루가 멀다 하고 찾았다. 딸의 시체라도 찾아야겠다는 생각에서였다. 목숨을 구한 동사무소 직원 중 누군가가 어머니에게 그녀가 파도에 휩쓸려 가는 것을 봤다고 말했다. 처음에는 믿고 싶지 않았지만, 시간이 흐르면서 점점 더 그럴지도 모른다는 생각이 들었다.

딸이 실종된 지 열흘쯤 되던 어느 날, 어머니는 꿈속에서 딸을 봤다. 딸은 물속에 누워 있었다. 깜짝 놀라 잠을 깼다. '이 추운 날 바닷속은 얼마나 추울까?' 빨리 딸을 찾아야 한다는 생각뿐이었다. "미키가 빨리 찾아달라고 애원하고 있어요." 도와달라는 딸의 애타는 소리가 진짜로 들리는 듯했다. 소리를 죽이고 피난소 한 구석에서 눈물을 흘린 적도 한두 번이 아니었다.

딸의 시신은 어머니의 예감대로 마을에서 700미터쯤 떨어진 바다에서 발견됐다. "그래도 우리는 다행이에요. 이제라도 딸의 유체를 찾았으니까요. 아직도 실종자를 찾지 못한 사람들이 많아요. 그분들에게 미안할 뿐이에요." 실제로 엔도 씨 부모는 딸의 장례식도 간단히 치렀다. 다른 사람에게 폐를 끼치고 싶지 않았기 때문이다.

엔도 씨의 시신이 발견되고 한 달 뒤, 미나미산리쿠초의 한 호텔에서는 엔도 씨를 추모하는 노래가 바쳐졌다. 곡명은 '웨딩로드(Wedding Road)'. 발라드 풍의 이 노래를 바친 가수는 같은 미야기현 출신의 미토 마나미(水戸真奈美, 28) 씨였다. 그녀는 2011년 5월 미나미산리쿠초를 방문했을 때 지인으로부터 "노래로 영혼을 위로해야 할 사람이 있다"는 이야기를 듣고 엔도 씨 부모를 만나게 되었다. 그리고 쓰나미로 숨진 딸이 9월 결혼을 앞두고 있었다는 얘기를 들었다. 또 숨진 엔도 씨가 자기와 마찬가지로 수화(手話)를 열심히 배웠다는 사실을 알고 왠지 마음이 끌렸다.

미토 씨는 숨진 엔도 씨의 영정 앞에서 노래를 불렀다.

자석처럼 서로 다가간 두 사람의 미래
손을 놓지 않았듯이 앞으로도 계속 붙잡겠어요.
(부모님은) 많은 사랑으로 저를 키워주셨죠
두 사람의 딸이라는 것에 감사드립니다.
고맙습니다.

-'웨딩 로드' 중에서

미토 씨는 가사에 담긴 정서를 좀 더 정확히 전달하기 위해 수화도 함께 사용했다. 엔도 씨의 부모와 그 친구들은 숨을 죽이고 미토 씨의 노래를 들었다. 미토 씨는 엔도 씨의 영전에서 노래를 다 부르고 나서야 '아! 이 곡은 엔도 씨를 위한 곡이다'라는 것을 알게 됐고 묘한 운명의 느낌을 받았다고 말했다.

엔도 씨 부모는 마을 안에 있는 가설주택 추첨에 당첨됐다. 당첨된 피난민들은 난방도 제대로 안 되는 학교 강당을 떠나 안락한 주택으로 옮겨가게 된다. 모든 피난민들이 바라는 일이다. 하지만 엔도 씨 부모는 최근 가설주택 입주를 포기했다. 딸이 마지막까지 피난방송을 했던 방재대책청사가 가설주택에서 바로 보이기 때문이다.

"방재청사만 보면 가슴이 아파져요. 가설주택에는 살고 싶지 않아요."

우리는 운명을 선택할 수는 없지만 어떻게 운명을 맞이할지는 선택할 수 있다. 스물다섯 살 엔도 미키 씨가 바로 그것을 보여줬다. 죽는 순간까지도 그녀는 마이크를 놓지 않았다. 그녀는 자신을 동사무소 말단 직원이라고 생각하지 않았던 것 같다. 적어도 죽음을 눈앞에 둔 그 순간만큼은 자신이 주민의 생명을 책임져야 할 최고 책임자로 여겼던 것이다.

일본 사람도 소리 내어 운다

2011년 3월 14일 오후. 미나미산리쿠초에 눈발이 날렸다. 3월 중순이라고는 하지만 일본 동북부 지역의 추위는 아직도 매서웠다. 취재팀은 50대 후반으로 보이는 한 아주머니를 만났다. 얼마나 울었는지 눈은 퉁퉁 부어 있었고 얼굴은 창백했다. 한눈에 봐도 실성한 여자 같았다. 취재팀을 보고 그녀가 다가왔다. "남편을 찾아주세요. 저 방재대책청사에 있었는데 아무리 찾아봐도 없어요. 혹시 우리 남편 못 봤나요?" 취재팀은 "못 봤다"고 말했다. 하지만 그녀는 취재팀 주위를 떠나지 않았다.

그때 취재팀은 그녀가 뭔가를 매만지고 있는 것을 보았다. 가로 10센티미터, 폭 3센티미터쯤 되는 직사각형의 플라스틱이었다. 그 안에 뭔가가 적혀 있었다. '야마우치 요시가쓰(山內吉勝)'. 그녀의 남편 이름이었다. 그녀는 소방관이었던 남편의 이름표를 어디에선가 찾았던 것이다.

몇 시간 후 그녀의 남동생이 차를 타고 왔다. 그녀의 남동생은 누나를

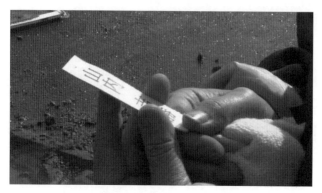

소방관이었던 야마우치 씨의 이름표. 그의 부인은 폐허가 된 마을 어디에선가 찾아낸 남편의 이름표를 들고 실성한 사람처럼 남편을 찾아다니고 있었다. 그녀의 울음소리는 사람의 울음소리가 아니었다. 취재팀은 서로 얼굴을 쳐다보지 못했다.

발견하자 피난소로 돌아가자고 했다. 하지만 그녀는 남편을 찾아야 한다며 차에 타기를 거부했다. "남편이 나를 기다리고 있어. 나만 갈 수는 없어…. 데리고 가야지…." 동생은 그런 누나에게 아무 말도 하지 못했다.

얼마나 지났을까? 두 사람은 서로 부둥켜안고 울었다. 울음소리가 멀리 떨어져 있는 취재팀에게까지 들렸다. 그것은 사람의 울음소리가 아니었다. 늑대의 울음소리 같았다. 엉엉 우는 것이 아니라 '컹컹' 하는 소리가 났다. 취재팀은 서로 얼굴을 쳐다보지 못했다. 하루에도 몇 번씩 그런 광경을 보는데도 눈물샘이 마를 줄 몰랐던 것이다.

그녀의 남편 야마우치 씨는 대지진 발생 당일 비번이었다. 집에서 쉬고 있는데 갑자기 꽝 하는 소리와 함께 집이 크게 흔들렸다. 애완견도 놀라 바들바들 떨고 있었다. 잠시 뒤 소방서에서 연락이 왔다. 대지진으로 쓰나미가 몰려오고 있다며 빨리 복귀하라는 명령이 떨어졌다. 야마우치 씨는 근무복을 챙겨 입고 급하게 차를 몰아 정확히 10분 뒤 동사무소 옆 방재대책청사에 도착했다.

야마우치 씨의 임무는 주민을 높은 지대로 대피시키는 것. 호각을 불면서 집집마다 돌아다녔다. 마을 사람들이 하나 둘 도로로 나왔다. 잠깐 대피하면 되겠지 하는 가벼운 마음으로 집을 나선 사람들이 대부분이어서 저마다 챙긴 물건이라고는 휴대전화가 전부였다. 야마우치 씨 역시 사태가 그렇게 심각할 줄은 꿈에도 몰랐다.

10분쯤 지났을까? 방재청사 위에서 동료 소방관이 외쳤다. "쓰나미가 방조제를 넘었어. 모두 피해. 어서 높은 곳으로 달아나!" 하지만 야마우치 씨는 이제 막 도로에 나온 주민들을 놔두고 먼저 도망갈 수 없었다. 일본의 지방 도시들이 대부분 그렇듯, 미나미산리쿠초에도 70세 이상 고령자가 전체 주민의 절반이 넘었다. 그에게는 한 걸음 한 걸음 어렵게 이동하는 노인들을 도와주는 것이 급선무였다. 잠시 뒤 거대한 쓰나미가 방재청사를 집어삼켰다. 청사 앞에 있던 그도 그때 그 물살에 쓸려간 것으로 추정된다. 그처럼 쓰나미에 휩쓸려 숨지거나 실종된 소방대원은 모두 27명이나 되었다.

쓰나미가 물러난 뒤 마을로 돌아온 가토 겐지(佐藤健治, 62) 씨는 "우리 같은 노인들은 살아남고 젊은 소방대원들은 쓰나미에 모두 휩쓸려갔다"며 탄식했다. "이제 좀 제대로 마을을 일으켜 세워보려고 했는데, 이렇게 젊은 사람들이 다 사라졌으니 너무나 안타깝다"는 말도 덧붙였다. 부근에 있던 또 다른 마을 주민도 "소방대원들의 안내 덕분에 목숨을 건질 수 있었다"며 그들의 희생이 없었다면 자신들은 모두 바닷물에 빠졌을 것이라고 말했다. 27명의 미나미산리쿠초 소방대원들은 죽는 그 순간까지도 주민을 보호해야 한다는 마음 하나로 임무를 수행했던 것이다.

야마우치 씨의 시신은 일주일 뒤 건물 쓰레기더미에서 발견됐다. 시신은 집에서 하룻밤을 보낸 뒤 다음 날 화장터로 떠났고 한 달 뒤 납골당으로 옮겨졌다.

KBS 취재팀은 지진 발생 두 달 뒤 야마우치 씨의 집을 찾아갔다. 야마우치 씨의 부인이 우리들을 반갑게 맞아줬다. 집 안에는 야마우치 씨의 영정과 함께 불단이 차려져 있었다. 일본인들은 49제가 끝나면 자신의 집 안에 불단을 차리고 매일 하루에 두세 번씩 죽은 사람을 위해 기도를 올린다. 불단 위에 놓인 야마우치 씨의 사진은 한눈에 보기에도 그가 마음씨 좋은 아저씨라는 사실을 알게 했다. 소방대원 복장을 하고 환하게 미소 짓는 모습이었다. 취재팀도 고인을 위해 명복을 빌었다.

부인은 두 달 전 방재청사 앞에서 처음 만났을 때보다 안정돼 있었다. 우리에게 가족사진을 보여주며 행복했던 순간들을 소개했다. "남편은 참 착한 사람이었어요. 항상 웃고 성실한 사람이었죠. 농담으로 항상 제게 말했어요. 퇴직하면 나를 호강시켜준다고 했죠. 그러면 저는 '걱정 말아요. 제가 먹여 살릴 테니까' 하고 대꾸했어요. 그리고 퇴직하면 홋카이도 여행을 가자는 얘기도 자주 했지요. 요즘처럼 따뜻할 때는 둘이서 산에도 자주 갔어요. 자꾸 생각이 나는군요."

갑자기 부인이 말을 잇지 못했다. 얼굴에서는 또 다시 눈물이 흘러 내렸다. 행복했던 시절이 떠오르면서 또다시 남편 생각이 난 것이다.

"솔직히 말씀드리면 아직도 괴롭습니다. 시간이 지나면 조금 나아지겠지, 시간이 지나면 조금 진정되겠지 생각했는데, 그렇지 않더군요. 시간이 지날수록 지금 이것이 현실이라는 것을 다시금 느낍니다. 그럴수록 외로움은 더없이 커지고요. 이 모든 것이 거짓은 아닐까, 혹시 지금 내가 꿈을 꾸고 있는 것은 아닐까, 스스로 생각하다가도 남편이 없다는 것을 알게 되면 '아! 이게 현실이구나. 받아들여야만 하는구나!' 하는 생각에 괴로움이 밀려듭니다."

"유골이 있을 때까지는 남편이 옆에 있는 것 같았어요. 침대에 가져가서 같이 잠을 자기도 했어요. 그런데 납골하고 나서는 쓸쓸해요. 그래도 우리는 다행이라고 생각해요. 남편의 시신을 찾기라도 했으니까요. 찾아서 우리 집에 데리고 올 수 있었으니 그것만으로도 다행이라고 생각해요."

정말 놀라운 일은 야마우치 씨 바로 옆에서 딸 도모코(朋子, 26)의 남자 친구 사토 기요가쓰(佐藤清勝) 씨의 시체도 함께 발견됐다는 것이다. 사토 씨 역시 미나미산리쿠초의 소방관이었다. 쓰나미가 밀려올 당시 야마우치 씨와 사토 씨는 서로 다른 곳에서 주민 대피를 도와주고 있었다. 나중에 야마우치 씨의 부인은 KBS 취재팀에 "정말 놀랐어요. 어떻게 두 사람이 같은 장소에서 숨진 채 발견될 수 있었을까요? 딸애는 아버지와 남자친구를 한꺼번에 잃었기 때문에 충격이 더 큽니다."

지진이 발생하기 6개월 전쯤, 야마우치 씨는 딸 도모코에게 "소방관 후배 가운데 좋은 남자가 있다"며 사토 씨를 소개시켜줬다. 하지만 나이 차이가 열 살이나 돼 처음에는 애인이라기보다 오빠로만 보였다. 그러다 크리스마스 무렵 둘 사이가 급속도로 친해졌다. 지진 발생 전날인 3월 10일 밤에는 사토 씨가 도모코 씨에게 전화를 걸어 "매우 중대하게 할 얘기가 있다"며 이틀 뒤 만나자고 약속까지 했다. 도모코 씨는 "혹시 프러포즈가 아닐까?" 생각하면서도 더 이상 묻지 않았다.

하지만 쓰나미는 모든 것을 빼앗아가버렸다. 아버지도, 그리고 사랑하는 남자친구도 이제 더 이상 도모코 씨 곁에 남아 있지 않다. 이런 마음을 가장 잘 알고 있는 사람이 바로 어머니였다.

"딸은 아버지도 잃고 남자친구도 잃었지만 그래도 나를 지켜줘야 한다는 마음으로 노력하고 있는 것 같아요. 하지만 저는 딸이 하루라도 빨리 일상생활로 돌아가길 원해요. 사실 딸이 여기에 함께 있으면 저는 좋아요. 하지만 자꾸 딸에게만 의지해서는 안 된다고 생각해요. 딸을 위해서도 그게 옳다고 생각해요. 일상으로 돌아가 일을 하다보면 조금이라도 아픈 상처를 잊을 수 있으니까요. 딸이 키우던 애완견이 있었는데 오늘은 그 애완견도 딸에게 보냈어요. 딸도 이제는 혼자 있을 거고 또 애완견의 원래 주인도 딸이니까요. 저는 아들이 같이 있으니까 덜 외로워요. 사람은 아니라도 애완견이라도 딸 옆에 있으면 위로가 되지 않을까 생각해요."

겉모습만 보면 일본 여자들은 약해 보인다. 한국이나 중국 여자들에 비해 골격이 왜소하기 때문이다. 하지만 내면적으로는 강하다. 특히 지방의 여자들이 아직도 강한 정신력을 갖고 있다. 봉건적인 잔재인지는 모르겠지만 가족에 대한 희생정신도 강하다. 야마우치 씨의 부인도 전형적인 일본 여자였다. 그녀는 KBS와의 마지막 인터뷰에서 지금보다 내일은 더 나아질 것이라는 희망을 이야기했다.

"특별한 계획은 없습니다. 아침마다 남편 사진을 보면서 남아 있는 가족들이 열심히 살 테니 잘 지켜봐 달라고 말할 뿐입니다. 새삼스럽게 이렇게 할 테니 부탁한다는 말은 하지 않습니다. 나도 아이들도 열심히 살겠다는 말만 할 뿐입니다. 저 세상에서 남편이 지켜보고 있겠죠. 아이들도 이제 다 컸기 때문에 스스로 잘할 겁니다. 어쨌든 모두 함께 힘을 내서 열심히 살고 극복해나가는 수밖에 없을 것 같습니다. 남편의 원통한 마음을 아이들도 알기 때문에 아이들이 열심히 살아주면 남편도 안심할 것입니다. 지금은 무조건 열심히 사는 것 말고는 없을 겁니다. 그리고 몇 년 후가 될지 몰라도 모두 함께 웃을 수 있는 날이 오겠죠."

늦은 밤, 미나미산리쿠초를 떠나는 KBS 취재팀에게 부인은 마지막으로 감사의 말을 했다. "저는 이번 일로 슬픔도 많이 겪었지만 전 세계에 계신 많은 분들이 격려해주신 것에 대해 깊이 감사하고 있습니다. 그것을 내가 어떤 형태로든 보답할 수 있으면 좋겠습니다. 앞으로 열심히 사는 것이 여러분에게 조금이나마 보답하는 길이라고 생각합니다. 다시 한 번 감사합니다."

5월 말. 미나미산리쿠초의 밤바람은 아직도 차가웠다. 절망 속에서도 희망을 잃지 않는 야마우치 씨 부인, 그리고 주민을 위해 목숨을 바친 공무원들, 어쩌면 이 사람들이 일본의 진정한 저력인지도 모르겠다는 생각이 들었다.

아직 끝나지 않은 통곡

지진 발생 석 달 뒤에 취재팀은 미나미산리쿠초를 다시 찾았다. 이제 겨우 도로가 뚫렸을 뿐 쓰레기 더미는 그대로 쌓여 있었다. 직접적인 피해를 입은 바닷가에는 어부들이 모여 있었다. 하지만 고기잡이에 나서려면 더 많은 시간이 필요했다. 어망과 어구들이 쓰나미에 다 떠내려갔기 때문이다. 게다가 엔진을 돌릴 기름도 턱없이 부족했다.

왜 이렇게 쓰나미 피해가 컸던 것일까? 도호쿠(東北)대 이와무라 후미히코(今村文彦) 교수는 미나미산리쿠의 지리적 특성을 일차적 이유로 꼽았다. 태평양 쪽을 향해 가장 많이 돌출해 있는 데다가 리아스식 해안이라는 특성 때문에 쓰나미가 미나미산리쿠 쪽으로 확 몰려왔다는 것이다. 강력한 에너지를 가진 쓰나미가 육지로 밀려온 뒤 복잡한 해안선을 따라 파도를 더 키웠다는 얘기다.

도쿄(東京)대 후루무타 다카시(古村孝志) 교수는 장주기와 단주기, 이 두 개의 쓰나미가 겹친 것이 치명적이었다고 말했다. 얕은 바닷속에서

폐허가 되어 교통편조차 두절된 미나미산리쿠초. 가운데 작게 보이는 사람이 취재를 위해 걸어서 미나미산리쿠초로 들어가고 있는 필자.

발생한 날카로운 단주기 쓰나미와 바닷속 깊은 곳에서 발생한 완만한 장주기 쓰나미가 겹치면서 파장이 긴 거대한 쓰나미가 발생했다는 것이다. 이 때문에 발생한 물의 양, 즉 쓰나미의 바닷물 덩어리 양이 어마어마하게 커졌으며 파장 또한 매우 길었기 때문에 바다 전체가 융기하면서 미나미산리쿠 해안을 덮친 것이다.

  끝없이 펼쳐진 쓰레기 더미들을 따라 피난소로 쓰이고 있는 중학교를 찾았다. 피난소에는 한때 만 명 가까이 있었다. 지진 발생 석 달이 지난 당시에도 300여 명의 주민이 학교 강당에서 함께 생활하고 있었다. 모두가 아픈 상처를 갖고 있는 사람들이었다. KBS 취재팀이 도착하기 보름 전쯤에는 일본인들의 정신적 지주인 아키히토(明仁) 일왕 부부가 이곳을 방문했다고 한다.

  우리는 피난소에서 혼자 우두커니 앉아 있는 한 할머니를 만났다. 올

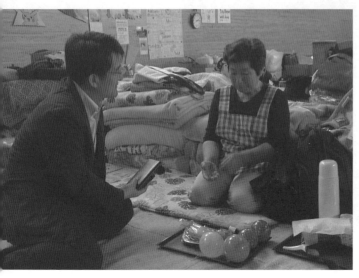

이번 쓰나미로 가족 6명 가운데 4명을 잃은 지바 할머니. 할머니는 손녀가 살아 있을 가능성은 없지만 저승에 가서도 배가 고플까봐 매일 손녀를 위해 간식을 준비한다고 말했다. 오른쪽은 3살 난 손녀의 돌 사진.

해 72세의 지바(千葉) 할머니는 이번 쓰나미로 가족 6명 가운데 4명을 잃었다. 그 가운데 3살 손녀는 아직까지도 찾지 못했다. 할머니는 손녀의 첫돌 사진을 보여줬다. 이목구비가 뚜렷한 귀여운 아이였다.

"지금까지 손녀가 살아 있을 가능성은 없어요. 저도 그렇게 생각해요. 그래도 혹시나 하는 생각 때문에 이렇게 매일 손녀를 위해 간식을 준비해놓고 있어요. 저승에 가서도 배가 고프니까 조금씩이라도 손녀 먹을 것을 매일 따로 놓아두고 있어요. 지푸라기라도 잡는 심정으로 딸이랑 둘이서 점을 봤더니 점쟁이 말이 손녀가 배고파한다는 거예요."

"손녀는 어린 나이에도 어른스러웠어요. 아빠랑 놀 때도 아빠는 머리 묶는 것이 서툴다며 투정을 부리곤 했어요. 우리 집에는 어린애라고는 이 손녀 하나뿐이었어요. 손녀도 잃고 사위도 잃고 아들도 잃었어요. 남은 것이라고는 나와 딸애 둘뿐이에요. 또 지진이 일어나더라도 이 이상 괴로울 수는 없을 것 같아요. 앞으로 미나미산리쿠 앞바다에 지진이 또 발생하더라도, 얼마나 큰 쓰나미가 덮치더라도 저는 불안하지 않아요. 이미 잃어버린 것이 너무나도 크기 때문에 앞으로 더 큰 것이 와도 이보다 더 힘들 수는 없을 겁니다."

"오늘 점심때 떡과 솜사탕, 빨간 풍선을 받았어요. 이웃에 있는 분들이 손녀 주라고 챙겨주신 것들이에요. 우리 손녀는 뭐든지 잘 먹었어요. 편식을 안 하고 밥을 잘 먹는 아이여서 병치레도 안 했어요."

지바 할머니와 인터뷰를 마치고 피난소 문을 나오려는데 벽에 누군가가 쓴 시가 걸려 있었다.

나에게

똑똑 수도꼭지에서 떨어지는 눈물은
멈추지 않는다.

아무리 힘들고 슬픈 일이 있어도
언제까지나 꿍꿍 앓고만 있어서는 안 돼.

수도꼭지를 끝까지 틀어서
한 번에 눈물을 흘려버리는 거야.

이제 새로운 컵에 커피를 마시자

-시바타 도요(柴田トヨ, 100)

3장

방사능의 공포

정말 안심하고 먹을 수 있나요?

2011년 12월, NHK와의 협의회의 참석차 도쿄를 찾았다. 3년 동안의 특파원 생활을 마치고 귀국한 지 6개월 만에 다시 찾은 일본이다. 더 정확하게 말한다면, 동일본 대지진이 발생한 지 막 열 달이 지난 때였다. 오전 9시 김포에서 출발한 비행기는 2시간이 조금 넘어 일본 하네다(羽田)국제공항에 도착했다. 서울에서 아침 식사를 하고 도쿄에서 점심 약속이 가능할 만큼 한일 간의 거리는 짧아졌다. 이명박 대통령과 일본 총리들이 자주 말하는 '셔틀 외교'라는 말이 실감날 정도로 두 나라는 이제 일일생활권에 접어들었다.

새로 단장한 하네다공항은 한산했다. 엔고(円高)에다 방사능 공포까지 겹치면서 일본을 찾는 외국인 관광객이 크게 줄었기 때문이다. 일본 〈아사히(朝日)신문〉은 2011년 1월부터 10월까지 일본을 방문한 외국인은 509만 명으로 1년 전에 비해 30.5% 줄었다고 보도했다. 후쿠시마 제1원전사고가 난 4월에는 60%까지 줄어들었다가 이후에 다소 늘어났다.

원래 일본 관광청은 2013년까지 1,500만 명, 2016년까지 2,000만 명의 외국인 방문객을 유치한다는 야심찬 계획을 세운 바 있다.

신강문 특파원이 공항에 마중 나와 있었다. 하네다에서 출발한 미니밴은 수도 고속도로를 따라 NHK가 있는 시부야로 달렸다. 세련된 건물들이 즐비하게 늘어선 가운데 오다이바(お台場) 레인보우 브리지에서 내려다본 도쿄만은 언제 보아도 한 폭의 수채화처럼 아름다웠다. 하늘을 향해 치솟은 거대한 타워가 눈에 들어왔다. 634미터로 세계에서 가장 높은 '도쿄 스카이트리'가 완공된 것이다. 스카이트리는 에펠탑(300미터)보다 2배 이상 높을 뿐 아니라 기존 도쿄의 명물이었던 '도쿄 타워'(330미터)보다도 월등히 높아 도쿄의 새로운 관광명소로 자리 잡아가고 있다. 제2차 세계대전 이후 일본인들을 다시 일으켜 세운 것이 도쿄 타워라면 스카이트리는 '잃어버린 20년'과 대지진으로 위축된 일본인들에게 활력을 불어넣기 위해 만든 것이다. 하지만 후배의 입에서 나온 도쿄생활은 그렇지 않았다. 희망이 점점 절망으로 변해가고 있었다.

"밥을 지을 때도 생수를 써요. 다 씻은 쌀에 생수를 부어 밥을 짓는 게 아니라 처음부터 생수로 쌀을 씻는 거죠. 보통 한 번 밥 지을 때 생수 4리터는 드는 것 같아요. 수돗물에서 방사성 물질이 검출됐다는 소문이 돌면서 밥과 국은 물론이고 과일을 씻을 때도 생수를 사용하는 거예요. 이러다 보니 겨울나기를 위해 장작을 쌓듯 집집마다 생수가 빽빽이 쌓여 있어요. 한국 업체로부터 생수를 주문, 배달받으면 매달 생수 값만 2만 엔(약 30만 원)이 넘어요."

"쌀도 마찬가지예요. 올해 생산된 신미(新米)는 먹지 않아요. 방사능 공포 때문이지요. 일본 정부는 농사 금지구역을 제외한 후쿠시마의 쌀은 모두 안전하다고 말하고 있지만 그 말을 믿는 일본인은 거의 없어요. 실제로 지난달 후쿠시마(福島)현 오나미(大波) 지역과 다테(伊達)시 농가에서 생산한 쌀에서 기준치(1킬로그램당 500베크렐)를 넘는 방사성 세슘이 검출됐어요. 이러다 보니 올해 나온 신미보다 작년에 나온 쌀이 더 비싸요. 구하기도 힘들고요. 그래서 저는 쇼핑을 하다가도 작년 쌀만 보이면 무조건 사요. 그래도 저는 운이 좋은 편이에요. 작년 쌀을 60킬로그램 정도 미리 구입해놨으니까요."

"일본 사람들도 변했어요. 올해 수확한 햅쌀인데 안 팔리니까 생산연도를 조작해요. 햅쌀을 작년 포대에 넣고 작년 쌀이라고 속여 파는 거죠. 실제로 시민단체가 이런 사례를 적발해 언론기관에 전달한 경우도 있어요. 장사에서 신의를 최고의 가치로 여긴다는 일본 사람들도 목구멍이 포도청이라고, 결국 어쩔 수 없나 봅니다."

"며칠 전에는 또 일본의 한 초등학교에서 아이들 급식에 방사능 검사를 통과한 후쿠시마 채소를 사용하겠다고 학부모에게 통보한 것 때문에 거센 항의를 받았데요. 그렇지 않아도 후쿠시마 원전사고 이후 먹거리에 대한 공포가 커지고 있는데, 어떻게 학교에서 어린 학생들에게 후쿠시마산 농산물로 급식을 만들어 제공할 수 있느냐는 거죠."

"한국 주재원들 가운데는 아예 집에서 도시락을 싸 가지고 다니는 사람도 많아요. 식당에서 파는 밥이나 반찬은 못 믿겠다는 거죠. 생선에서 기준치가 넘는 방사성 물질이 검출되면서 '스시'는 아예 입도 안 대요. 쇠고기도 마찬가지죠. 일본산 와규(和牛)가 맛은 있지만 방사성 물질이 묻어 있는 풀을 먹었을 수도 있어서 일본산 쇠고기는 먹지 않죠. 미국이나 뉴질랜드 쇠고기를 수입 마트에서 사다 먹고 있어요. 쇠고기에 비하면 돼지고기는 안전해요. 축사 안에서 사육하기 때문에 방사성 물질이 들어갈 가능성도 그만큼 적으니까요."

오랜만에 만난 후배는 쉴 새 없이 말을 이어갔다. 마치 마음속에 가둬 둔 비밀을 다 털어놓듯이. 처음에는 '너무 호들갑을 떠는 게 아닐까? 일본 사람들도 다 조용히 사는데, 왜 걱정들이지?'라고 생각했다. 하지만 다시 한 번 곰곰이 생각해보니 후배의 마음을 이해할 수도 있을 것 같았다. 자꾸 숨기기만 할 뿐 무엇 하나 속 시원히 밝히지 못하는 일본 정부의 무능이 결국 불신을 불러온 것이다. 어쩌면 일본에 사는 한국인들의 불안은 일본 정부 스스로가 자초한 것인지도 모르겠다.

물고기를 잡아도 팔리지 않아요

　도쿄 인근에 있는 지바(千葉)현 조시(銚子) 앞바다. 청정한 바다로 소문난 곳이다. 부근에 난류와 한류가 만나는 풍부한 어장이 있어 일찍부터 수산업이 발달했다. KBS 취재팀이 방문할 당시 어판장에는 수십 종류의 물고기들이 진열돼 있었다. 참치로부터 시작해서 광어, 도미 등 눈에 익은 물고기뿐만 아니라 커다란 눈이 튀어나온 물고기 등 이름 모를 물고기도 많았다. 문어와 조개와 같은 어패류도 한쪽 구석을 차지하고 있었다. 특히 가쓰오(かつお)라고 불리는 가다랑어가 많았다. 아마도 가쓰오 철인 것 같았다.

　오전 7시. 입찰이 시작됐지만 예전과 같은 활기는 찾아볼 수 없었다. 위판장 관계자들은 이곳에서 거래되는 물고기는 모두 안전하다며 후쿠시마 원전사고와는 전혀 관계가 없다고 강조했다. 이곳 물고기들은 후쿠시마에서 멀리 떨어진 도쿄 남쪽에서 잡은 것이기 때문이다.

　"일단 모두 검사하고 판매를 합니다. 괜찮아요. 일주일에 몇 번씩 반

청정한 바다로 소문난 도쿄 인근 지바의 어시장. 예전과 같은 활기는 찾아볼 수 없었다. 관계자들은 이곳에서 거래되는 물고기는 모두 안전하다며 후쿠시마 원전사고와는 전혀 관계가 없다고 강조했다. 과연 그럴까?

복해 검사를 하는데, 아직까지 이상 징후가 발견된 적은 없어요. 만약 이상이 있다면 이곳에 어판장이 열릴 수 있겠어요?"

위판장에 진열된 물고기들을 촬영하고 있는데 누군가가 취재팀에 다가왔다. 수협 관계자인 듯 보였다. 우리는 이미 허가를 받아 취재를 하고 있기 때문에 별 신경을 쓰지 않았다(일본에서는 취재하기가 정말 힘들다. 허가를 받지 않고 취재했다가는 나중에 소송에 걸려 엄청난 돈을 배상하는 경우도 많다).

그 남자는 다른 사람이 알아듣지 못하게 낮은 목소리로 말했다. "작은 생선과 광어, 가자미는 팔리지 않아요. 어디서 잡았든 상관없이 모두 안 팔리고 있어요."

"왜 그렇죠? 이유가 뭡니까?" 내가 다급하게 물었다.

그 남자는 잠시 머뭇머뭇거리더니 다시 낮은 목소리로 말했다.

"글쎄요. 저도 이유는 잘 모르겠어요. 큰 놈들보다 작은 놈들, 특히 광어에서 방사성 물질이 검출된다는 소문이 돌고 있어요."

근거 있는 얘기일까? 나중에 알게 됐는데, 그 소문은 사실이었다.

어선들이 속속 항구 안으로 들어왔다. 만선의 꿈은 이루지 못했지만 그래도 어부들은 이때가 가장 행복하다고 한다. 잡은 물고기를 위판장에 넘기면 그제서야 어부들은 한숨을 돌린다. 하지만 이곳 어부들의 표정은 밝지 않았다. 막 조업을 마치고 돌아온 한 어선에 올라탔다. 60대 초반쯤으로 보이는 어부가 갑판을 청소하고 있었다. 이곳에서만 40년 동안 물고기를 잡고 있다는 도야마(土山, 62) 씨였다.

도야마 씨는 방사능 사고가 난 뒤부터 후쿠시마, 미야기(宮城), 이와테(岩手) 등 북쪽 앞바다에는 아예 들어가지도 못한다고 하소연했다. 그쪽 물고기는 방사능 오염 위험이 높아서 잡더라도 사는 사람이 없기 때문이다. 방사능 공포는 후쿠시마 원전 앞바다만이 아니었다.

"지금 이 지역에서 어민들이 잡은 생선 가운데 방사능이 검출된 것이 있습니까?"라고 물었다. 도야마 씨는 고개를 좌우로 저으며 "없어요. 하지만 바로 옆에 있다는 이유로 위판장에서 차별을 받고 있어요. 입찰하는 사람들이 비싸다며 사지를 않는 거죠. 그러다 보니 가격이 반토막 났어요"라고 한탄했다. 그는 또 방사능 문제가 언제까지 이어질지 모르겠다며 앞날이 더 걱정이라고 말했다.

"새우, 생선, 굴 같은 것은 도쿄 쓰키지(築地) 어시장에 보내지는데요, 도쿄에서 팔면 가격이 반밖에 안 돼요. 그래서 조합에서 쓰키지 등을 상대로 소송을 준비하고 있다고 들었어요."

일본 정부는 조업을 못하는 어민들에게는 한시적으로 국가 보상금을 지급하고 있다. 후쿠시마와 이바라키현 어민들이 그 대상이다. 하지만 그보다 아래쪽에 있는 지바현 어민들은 조업을 한다는 이유로 보상금을 받지 못하고 있다.

수산물은 안전하다?

후쿠시마원전의 사고로 가장 큰 피해를 입은 것은 아마도 바닷속 생물들일 것이다. 후쿠시마원전에서 누출된 방사성 물질은 여러 경로를 통해 결국 바다로 흘러들어가기 때문이다. 기준치의 수천 배에 이르는 '고농도 오염수'뿐만 아니라 공기 중에 흩날리던 방사성 물질도 결국에는 빗물에 씻겨 바다로 흘러들어간다.

그렇다면 구체적으로 어떤 바다생물이 위험한 걸까? 도쿄 해양대학 이시마루 다카시(石丸隆) 교수는 광어를 1차 위험 생물로 지목했다.

"이것은 원전 부근 바다 밑바닥에서 채취한 진흙인데요, 진흙 안에 세슘 134와 137이 검출됐어요. 원전 가까운 곳에 있는 바닷속 진흙은 이처럼 오염돼 있다고 보면 됩니다. 당연히 이런 곳에 사는 생물들은 장기간 오염될 수밖에 없죠. 그 대표적인 물고기가 광어예요."

"광어의 먹이도 주목해볼 필요가 있어요. 방사성 물질이 바다로 흘러 들어가면 가장 먼저 식물성 플랑크톤이 오염돼요. 그다음에는 식물

도쿄 해양대학 이시마루 다카시 교수가 원전사고로 인한 바닷속 생물의 오염에 대해 설명하고 있다. 그는 "먹고 먹히는 먹이사슬 때문에 시간이 지날수록 몸집이 큰 물고기에서 방사성 물질이 검출된다"면서 일본 정부의 안일한 대처를 비판했다.

성 플랑크톤을 잡아먹는 동물성 플랑크톤이 방사능에 오염되겠죠. 그다음에는 동물성 플랑크톤을 먹는 까나리와 같은 작은 물고기들이 오염되고, 그다음에는 오염된 까나리를 먹는 광어가 방사능에 오염되는 거죠."

"먹고 먹히는 먹이사슬 때문에 시간이 지날수록 몸집이 큰 물고기에서 방사성 물질이 검출되는 거예요. 일본 정부는 이런 것도 모르고 '아직은 사람이 먹는 물고기에서 방사성 물질이 검출되지 않았다'고 발표하고 있는데, 이것은 정말 멍청한 짓입니다. 지금 당장은 사람들이 먹지 못하는 작은 물고기에서만 방사성 물질이 검출되지만, 시간이 지나면 상황이 달라질 수밖에 없어요."

문어에서 광어, 농어로 올라갈수록 방사성 물질의 농도가 더 높아진다는 사실이 새롭게 밝혀졌다. 이시마루 교수는 농어나 대구와 같이 몸집이 큰 물고기는 앞으로 1년 뒤 방사성 물질이 검출될 수 있다고 경고했다. 후쿠시마원전에서 방출된 방사성 물질이 먼저 플랑크톤의 몸속에 쌓이고 이를 먹은 작은 물고기가 다시 큰 물고기에게 잡아먹히면서 먹이사슬의 위 단계에 있는 큰 물고기의 방사성 물질 농도가 높아진다는 것이다.

이시마루 교수는 또 후쿠시마 인근 해안뿐만 아니라 도쿄만도 위험하다고 지적했다.

"도쿄만에 대해서는 앞서 방사성 물질이 대기를 타고 내려오면서 오염됐다고 말씀드렸는데, 역시 바지락 같은 조개에서 (2011년) 3월 말에 이미 검출됐어요. 도쿄에도 영향을 미쳤다는 사실을 방증하는 것입니다."

그러면서 이시마루 교수는 바닷물고기보다 더 심각한 것이 은어와 같은 담수어라고 말했다. 담수는 해수와 달리 물이 고여 있는 데다가 담수어가 해수어(바닷물고기)보다 방사능에 쉽게 오염될 수 있는 조건을 갖고 있기 때문이다.

"담수어는 자신의 체액보다 낮은 농도의 염류가 있는 곳에서 서식합니다. 그래서 물을 마시지 않고 염분을 몸에 축적해야 합니다. 물을 흡수하지 않기 때문에 한 번 몸속에 들어간 방사성 물질은 밖으로 나가지는 않고 몸속에 계속 쌓인다는 거죠. 즉, 외부의 방사능을 다량으로 농축하게 된다는 얘기죠."

"1986년 체르노빌 원전사고의 경우 부근 담수어에서 5,000~15,000배의 방사성 물질이 검출됐어요. 해수어는 10~100 정도로 알려져 있습니다. 왜냐하면 해수어는 물을 마셔 염분을 밖으로 배출하기 때문이죠. 세슘도 염분과 비슷해서 아가미나 오줌을 통해 계속 배출됩니다. 해수어의 경우 생물학적 반감기가 50일이거든요. 그러니까 50일 안에 깨끗한 물이 들어가 계속 정화를 시키면 그만큼 해수어 안에 있는 방사성 물질 농도도 낮아지는 거죠. 반면 담수어의 경우는 배출을 않고 계속 축적하기 때문에 오랫동안 오염 상태로 남아 있을 수 있어요."

방사성 물질에 의한 대규모의 바다 오염은 전례가 없는 일이다. 국제 환경보호단체 그린피스(Green Peace)는 체르노빌 원전사고보다 이번 후쿠시마 원전사고가 더 바다를 오염시키고 있다고 경고했다.

일본 정부가 공동조사를 거부하자 그린피스는 후쿠시마 앞바다에 서식하는 수산물을 직접 조사했다. 먼저, 먼 바다에 있는 해초를 채취해 방사성 물질이 어느 정도 포함돼 있는지 꼼꼼히 기록했다. 일본인들이 좋아하는 고등어도 직접 잡아 배 위에서 방사능 검사를 실시했다. 그 결과는 우려했던 대로였다.

얀 반 드 푸터 그린피스 방사선 전문가는 "우리는 모두 21개 샘플을 가지고 프랑스와 벨기에에 있는 2개의 실험실에서 분석했습니다. 21개 가운데 14개가 일본 정부가 정해놓은 방사선량 최고 위험 수치를 넘길

얀 반 드 푸터 그린피스 방사선 전문가는 후쿠시마 앞바다에 서식하는 수산물을 채취하여 자신들이 분석한 21개 샘플 가운데 14개가 일본 정부가 정해놓은 방사신량 최고 위험 수치를 넘겼다고 말했다.

정도로 굉장히 많이 오염된 것으로 확인됐습니다. 그중에서도 3개의 샘플은 더 심하게 오염된 것으로 나왔어요. 미역에서 발견된 요오드 13의 양은 정부가 정해놓은 최고 수치의 50배에 달하는 수준이죠. 정말 요오드가 많이 포함되어 있다는 거죠. 그리고 그 미역을 먹는다는 것은 아주 위험한 일이에요."

일본 정부는 그린피스 발표를 즉각 반박했다. 그린피스가 제시한 샘플은 먼 바다에서 채취한 해조류로 일본인들이 먹지 않는 것이라는 이유에서다. 한마디로 일본인들이 먹는 수산물에 한해서만 방사능 검사를 해야 한다는 것이 일본 정부의 기본 입장이다.

하지만 이시마루 교수는 이런 일본 정부의 반박이 말도 안 된다고 일축했다.

"문부과학성은 현재 인간이 먹을 수 있는 생선에서는 방사능 위험이 없다고 발표했습니다. 작은 물고기가 방사능에 오염돼 있다고 하더라도 그것은 인간이 먹는 것이 아니므로 걱정할 필요가 없다는 거죠. 하지만 그것은 잘못된 생각입니다. 시중에 판매되는 물고기는 모두 방사능 검사를 통과했기 때문에 안전하다고 말하는 것 같습니다만, 그렇게 생각해서는 안 됩니다. 인간이 먹지 못하는 생물일지라도 방사능 검사를 해야 합니다. 왜냐하면 앞으로 그 생물의 방사능 농도가 더 올라갈 수 있기 때문입니다. 대표적인 것이 '먹이사슬의 낮은 단계에 있는 생물이나 플랑크톤인데, 이런 것은 현재 측정 대상에서 제외돼 있습니다."

이시마루 교수는 낮은 단계의 생물이나 플랑크톤을 먹이로 잡아먹을 경우 그 먹이로부터 다른 어류로 방사능이 점점 더 옮아갈 우려가 있기 때문이라고 설명했다.

일본 정부의 잘못은 이것만이 아니다. 먹을 수 있는 생선의 방사능 측정도 엉터리라는 지적이 나온다. 현재 일본 수산청은 생선의 방사능을 측정할 때 생선의 머리와 꼬리, 내장은 잘라낸다. 역시 머리와 꼬리, 내장은 먹지 않는다는 이유에서다. 하지만 일본인들 가운데 생선 머리와 생선 꼬리를 좋아하는 사람을 나는 수없이 봐왔다. 최근에는 한류 바람이 불면서 한국 사람들이 좋아하는 젓갈을 즐기는 일본인도 늘고 있다. 특히 명태의 내장에 소금과 고춧가루 등을 넣어 만든 '생선 젓갈'을 일본인들은 '창자'라고 부르면서 좋아한다.

언론이 호들갑을 떤다?

    2011년 연말, 평소 친하게 지내던 고향 선배와 서울 도심에 있는 한 일식집을 찾았다. 일본에서 먹던 니혼슈(日本酒)와 초밥을 먹고 싶었기 때문이다. 술잔을 몇 차례 주거니 받거니 하고 있는데 갑자기 방문이 열리면서 주방장이 들어왔다. 나는 서비스를 가져오는 모양이구나 생각하고 약간의 팁을 건넸다. 그러자 주방장은 괜찮다며 돈을 받지 않았다. 대신 "도쿄 김 특파원님이시죠? TV에서 자주 보았습니다. 처음 뵙겠습니다"라며 인사를 했다.

    나는 의아했다. 처음 찾은 술집인데 나를 특파원이라고까지 정확히 알고 있다는 사실이 조금 놀랍기도 했다. 방송 기자는 TV에 얼굴을 내밀 때는 알아보는 사람이 간혹 있지만 내근 부서, 그러니까 지금처럼 9시 뉴스 편집부에 있을 때는 방송에 출연하지 않기 때문에 알아보는 사람이 거의 없다. 게다가 도쿄에서 돌아온 지도 벌써 6개월이나 지난 시점이었다. 나를 알아보는 사람이 있으리라고는 짐작조차 할 수 없었다.

"어떻게 그렇게 저를 잘 아세요? 한국에 온 지도 꽤 됐는데…. 혹시 전에 어디선가 우리가 만났었나요?" 조심스럽게 물었다.

"아닙니다. 전에 만난 적은 없지만 잘 알고 있습니다. 김 특파원님 때문에 매출이 절반 이하로 떨어졌거든요. 후쿠시마 원전사고 이후 거의 매일 KBS 9시 뉴스에 나와 일본 앞바다에서 잡은 물고기에서 방사성 물질이 검출됐다고 보도하셨잖아요. 그 때문에 한국에 있는 일식집 손님도 발이 끊겼어요. 우리 식당도 마찬가지고요. 우리는 노량진 수산시장에서 생선들을 공급받는데도, 일본산으로 아는 거예요. 특히 일본산 술은 아예 팔리지도 않아요. 그래도 지금은 조금 나아졌는데, 일본에서 한창 방사능 공포다 뭐다 할 때는 진짜 폐업까지 고민했어요."

주방장의 목소리 톤이 점점 올라갔다.

'아차, 내가 오늘 술집을 잘못 찾았구나!' 순간적으로 후회했다. 하지만 이제 와서 다른 곳으로 옮길 수도 없고, 난감했다. 결국 주방장의 얘기를 계속 들을 수밖에 없었다.

"보도를 할 때 좀 신중했으면 해요. 어떤 일이 터지면 우리나라 언론들은 너무 호들갑을 떨거든요. 아마 일본 언론도 그렇게까지 보도하진 않았을 거예요. 일본 언론보다 우리가 더한다니까요."

그렇다. 그 주방장의 말은 충분히 이해가 된다. 사실 한국의 언론들 가운데는 사실 확인도 제대로 하지 않은 채 '누가 뭐라고 하더라'라는 식의 소문을 그대로 전하는 경우가 있다. 하지만 후쿠시마 원전사고 이후 한국 언론이 너무 호들갑을 떨었다는 인식에 대해서는 분명히 아니라고 생각한다. 일본 언론들의 냉정한 보도 태도를 배우라는 일부 국내 전문가들의 의견에 대해서는 더더욱 아니라고 생각한다. 왜냐하면 당시 일본 언론들은 너무나도 많은 것을 알면서도 숨겼기 때문이다.

취재 현장에서 만난 많은 일본 기자들은 나에게 이렇게 말했다. "김대홍 씨의 말이 맞을지도 모르겠지만 우리는 그렇게 쓸 수밖에 없어요. 지금은 진실을 알리는 것보다 국가 질서를 지키면서 국민들이 놀라지 않게 하는 것이 더 중요하니까요."

언론의 사명은 무엇일까? 진실을 그대로 국민에게 전하는 것일까? 아니면 국가와 국민의 안정을 위해 아는 것도 모르는 채 해야 하는 것일까? 혼란을 우려해 진실을 보도하지 않는다고 하더라도 국민들은 이해할까? 나는 아니라고 본다. 절대 일본 국민들이 용서하지 않을 것이라고 본다.

내가 알고 있는 많은 일본인들은 "김대홍 씨, 정부 발표는 믿을 수 없어요. 안전하다, 안전하다 했지만 방사능은 다 퍼졌어요. 멜트다운(원자로의 냉각장치가 정지되어 온도가 급격하게 높아져 원자로를 녹여버리는 사고)은 없다고 했지만 멜트다운됐잖아요. 먹는 생선에서는 방사성 물질이 안 나왔다고 했지만 나왔잖아요. 김대홍 씨, 이제 더 이상 일본 정부 말이나 그 말을 그대로 전달하는 일본 언론은 믿을 수가 없어요"라며 불안해한다. 진실은 가린다고 사라지는 게 아니다. 어쩌면 그렇게 진실을 가릴수록 의혹만 더 커지고 사회는 더 혼란에 빠지게 된다. 과감히 밝힐 것은 밝히고 설명할 것은 설명하는 게 옳다고 본다. 그것을 일본 언론은 하지 못했다.

하지만 그날 나는 주방장에게 별다른 대꾸를 하지 않았다. 매상이 줄어 문을 닫을 위기까지 경험한 일식집 주방장에게 "나의 보도는 옳습니다. 일본 보도가 틀렸어요"라고 말하기도 싫었다. 대신 나는 빈 술잔을 주방장에게 넘기며 "죄송합니다. 내년에는 잘될 겁니다. 이제 한국 소비자들도 안정됐을 테니까요"라며 덕담을 했다. 그리고 술잔에 술을 가득 부어주었다.

하지만 나의 기대와 달리 한국의 많은 소비자들은 아직도 일본산 수산물에 대해 불안감을 갖고 있다. 일본산 수입 수산물에서 잇따라 방사성 물질이 검출되고 있기 때문이다. 2012년 1월 2일 한국에 들어온 홋카이도산 냉장 명태에서도 방사성 물질 세슘이 검출됐다. 식품 허용기준치(370Bq/kg)의 0.37% 수준이라고는 하지만 전문가들은 이 정도도 계속 몸에 쌓이면 건강에 이상을 일으킬 수 있다고 경고했다.

그동안 한국 정부는 일본 정부가 후쿠시마 주변 바다의 수산물 채취를 금지했기 때문에 일본산 수산물도 안전하다고 말해왔다. 실제로 정부는 매달 일본산 수산물 300여 건에 대해 방사능 정밀 검사를 실시해왔지만 지금까지 '부적합' 판정을 받은 경우는 거의 없었다.

하지만 한 시민단체(투명사회를 위한 정보공개 센터)가 공개한 자료를 보면 우리도 예외가 아닌 것을 쉽게 알 수 있다. 2011년 4월 12일 활백합에서 요오드가 1킬로그램당 14베크렐, 세슘이 6베크렐 검출된 것을 시작으로 6월 30일에는 냉장 대구에서 세슘이 6.94베크렐 검출됐다. 이후에도 7월에 3번, 9월에 6번, 10월에 1번, 그리고 11월에 2번, 12월에 3번 냉장 명태나 냉동 고등어에서 세슘이 잇따라 검출됐다. 특히 2011년 7월 13일 냉장 대구에서 국내 허용기준치의 4분의 1이 넘는 97.9베크렐의 세슘이 검출되기도 했다.

일본의 방사능 공포는 이제 현해탄을 넘어 한국에까지 확산되고 있다. 해류의 방향이 달라 후쿠시마의 오염수가 한국 연안으로 흘러오기는 어렵지만 방사능에 오염된 일본산 수산물과 가공식품들은 계속 수입되고 있다. 우리 정부는 "검출된 양이 미량이기 때문에 안전하다"는 말만 되풀이하고 있지만, 과연 그럴까?

환경운동연합 등 우리나라 환경단체들은 "정부의 수입 수산물에 대한 방사능 오염 검사 방식을 보면 기준치 이하의 미량이라는 말을 해도 결코 안심할 수준이 아니다"라고 주장한다. 현재 정부가 실시하고 있는 수입 수산물의 방사능 검사가 너무나 형식적이고 검사 대상도 충분하지 않다는 것이다. 환경운동연합 관계자는 "정부는 후쿠시마 원전사고 이후 일본산 수입 수산물에 대해 '전수조사'라고 말하고 있지만, 정확히 말하면 '전품목 조사'라고 해야 한다"고 주장했다. 또 "검사를 위해 채취하는 샘플도 수입량에 관계없이 품목당 1킬로그램의 시료만을 분석하고 있어 충분하지 않다"고 덧붙였다. 특히 "명태나 대구는 내장을 즐겨 먹는 생선임에도 내장은 따로 방사능 검사를 실시하지 않고 있다"고 비판했다. 따라서 "정말 정부가 국민을 안심시키기를 원한다면 안전하다 안전하다 말만 할 것이 아니라 지금이라도 당장 일본산 수산물에 대한 전면 수입금지 조치를 내려야 한다"고 말했다.

후쿠시마 원전사고가 난 지 10개월이 지난 2012년 1월, 홋카이도에서 포장돼 우리나라로 수입된 냉장 명태에서 또 세슘이 검출됐다. 농림수산식품부 소속 농림수산검역검사본부는 일본산 냉장 명태 3톤에서 세슘이 각각 1.98베크렐 검출됐다고 밝혔다. 물론 식품 허용기준치의 0.54% 수준으로 미량이기는 하지만 아직도 일본에서 수입되는 수산물이 안전하지 않다는 사실을 보여주는 것이다.

진짜 무서운 건 내부피폭

방사능 피폭은 크게 외부와 내부 2가지로 구분한다. 외부피폭은 주위에 존재하는 방사성 물질이 방출하는 감마선에 의해 인체 안의 세포 또는 DNA 등이 손상을 입는 것이다. 이에 반해 내부피폭은 방사성 물질이 인체에 직접 흡수되어 피폭당하는 것이다. 쉽게 말해 외부피폭은 원전이 폭발할 때 밖으로 누출되는 방사성 물질에 직접 영향을 받는 것이고, 내부피폭은 방사성 물질을 함유하는 공기, 물, 음식물 등을 섭취함으로써 방사성 물질이 체내로 들어와 영향을 미치는 것을 말한다.

후쿠시마 원전사고는 2011년 3월 12일과 15일 이틀에 걸쳐 원전 1, 3, 4호기가 모두 수소폭발했기 때문에 현재 외부피폭 위험은 없다. 문제는 내부피폭이다. 일본인들이 마시는 수돗물은 물론 녹차, 쇠고기, 수산물, 그리고 쌀에서도 소량이지만 방사성 물질이 계속 검출되고 있다. 방사능에 오염된 음식물을 계속 먹을 경우 자신도 모르게 피폭될 수 있다는 것이다. 특히 어린아이들은 갑상선이 약하기 때문에 소량이라도 위험하다는 우려의 목소리가 끊이지 않고 있다.

역사상 처음 겪는 '저(低)방사선 내부피폭'은 누구도 그 결과를 예측할 수 없는 상황이다. KBS 취재팀은 원자력 피폭 분야에서 세계 최고의 권위를 자랑하는 후루카와 미치아키(古川路明) 나고야대학 명예교수를 직접 찾아갔다. 그는 현재 원자력자료정보실(NPO 법인) 이사도 맡고 있다.

후루카와 교수는 1954년 3월 1일 미국이 마셜군도의 비키니 섬에서 행한 핵실험 때문에 방사능에 관심을 가졌다고 한다. 당시 시즈오카(静岡)현 야에즈(焼津)시에서 출항한 일본 어선이 피폭을 당해 1명이 죽었다. 하지만 그 당시만 해도 일본은 제2차 세계대전에서 패한 지 얼마 안 된 때라 미국에 제대로 항의도 못했다고 한다. 그리고 이러한 사실이 전 세계에 잘 알려지지도 않았다.

그해 여름 후루카와 교수는 아르바이트로 일본 기상연구소에서 일본 해수에 관한 연구를 했는데, 어떤 조사선에서 채취한 바닷물에서 방사능 오염이 심한 것으로 나타났다. 이때만 해도 일본 외무성에서는 문제가 없다고 발표했다. 그리고 나서 1969년부터 나고야대학에서 방사능 연구를 시작했는데, 1970년대부터 1980년대에 걸쳐 중국의 핵실험에 따른 환경 방사능을 집중 연구했고 체르노빌 방사능 누출 사고 때도 방사능과 인체의 영향에 관한 많은 논문을 발표했다.

후루카와 교수를 만난 곳은 도쿄 외곽에 있는 YWCA 회관이었다. 건물 안에서는 지역 주민 100여 명이 후루카와 교수를 초청해 강의를 듣고 있었다. 중년 남성도 몇 명 있었지만 대부분은 30대 초반의 주부들이었다.

방사능 공포가 도쿄로까지 확산되면서 어떻게 안전을 지킬 수 있는

지에 관한 질문이 이어졌다. 한 아주머니는 "정말 정부의 말을 믿어도 되냐?"고 물었고 또 다른 20대 후반의 젊은 여자는 "임신을 했는데 수돗물을 먹어도 되냐?"고 물었다. 이밖에도 "녹차는 안전하냐?" "시금치는 물에 씻으니까 괜찮지 않으냐?" 등 대부분이 먹거리 공포에 관한 질문이었다.

원자력 피폭 분야에서 세계 최고의 권위를 자랑하는 후루카와 미치아키 나고야대학 명예교수. 그는 일본 정부의 방사능 안전기준치를 신랄하게 비판하면서 "앞이 보이지 않는다"고 말했다.

후루카와 교수는 조용한 목소리로 천천히 답변을 해나갔다. 먼저 일본 정부의 방사능 안전기준치를 신랄하게 비판했다.

"연간 몇 밀리시버트까지는 피폭에 의한 건강에 영향은 없다"라고 하는데, 현 시점에선 명확한 데이터나 기준치가 존재하지 않습니다. IAEA(국제원자력기구)나 WHO(세계보건기구)의 통계는 역학적인 조사 결과에 따른 것이 아니며, 신뢰할 수 있는 것도 아닙니다. 그런데도 너무 쉽게 '기준치'라는 단어를 사용하고 있습니다. 이것은 정말 어리석은 짓입니다."

원래 잠정 기준치라는 것은 IAEA가 히로시마와 나가사키의 피폭자를 대상으로 건강 피해를 조사해서 만든 '리스크 모델'을 참고해 작성한 것이다. 이 같은 IAEA의 모델은 원폭으로부터의 외부피폭, 즉 피부에 직접 쐰 방사선량에 초점을 맞춘 연구 결과이기 때문에 식품 등을 통해 체내에 방사성 물질이 축적되어 영향을 미치는 내부피폭에는 단순 적용할 수 없다는 것이 전문가들의 공통된 지적이다.

후루카와 교수는 또 '적은 양'은 인체에 해롭지 않다는 정부 발표에 대해서도 강한 불만을 제기했다.

"미량이기는 하지만 방사성 물질이 도쿄까지 도달한 것은 분명합니다. 지금까지 유례가 없을 정도로 도쿄 대기 중에 세슘 농도가 올라갔기 때문입니다. 물론 정부는 인체에 해를 끼칠 정도는 아니라고 말하고 있지만, 국민들은 그래도 불안한 거예요. 그렇다면 왜 이런 현상이 나타나는 걸까요? 그것은 국가가 생각하는 안전(安全)과 국민들이 바라는 안심(安心)에 차이가 있기 때문이죠. 물론 이것은 철학적인 문제이기도 합니다. 정부가 정한 기준치가 안전한 것인지, 국민들이 안심할 수준인지 여기서부터 시작해야 합니다. 소량이니까 괜찮다, 안전기준에 부합한다고 하지만 국민들은 안심하지 못하고 있어요. 안전이 아니라 안심할 수준의 기준이 필요하다는 것이죠."

후루카와 교수는 또 지금까지 알려진 것과 달리 내부피폭이 외부피폭보다 훨씬 위험하다는 점도 강조했다.

"내부피폭에 대해서는 알려진 바가 없습니다. 외부에 오염물질이 존재하고 방사선에 노출될 경우 얼마나 영향이 미칠지는 계산이 가능하지만 내부피폭은 계산이 불가능합니다. 왜냐하면 특정 방사성 물질이 인체에 흡수되었을 때 그것이 어디에 분포할지, 일반적으로 언젠가는 체외로 배출되는데 배출될 때까지 시간이 얼마나 걸릴지 모르기 때문입니다. 그리고 동물실험은 있지만 인체실험은 없잖아요. 그래서 평가가 엇갈리는 겁니다. 수치도 다양하게 나올 수 있고요."

체르노빌이나 쓰리마일 원전사고보다 후쿠시마 원전사고가 더 위험한 이유도 바로 내부피폭이 쉽게 끝나지 않을 것이라는 전망 때문이다.

"앞이 보이지 않아요. 아직도 후쿠시마원전에서는 방사성 물질이 나오고 있어요. 언제 끝날지 모르는 상황입니다. 그래서 체르노빌이나 쓰리마일 원전사고보다 내부피폭 위험이 더 큽니다. 상황을 냉정하게 지켜봐야 합니다. 앞으로 대폭발이 일어나진 않겠지만 일정 부분이 무너져 방사능이 더 누출될 가능성은 있습니다. 그 지역의 땅이나 바닷물이 심각하게 오염될 수 있어요.

지금까지 원전사고로 바다가 오염된 적은 없었어요. 쓰리마일도 육지였고 체르노빌도 내륙이었어요. 이번 사고는 바다 가까이에서 터졌다는 게 특징입니다. 후쿠시마원전을 다 정리했다고 문제가 해결되는 것도 아닙니다. 원전에 고였던 오염수가 지하수로 들어갔어요. 이 오염된 지하수가 앞으로 10년, 20년 후까지 조금씩 바다로 흘러들어갈 가능성이 높아요."

후쿠시마 어린이는 실험용 쥐인가요?

2011년 5월 19일. 아침 일찍 전화벨이 울렸다. 함께 '동일본 대지진' 다큐멘터리를 제작하고 있는 김형석 PD였다. "빨리 옷 입고 문부과학성 앞으로 가봐! 후쿠시마에서 학부모들이 문부과학성에 항의하러 몰려오고 있어. 오전 9시쯤이면 문부과학성 앞에 도착할 거야. 서둘러!" 평소 조용한 선배가 이처럼 숨넘어가는 소리로 말하는 것은 처음이었다. 급하긴 급한 모양 같았다. 나는 서둘러 옷을 걸쳐 입고 회사로 달려갔다.

촬영감독인 홍승환 씨가 NHK 서(西) 현관 주차장에서 대기하고 있었다. 나는 취재차량에 타자마자 "문부과학성으로 갑시다!"라고 말했다. 홍 감독은 깜짝 놀란 표정을 지으며 "문부과학성요? 지진 취재가 아니라 역사교과서 문제인가요? 교과서에 독도가 자기네 땅이라고 또 표기한 모양이죠?"라며 고개를 갸우뚱거렸다. "후쿠시마 학부모들이 몰려온대. 며칠 전에 발표한 학교 활동을 제한하는 방사능 허용기준치 때문인가봐. 1밀리시버트에서 20밀리시버트로 무려 20배나 갑자기 올리니까 불만을 갖는 것도 당연하겠지." 그러고 나서 취재할 내용을 홍 감독에게 간단히 설명했다.

방송 뉴스는 신문과 달리 영상이 중요하다. 얼마나 좋은 영상을 찍느냐에 따라 뉴스의 가치가 결정되기 때문이다. 그래서 나는 취재 나갈 때마다 촬영기자나 촬영감독에게 그날의 취재 내용과 내가 바라는 영상을 꼭 얘기한다. 물론 중요한 기획 뉴스일 때는 하루 전에 만나 사전 콘티를 짜기도 한다. 촬영기자나 촬영감독에게 일종의 의무감을 지워주는 것이라고나 할까? 그러면 결과도 좋다. 아무 얘기 안 하고 취재 나갈 때보다 훨씬 좋은 영상이 나오고 또 현장에서 촬영기자가 쓸데없는 장면을 찍지 않게 되니 나중에 편집할 때도 시간이 절약된다.

오전 9시. 대형 관광버스 두 대가 문부과학성 앞에 도착했다. 차량번호판을 보지 않더라도 이 차량들이 후쿠시마에서 왔다는 것을 직감적으로 알 수 있었다. 촬영감독은 벌써 ENG 카메라를 돌리고 있었다. 차량에서 내린 학부모들은 저지하는 경비원들과 가벼운 몸싸움을 벌이며 장관과의 면담을 요청했다. 군데군데 이들이 준비한 피켓이 눈에 들어왔다.

후쿠시마의 어린이들을 실험용 쥐로 생각하나?
후쿠시마의 아이들을 방사능으로부터 보호하자!
어린이의 미래에 책임을
연간 20밀리시버트 철회!!
어린이를 방사능으로부터 보호하라!

주민 대표로 보이는 한 중년 남자가 메가폰을 들고 문부과학성을 강도 높게 비판하기 시작했다.

"방사선의학종합연구소에 근무하고 계시는 사키야마 선생님에게 여쭤봤습니다. 1밀리시버트와 20밀리시버트의 차이가 뭐냐고요. 그랬더니 선생님은 이렇게 말했어요. '인간의 몸은 60억 개의 세포로 되어 있는데, 1밀리시버트라는 것은 연간 그 60억 개의 세포 전부에 방사선이 한 번씩 통과하는 것을 말해요.' 그렇다면 20밀리시버트라는 것은 60억 개의 모든 세포에 연간 20회 방사선이 통과하는 것을 말합니다. 그런데 어린이는 방사선 감수성이 적어도 3배 높다고 알려져 있습니다. 따라서 20밀리시버트라는 것은 있을 수 없는 수치입니다. 창피합니다. 국제사회의 기준치는 1밀리시버트입니다. 선진국이라는 일본은 20밀리시버트이고요. 국제사회에서 일본을 어떻게 보겠습니까?"

"맞다! 맞다!" "20밀리시버트 철회! 1밀리시버트 이하로!" 주위에 있던 학부모들도 기다렸다는 듯이 피켓에 쓰여 있는 구호를 외치며 동조하기 시작했다. 메가폰을 든 그 중년 남자는 계속 말을 이어갔다.

"원자력을 추진해온 사람들은 방사선이 안전하다, 괜찮다, 안심할 수 있다고 무책임한 말을 해왔습니다. 이제 더 이상 이 말을 용납해서는 안 됩니다. 여러분과 함께 힘을 합쳐 기준을 철회하도록 요구하고 어린이들을, 이 나라의 미래를 짊어질 어린이들을 어떻게든 보호하도록 노력해야 합니다. 정부가 잘못된 일을 할 때 그것을 바로 잡는 것이 우리의 역할입니다."

"옳소!" "모두 함께 힘을 합칩시다." "장관을 불러와라!" "장관에게 20밀리시버트를 직접 쏴주자! 정신이 번쩍 나게 말야!"

시위 분위기는 점점 더 격해졌다. 그때 건물 안에서 한 중년 남자가 나왔다. 전형적인 일본 공무원 스타일이었다. 작은 키에 검은 양복, 그리고 하얀 와이셔츠를 입은 남자는 시위대 앞에 서서 먼저 자신을 소개했다.

"문부과학성 과학기술학술정책국 와타나베(渡辺) 차장이라고 합니다. 지금 장관은 외부에 나가 있습니다. 대신 제가 여러분들의 뜻을 장관께 전해드리겠습니다."

하지만 이 말을 곧이곧대로 믿는 시위자는 없었다. "우리가 온다니까, 도망간 거지?" "없다고만 말하지 말고 장관을 데려와라. 우리는 꼭 만나야 한다."

뭔가 죄라도 지은 사람처럼 와타나베 차장은 고개를 숙이고 "내가 좀 전에 들은 얘기로는 다른 일정이 있어서 오늘은 못 온다고 합니다. 저에게 말해주세요. 제가 꼭 장관에게 여러분의 의견을 정확히 전달하겠습니다."

이때 시위대 사이에서 마스크를 쓴 한 여성이 목소리를 높였다.

"우리 애들이 다니는 학교는 아직도 3.1밀리시버트의 방사선이 측정되고 있어요. 1밀리시버트가 기준일 때는 기준치를 3배 이상 넘기 때문에 운동장에 나가지도 못하게 했어요. 하지만 지금은 20밀리시버트가 됐기 때문에 전혀 문제가 없다는 거죠. 과연 그럴까요? 3.1밀리시버트는 안전한 수치인가요?"

옆에 있던 또 다른 학부모 입에서도 불만이 터져나왔다.

"20밀리시버트를 철회하겠다고 말하면 됩니다. 그렇게만 말해주세요. 오늘 여기에 모인 후쿠시마 사람들은 후쿠시마 지역 전체를 1밀리시버트로 낮춰달라고 요청하는 것이 아닙니다. 적어도 아이들이 다니는 학교에 대해서는 1밀리시버트로 낮춰야 한다고 말하는 것입니다. 간 나오토 총리도 거짓말을 잘하는 것 같습니다. 이번 원자력 재해에 대한 정부 방침을 밝힐 때는 "모두가 피해자다. 후쿠시마 사람들은 피해자다. 정부가 책임지고 확실히 대응하겠다"고 말하지 않았습니까? 그런데 1밀리시버트를 20밀리시버트로 올리는 것이 후쿠시마 사람들을 위한 겁니까? 총리가 그렇게 말을 했으면 문부과학성 장관은 총리의 뜻을 따라야 하는 것 아닙니까? 그것이 문부과학성의 역할 아닌가요?"

후쿠시마 학부모들의 속사포 공격에 와타나베 차장은 기어들어가는 소리로 답했다.

"처음부터 말씀드렸습니다만 우리의 최종 목표는 1밀리시버트입니다. 현재 20밀리시버트로 잡아놨지만 시간이 지나면 1밀리시버트로 낮출 것입니다."

하지만 성난 시위대는 또다시 말장난을 한다며 와타나베 차장을 밀어붙였다.

"20밀리시버트를 당장 철회하겠다고 지금 말해주세요. '최종 목표는 1밀리시버트입니다'라는 애매한 표현을 쓰지 말고 확실하게 '20밀리시버트를 철회하겠다' 이렇게 말해주세요. 그래야 서로 간의 대화가 가능합니다. 문부과학성에 있는 최고위층 관료들(장관, 부장관, 정무관)에게도 말씀해주세요. '문부과학성은 어린이를 보호해야 한다'고 말입니다."

와타나베 차장이 아무 말도 못하자 시위대는 야유를 퍼부었다.

"차장은 일본어 모르나요? 일본어 모르세요?"

화가 났는지 아니면 부끄러웠는지 와타나베 차장의 얼굴이 붉게 타올랐다. 그가 시위대를 향해 말했다.

"가급적 낮추는 노력은 해야 합니다. 하지만 그렇게 하기 위해 무엇을 할 수 있는지는 매우 어려운 문제입니다. 문제는 어떻게 해서 어린이들의 피폭을 가급적 낮출 것인가라고 봅니다. 그러기 위해서 우리가 할 수 있는 일이 무엇인지를 계속 고민하겠습니다."

그러자 시위대는 기다렸다는 듯이 와타나베 차장을 밀어붙였다.

"구렁이 담 넘어가듯 이대로 오늘 마무리할 건가요? 정부가 책임을 지고 방사선 감소 노력을 하겠다고 말씀해주세요."

와타나베도 더 이상 버티기 어렵다는 것을 알았는지 "감소시키는 노력은 ICRP(국제방사선 방호위원회)의 대전제이기 때문에 그렇게 하겠습니다"라고 말했다. 그러자 시위대는 '모든 경감 조치를 취하여'라는 부분을 넣으라고 요구했다.

와타나베는 "네, 모든 경감조치를 취하여 최종적으로 1밀리시버트를 목표로 하겠습니다"라고 선언했다. 그제서야 시위대들은 "당연하지, 처음부터 그랬어야 하는 것인데…"라며 화가 좀 풀린 듯 보였다. 그러나 내 옆에 있던 30대의 젊은 학부모는 "최종적이라는 등 쓸데없는 말을 자꾸 덧붙이지 말라. 1밀리시버트를 목표로 하는 것이 문부과학성의 방침이라고 말했으면 됐지, 왜 '최종적'이라는 말을 붙이는지 모르겠다"고 비판했다.

주민 대표로 보이는 한 여자가 메가폰을 들고 말을 시작했다.

"여러분, 오늘 많은 말씀을 하셨지만 후쿠시마 원전사고 이후 우리 사정이 나아진 것은 아무것도 없습니다. 여기서는 방사선을 감소시키는 것은 당연하다거나 감소 대책을 취하는 것은 당연하다고 말하고 있지만 구체적으로 최근 한 달간 아무런 감소대책도 나오지 않았습니다. 우선이 사실에 대해 우리는 정부로부터 사죄를 받아야 합니다. '한 달 동안 정부는 아무 노력도 하지 않았다. 그것이 죄종하다. 조속히 오염제거 작업을 정부가 책임지겠다'라고 정부는 우리에게 사죄해야 합니다. 정부가 아무것도 해주지 않는 상황에서 우리는 스스로의 비용으로 오염을 제거하고 있습니다. 위험도 감수하고 있습니다. 어떤 부모는 오염제거 작업을 하기 위해 일도 그만뒀습니다. 그렇게까지 생각하고 아이를 보호하려고 지자체도 부모들도 필사적으로 노력하고 있습니다. 그래도 고향이라고 떠날 수 없다고 하면서 괴로운 마음으로 여기까지 왔습니다. 그런데 지금까지 정부는 아무것도 하지 않고 있습니다.''

결국 그녀는 참았던 눈물을 터뜨렸다. 더 이상 말도 못한 채 한동안 흐느껴 울었다. 그것이 지금 후쿠시마 학부모들의 마음이라는 것을 알 수 있었다. 괜히 나의 눈시울도 뜨거워졌다. 만약 내 아이들이 후쿠시마에서 공부를 하고 있다면 나 역시 그녀의 마음과 똑같았을 것이다. 한국이나 일본이나 부모의 마음은 다를 게 없다.

처음에 메가폰을 들었던 그 남자가 다시 시위대 앞에 나와 말했다.

''이번 방사능 사고에 대해 정부는 마치 우리 학부모나 지자체에 책임이 있다고 생각하는 것 같습니다. 과연 그럴까요? 누구의 책임이 가장 클까요? 도쿄전력과 정부 아닌가요? 최종적으로는 정부가 책임을 져야 하는 것 아닐까요? 이 문제를 해결하기 위해 정부가 직접 나서야 합니다. 그런데도 문부과학성은 아무런 책임을 지려 하지 않아요.

우리는 후쿠시마에서 새벽에 왔습니다. 정말 비장한 마음으로 문부과학성을 찾았습니다. 하지만 장관은 나타나지도 않았습니다. 우리의 억울한 사연은 누가 들어줍니까? 20밀리시버트를 1밀리시버트 기준으로 낮춰달라는 우리의 요청은 받아들여지지도 않았습니다. 그나마 얻은 수확이라고는 와타나베 차장의 '최종적으로 검토하겠다'는 말뿐입니다.

오늘은 여기까지만 하겠습니다. 이제 곧 비도 올 것 같고, 아이들도 학교에서 돌아올 때가 됐습니다. 하지만 해산하기 전에 분명히 문부과학성에 우리의 요구를 확실하게 말하겠습니다. 첫째, 20밀리시버트라는 기준을 철회하라. 그리고 1밀리시버트를 목표로 방사선을 줄일 수 있는 방법을 구체적으로 마련하라. 이것이 두 번째 요구입니다. 세 번째 요구는 방사능 오염제거 작업에 드는 비용은 국가가 부담해야 한다는 것입니다. 정부는 이번 사태의 책임자인 도쿄전력을 구제해주지 않았나요? 그런데 왜 우리의 아이들은 구제하지 않는 거죠? 오염제거 작업에 드는 비용은 정부가 부담해야 합니다."

2시간 동안 이어진 후쿠시마 학부모들의 시위는 모두 끝났다. 도쿄 특파원 3년 동안 이런 시위는 처음 경험했다. 일본 사람들은 자기의 불만을 대중들 앞에서 잘 얘기하지 않는다. 시위라고 해도 10여 명이 모여 수다를 떨다 끝나는 경우가 많다. 그래서 우리 방송기자들이 흔히 하는 말로 '그림'이 안 된다. 그런데 오늘은 달랐다. 한 사람 한 사람이 마치 준비한 연설문을 읽듯 논리정연하게 상대방의 마음을 사로잡았다. 대지진과 후쿠시마 원전사고 이후 일본사회는 분명 변하고 있고, 그 변화의 한복판에 내가 서 있다는 느낌을 받았다.

후쿠시마로 돌아가려는 학부모 몇 명과 짧게 인터뷰했다.

김대홍 KBS 도쿄 특파원(이하 '특파원') : 지금 자녀분은 초등학생인가요?

학부모 : 보육원에 다닙니다.

방사능 허용기준치를 1밀리시버트에서 20밀리시버트로 올린 데 대해 항의하는 후쿠시마 학부모들의 시위. 도쿄 특파원 3년 동안 이런 시위는 처음이었다. 대지진과 후쿠시마 원전사고 이후 일본사회는 분명 변하고 있다.

특파원 : 어떤 것에 주의하고 계신가요?

학부모 : 보육원에 보내지 않고 있고, 이런 시기여서 무슨 일이 있을까 불안하기 때문에 가능한 한 떼어놓지 않도록 하고 있습니다.

특파원 : 어떤 부분에 불안을 느끼시나요?

학부모 : 생활 전반입니다. 여긴 괜찮다, 나쁘다 하고 아이에게 가르쳐주면서 생활 하는 것이 건강에 좋지 않다고 봅니다. 그래서 가능한 한 집 안에서 생활을 하고 있습니다.

특파원 : 그러다 보면 아이도 스트레스를 많이 받겠군요?

학부모 : 그렇습니다. 힘들긴 하지만 건강을 지키자면 지금 할 수 있는 일은 그런 것뿐입니다.

특파원 : 정부가 어떻게 해주었으면 하시나요?

학부모 : 안전하다고만 말할 것이 아니라 이 정도면 위험하다고 그 한도를 확실히

말해줬으면 좋겠고, 애매한 표현은 하지 말아주었으면 좋겠습니다. 사실 정부를 그 다지 신뢰하지는 않아요.

특파원 : 오늘 이 자리를 어떻게 보셨나요?

학부모 : 예상했던 그대로입니다. 지난번과 마찬가지입니다. 책임자가 나오지 않으면 대화가 되지 않기 때문에 오늘도 잘 피해갔구나 싶습니다.

특파원 : 후쿠시마 현지 상황은 어떤가요?

학부모 : 내가 사는 고리야마(郡山)시는 원전에서 60킬로미터 정도 떨어져 있습니다. 하지만 방사선량 수치가 줄지 않고 비교적 높은 지역입니다. 8밀리시버트다, 14밀리시버트다 사람마다 다 말이 다르지만 높은 것은 분명해요. 고리야마시에서는 유아나 초등학생은 학교에서 옥외활동을 하고 있지 않습니다. 하지만 중학생이나 고등학생은 평소처럼 동아리활동도 하고 체육수업도 하고 있어요. 주변을 보면 아무리 날씨가 좋아도 창문을 연 집이 없습니다. 아직 모두 창문을 닫고 있어요. 더운데도 불구하고요. 빨래도 집 안에 널고, 아이들도 밖에 내보내지 않습니다. 매우 비정상적이고 마을에 활기가 없어요. 정말 활기가 없어요.

특파원 : 20밀리시버트라는 기준은 어떻게 생각하시나요?

학부모 : 믿을 수 없는 수치입니다. 따라서 오늘은 어떻게 해서든 20밀리시버트를 철회하게 하고 싶었어요. 하지만 아이들을 보호해야 할 입장인 문부과학성의 무책임한 오늘의 대응에 또 실망했습니다. 정부나 문부과학성이 하는 말은 정말 신뢰할 수 없고 이치에 맞지 않습니다. 정부 방침으로 정해진 것이 1밀리시버트인데, 이것도 안전한 것은 아닙니다. 하지만 일단 감수할 수 있는 수치로 설정되어 있는 것인데, 그것을 20밀리시버트로 갑자기 올리는 것은 문제가 매우 크다고 생각합니다. 체르노빌 때와 비교해봐도 그렇습니다. 체르노빌의 경우에는 5밀리시버트를 기준으로 이주 권고를 했습니다. 그런데 우리는 20밀리시버트로 올려놓고 아이들

을 모래밭에서 놀게 하고 운동장에서 운동하게 하고 있습니다. 도저히 믿을 수 없습니다. 그렇게 하다 보면 피폭자가 늘어나고, 건강 피해를 입는 아이들이 늘어날 것입니다.

학부모들은 모두 버스에 올라탔다. 문부과학성 앞은 다시 예전과 마찬가지로 고요해졌다. 시끄러운 확성기 소리가 사라지자 적막감까지 감돌았다. 취재장비를 정리하다 버스를 바라보았다. 그때 한 학부모가 피켓을 내게 보여줬다. '후쿠시마 어린이는 실험용 쥐인가?' 순간 소름이 끼쳤다. 정말로 후쿠시마 어린이들은 듣도 보도 못한 방사능 오염사고의 제1차 피해자인지도 모르겠다는 생각이 들었다.

눈에도 보이지 않고 냄새도 안 나는 방사능은 공포 그 자체다. 소리 소문도 없이 세슘과 같은 방사성 물질이 학교와 집, 그리고 놀이터에서 놀고 있는 어린이들의 몸속에 조금씩 아주 조금씩 쌓이고 있다. 어느 정도까지는 괜찮고 어느 정도까지는 위험하다는 판단 기준을 과연 믿을 수 있을까? 어쩌면 후쿠시마 어린이들은 방사능을 연구하는 과학자들의 실험용 쥐가 아닐까?

4장 /
후쿠시마 원전사고의 진실

취재팀, 속히 철수하라

후쿠시마 원전사고는 전혀 예상치 못한 것이었다. 적어도 2011년 3월 15일 철수명령을 받을 때까지는 사태가 그렇게 심각한 줄 몰랐다. 대지진 발생 다음 날인 3월 12일, 후쿠시마 제1원전 1호기에서 수소폭발이 발생했다. 당시 후쿠시마에는 서울에서 파견 온 이승철 기자팀이 막 도착했다. 이승철 기자가 그때 보내온 '메모'는 다음과 같다.

3월 13일 오후 7시 51분

1) 기름 구하기

- 도쿄에서 후쿠시마까지 오는 이틀 동안 문을 연 주유소는 딱 3곳뿐. 문 연 주유소는 차량이 엄청나게 몰려 있음.
- 이 때문에 현지 취재팀도 이동에 제약을 받고 있음.
- 도쿄에서 차량으로 올 경우 기름 꽉 채우고, 예비 기름도 충분하게 싣고 와야 하는 상황임.

2) 충전문제

- 이바라키현을 넘어오면서부터 정전된 곳이 상당수

- 카메라, 노트북, 전화기, 위성송출장비 재충전에 어려움을 겪었음.

- 중간중간에 공중전화가 설치된 편의점에 전기가 들어올 경우 공중전화 밑에 콘

센트가 있어 충전할 수 있음.

3) 숙소문제

- 정전에 물 사정이 나빠 대부분의 호텔이 문을 닫고 손님을 잘 받으려 하지 않음.

- 여기에 취재진까지 몰린 상황이라 방 구하기가 만만치 않음.

- 최악의 경우 차에서 자는 경우도 발생함.

4) 송출문제

- 위성송출장비를 이용할 때 속도가 너무 떨어짐.

- 랜선을 쓸 수 있는 장소를 확보하거나 근처 NHK지국을 찾아야 함.

- 정전 지역이 많다는 것을 감안해야 함.

- 끝으로 현지 사정이 생각보다 열악합니다. 참고하시기 바랍니다.

이처럼 KBS 기자들은 열악한 환경 속에서도 정확하고 공정한 보도를 위해 늘 최선을 다하고 있었다. 그러나 이승철 기자의 메모에는 방사능 공포에 대한 언급이 없었다. 그만큼 '방사능 누출'에 대해 심각하게 생각하지 않았기 때문이다. 그 1차적 책임은 우리 정부에 있다.

3월 13일 일요일 밤. 후쿠시마 원전사고가 난 지 하루가 훨씬 지나서야 우리 정부는 일본 도쿄와 지바현을 여행경보 1단계인 '여행 유의 지

역'으로 지정했다. 이와 함께 지진해일 피해가 집중된 이와테현과 미야기현 등 동북부 5개 현을 '여행 자제 지역'으로, 폭발사고가 발생한 후쿠시마원전 주변 반경 30킬로미터 이내를 '여행 제한 지역'으로 각각 지정했다. 하지만 후쿠시마원전에서 누출된 방사성 물질은 이미 도쿄 시내까지 덮친 뒤였다. 당시 KBS 보도본부 소속 현지 출장자는 보도국 20명, 시사 제작국 12명 등 모두 32명이었다.

3월 14일 오전 11시 1분. 후쿠시마 제1원전 3호기도 수소폭발했다. KBS 보도본부에도 비상이 걸렸다. 먼저 후쿠시마에서 취재 중인 이승철 기자 팀에게 후쿠시마원전 반경 30킬로미터 접근 제한 조치가 내려졌다. 이때부터 방사능 공포가 조금씩 현실로 다가왔다. 당시 후쿠시마원전 서쪽 60킬로미터 지점인 고리야마시에서 취재 중이던 김태석 기자가 보낸 메모는 다음과 같다.

3월 14일 23시 21분 35초

현지 상황

－ 원자로 폭발 관련, 조만간 후쿠시마현 전체가 위험 지역으로 지정될 수 있다는 정보가 있음.

－ 태평양 미 항공모함 100명 방사능 오염

－ 일단 바람이 태평양 쪽으로 불고 있음.

－ 내일 저녁 비가 내리면 산성비(화산폭발 및 방사능) 내릴 가능성 있음.

－ 비 오기 전에 취재 끝낼 예정

방사능 공포가 점점 확산되고 있다는 현지 분위기는 물론 다음 날 비가 올지도 모르는 상황에서 계획한 취재를 완료하겠다는 결연한 의지가 담겨 있다. 김태석 기자는 또 후발대로 오는 다른 취재팀을 위해서도 현지 주의사항을 꼼꼼히 전달했다.

지진 관련 Tip

1) 건물이 흔들리면 일단 문을 열어야 함.

– 건물이 주저앉으면 문이 안 열리고 화재 위험이 높기 때문

2) 항상 신발은 침대 옆에 둬야 함.

– 탈출 때 바닥에 유리가 깔리면 도망을 못 감.

3) 유리 파편이 떨어질지 모르기 때문에 높은 건물은 항상 주의해야 함.

4) 차량 안에 있을 때는 지진이 있어도 잘 모르는 경우가 있음.

– 그러므로 차에서는 항상 전봇대나 전선을 주시해야 함.

5) 탈출은 항상 넓은 장소로 할 것.

– 학교 운동장이 좋음. 항상 어디로 대피할지를 미리 파악할 것.

김태석 기자는 마지막으로 취재팀의 사기를 위해 서울에 있는 보도본부 전 기자들이 문자 한 통씩 보내달라고 요청했다. 대부분의 문자는 '카카오톡'으로 보내졌다. 대지진으로 휴대전화는 불통이었지만 카카오톡이나 스카이프, 페이스북 등은 유효했다. 다른 방송사 취재팀은 카카오톡으로 원고를 서울에 보내고 역송받아 리포트를 제작했다는 얘기도 들었다.

3월 15일 오전 10시

　서울 본사로부터 도쿄지국에 긴급 전화가 걸려왔다. 보도본부장이었다. "지금 상황이 어떠냐?"고 물었다. 본부장은 모스크바 특파원 출신으로 체르노빌 원전사고를 직접 취재한 경험이 있다. 그래서 누구보다 방사능의 위험에 대해 잘 알고 있었다. 나는 "후쿠시마가 위험합니다. 취재기자를 철수시키는 게 좋다고 생각합니다. 나머지 센다이와 이와테에 있는 서울 팀들도 가능한 한 빨리 도쿄나 다른 곳으로 이동시켜야 합니다"라고 대답했다. 그로부터 2시간 뒤, 이승철 기자에게 후쿠시마 완전철수 명령이 떨어졌다. MBC와 SBS는 이미 하루 전에 철수한 것으로 알려졌다.

　이승철 기자는 정말 훌륭한 기자이다. 철수 명령이 떨어지기 전까지도 현지 소식을 화상으로 연결하고 싶다고 서울 본사에 요청했다. 서울에 있는 국제부 기자와 후쿠시마에 있는 이승철 기자가 서로 인터넷 화상 채팅창을 이용해 방송을 하고 싶다는 아이디어를 낸 것이다. 결국 이 아이디어는 성사되지 못했지만 열악한 상황에서도 최선을 다하는 이승철 기자는 다른 후배들에게 모범이 될 것이다.

　다음은 후쿠시마를 철수하면서 이승철 기자가 도쿄에 보내온 '메모'이다.

3월 15일 21시 48분 50초
(취재기자 : 이승철, 촬영기자 : 강희준, 최재혁)

취재팀 상황
－ 오후 12시 반쯤 후쿠시마에서 긴급 철수

- 도쿄 쪽으로 국도 타고 내려왔으나 극심한 정체

- 밤 9시쯤 도치기현 우쓰노미야 도착

- 내일 오전 중 도쿄로 출발 예정

철수 전 후쿠시마 상황

- 대형 마트 앞에 길게 늘어선 사람들. 물건 사고 나오는 사람들 인터뷰했음.

인터뷰 내용 : "정확하게 상황을 알지 못해 불안하다" 등

- 후쿠시마공항에 길게 줄을 선 사람들, 이불 펴고 누운 사람들.

인터뷰 내용 : "오늘 밤에 갈 수 있을지 내일은 갈 수 있을지 모르겠다" 등

내일 취재 예정

- 도쿄로 가는 도중 막히는 도로 취재 예정

후쿠시마에서는 무슨 일이 있었던 걸까?

후쿠시마 원전사고 이후 일본 정부와 과학자들이 가장 많이 쓰는 말이 '소테가이(想定外)'이다. '생각도 못했던 일이 벌어졌다'는 뜻이다. 하지만 과연 그랬을까? KBS 취재팀이 만난 많은 과학자들은 3월 11일 이전에도 이번과 같은 사고가 일어날 수 있다고 수차례 경고했다고 한다. 한마디로 후쿠시마 제1원전사고는 '소테가이'가 아니라 과학적으로도 예측이 가능한 '소테나이(想定內)'였다는 말이다.

익명을 조건으로 취재에 응한 과학자들은 후쿠시마 원전사고에 대한 일본 정부의 발표에 의문이 많다고 했다. TV에 출연하는 전문가나 연구자들의 말은 모두 '거짓말'이라고 원색적으로 비난하는 사람도 있었다. 취재를 하면 할수록 미궁에 빠져드는 '후쿠시마 제1원전사고의 진실은 무엇일까?

'3가지 최우선 매뉴얼'은 왜 실패했나?

각국 정부와 원전 전문가들은 '핵발전 사고'를 막기 위해 다음 3가지 매뉴얼을 최우선 예방대책으로 삼고 있다.

1) 원전 가동을 즉시 멈춘다.
2) 원자로를 냉각시킨다.
3) 방사성 물질을 원자로 안에 가둔다.

원전사고 이후 도쿄전력이나 경제산업성 산하 원자력안전보안원, 그리고 전문가들이 기자회견장에서 수차례나 반복해 말한 것도 바로 이 3가지였다. 그러나 후쿠시마 원전사고는 이 3가지 모두 실패했다. 원전 가동은 멈췄지만 핵연료는 재임계(再臨界)됐다. 전원이 차단되면서 원자로 냉각 기능도 상실했다. 이후 수소폭발로 원자로 안에 있던 방사성 물질이 밖으로 새어나왔다. 어쩌다 이런 일이 일어났던 걸까?

먼저 1) 원전 가동을 멈추지 못한 이유부터 알아보자. 원자력발전소의 연료는 우라늄과 플루토늄이라고 불리는 방사성 물질이다. 이런 물질의 원자가 중성자와 결합하면 스스로 중성자를 방출하면서 핵분열을 일으켜 다른 원자로 변화한다. 이때 나오는 높은 열이 원자력 에너지이다. 또 원자에서부터 튀어나오는 중성자가 다른 원자와 충돌하여 분열을 촉진시키는데, 이런 연쇄반응이 계속되는 상황을 '임계(臨界)'라고 한다.

임계를 멈추게 하기 위해서는 핵연료가 나오는 중성자를 흡수하는 물질(예를 들면 제어봉)을 가까이 놓고 연료 간의 거리를 떨어뜨리는 것 등이 필요하다. 이와 관련해 원자력발전소에서는 핵분열이 천천히 진행돼 임계가 오랫동안 지속되도록 제어한다. 이와 달리 원자폭탄은 분열이 매우 빠르게 진행돼 임계가 한꺼번에 일어나도록 만든 것이다. 원전의 임계가 부엌에 있는 가스레인지의 '불'이라면 원자폭탄의 임계는 가스탱크의 '폭발'이라고 말할 수 있겠다.

그렇다면 가스나 석유, 석탄과 같은 화석연료(化石燃料)와 우라늄이나 플루토늄과 같은 핵연료(核燃料)에는 어떤 차이가 있을까? 같은 양이라도 핵연료에서 나오는 에너지가 훨씬 더 크다. 한꺼번에 임계를 하게 되면 소량이더라도 크게 폭발하고, 천천히 핵분열을 하면 매우 오래 지속된다. 이 폭발 에너지와 방사선을 모두 활용하는 것이 군사 목적의 원자폭탄이고 에너지만을 활용해 평화 목적으로 사용하는 것이 원자력발전소이다.

후쿠시마 원전사고에서는 가동 중이었던 1~3호기에서 임계상황을 멈추게 하는 데까지는 성공했다. 지진의 흔들림을 감지한 운전시스템이 제어봉을 자동적으로 삽입해 핵연료 분열을 신속하게 제어했다. 최초 대지진 발생으로부터 46분 후인 11일 15시 32분에 안전원은 최초의 회견을 열어 "동북지방의 모든 원전은 긴급 자동정지돼, 냉각 기능이 유지되고 있다"고 발표했다. 하지만 후쿠시마 제1원전의 원자로들은 어찌 된 일인지 재임계됐다. 냉각장치도 멈췄고 수소폭발로 건물이 무너지면서 방사성 물질도 누출됐다.

지금까지 인류 역사에 남은 대형 원전사고는 크게 2건이 있었다. 먼저 1979년 미국에서 일어난 쓰리마일 아일랜드(Three Mile Island) 원전사고이다. 이 사고는 증기 발생기에 물을 대는 급수 펌프가 고장 나고, 운전원이 판단을 잘못하는 바람에 핵연료를 식히는 냉각수가 없어진 탓에 발생한 것이다. 그 결과 핵연료가 녹으면서 격납용기 안에 있던 많은 양의 방사성 물질이 밖으로 쏟아져 나왔다. 결국 1)'가동'을 멈추는 데는 성공했지만 2)'냉각'과 3)'방사성 물질을 가두는 데'는 실패한 것이다.

또 하나는 1986년 구소련에서 일어난 체르노빌 원전사고이다. 이 사고는 핵연료의 임계를 제어하지 못해 일어난 것으로 밝혀졌다. 무리하게 출력을 높이려고 제어봉을 지나치게 올렸기 때문에 긴급 정지가 어려워 결국 원자로의 폭주(暴走, 원자로가 제어불능 상태에 빠져 출력의 급상승이 일어나 노심과 기타 부분에 손상이 일어나는 현상)에 이르렀다. 그 결과 핵연료가 순간적으로 파열하고 냉각수가 급격히 수증기로 바뀌면서 수소폭발이 일어났다. 몇 차례에 걸친 폭발로 원자로건물 상부가 날아갔고, 이 때문에 방사성 물질이 최고 1,000미터까지 치솟아 광범위한 지역이 오염됐다. 1) '멈춤'도 2) '냉각'도 3) '누출 방지'도 모두 실패한 최악의 사고였다.

그렇다면 초기 원전 가동을 멈추는 데 성공한 원자로에서 왜 재임계가 일어난 것일까? 도쿄전력과 일본 정부의 발표처럼 지진 직후 핵연료의 임계는 자동 차단됐다. 하지만 다음 단계에서 문제가 발생했다. '냉각이 안 되는 상황'이 벌어진 것이다. 핵연료는 임계상황이 끝난 후에도 완전히 분열을 멈추는 것이 아니기 때문에 열이 계속 발생한다. 이른바 '여열(余熱)', 즉 불을 꺼도 열기는 남아 있다. 이런 여열은 오랫동안 지속되기 때문에 원자로가 정지된 후에도 냉각을 계속해야만 한다.

원자력발전은 뜨거운 연료를 물로 냉각하는 과정에서 전기를 얻는 '발전시스템'인 동시에 '냉각시스템'이기도 하다. 그런 기능에 문제가 생길 것에 대비해 2중, 3중의 안전장치를 마련한다. 냉각수를 원자로 안에 직접 추가 주입하는 '비상용 노심(爐心) 냉각장치(ECCS)'가 대표적이다.

그러나 후쿠시마 제1원전에서는 모든 냉각시스템이 충분히 작동하지 않았다. 이런 시스템을 움직이는 전력이 끊겼기 때문이다. 먼저 대지진의 충격으로 외부로부터 들어오는 전력이 차단됐다. 뒤이어 쓰나미가 덮치면서 원전 내 비상용 디젤발전기도 손상을 입어 사용불가 상황이 됐다.

지진 발생 약 1시간 뒤인 15시 42분, 도쿄전력은 '1~3호기의 모든 교류전원 상실'을 정부에 통보했다. "냉각 기능이 유지되고 있다"는 경제산업성 산하 원자력안전보안원의 발표가 있은 지 정확히 10분 뒤였다. 다시 한 시간 뒤, 도쿄전력은 1, 2호기의 ECCS 기능도 상실됐다고 정부에 보고했다. 비상 장치로도 원자로 안에 냉각수를 공급하는 것이 불가능해졌다는 얘기다.

19시 3분. 일본 정부는 '원자력 긴급사태 선언'을 발표했고 곧바로 대책본부를 설치했다. 당초 보도에서는 7~8시간 사용할 수 있는 보조 배터리가 있고, ECCS도 있기 때문에 작동하는 데는 문제가 없을 것으로 보았다. 하지만 모든 것이 수포로 돌아갔다.

후쿠시마 제1원전과 같은 '비등수형 원자로(=비등형 경수로)'는 일정량의 물이 원자로와 발전터빈을 왕복하는 형태로 만들어졌다. 이 물은 평상시에도 핵연료와 접촉하기 때문에 사고가 일어나지 않더라도 방사성 물질을 다량 함유하고 있다.

물은 원자로에서 열을 받아 수증기로 변하고 터빈을 회전시킨 뒤 복수기에서 냉각돼 다시 액체 상태인 물로 환원된 뒤 원자로로 돌아온다. 하나의 물이 발전용 고압증기와 핵연료냉각용 냉각수라는 2가지 역할을 동시에 하는 것이다.

후쿠시마 제1원자력발전소 구성도(비등수형 원자로)

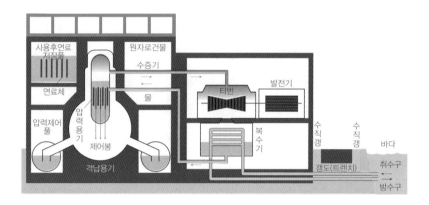

후쿠시마 제1원전의 1~3호기에서는 이처럼 물을 원자로와 터빈 사이에서 회전시켜주는 각종 펌프가 쓰나미로 멈춰버렸다. 원자로 안에서는 붕괴열을 갖고 있는 핵연료가 계속해서 물을 끓였다. 그것을 물로 되돌려주는 사이클이 원자로 밖에서 작동을 멈추자 원자로에는 새로운 냉각수가 공급되지 않았다. 비상시 원자로 안을 냉각시켜주는 ECCS 등도 작동되지 않았다.

'5중 벽'은 왜 파괴됐나?

원자로의 '냉각 불능 사태'는 방사성 물질이 밖으로 누출될 수 있다는 최악의 상황을 예고하는 것이었다. 앞에서도 설명했지만 핵연료가 붕괴될 때 나오는 열 때문에 물은 수증기로 변한다. 하지만 냉각장치가 작동을 못하면서 이 수증기가 다시 물로 돌아오지 못하는 상황이 발생한 것이다.

방사성 물질에 오염된 '수증기'와 '물'이 밖으로 누출되지 않기 위해서는 '물의 순환 기능'이 정상적으로 작동해야 한다. 그런데 이 순환 기능에 문제가 생기면서 원자로 안의 수증기가 빠르게 증가했다. 당연히 원자로 안의 압력도 갈수록 상승돼 이대로 두었다가는 얼마 못 가 원자로가 파괴될 수밖에 없는 상황이었다.

이를 막기 위한 것이 '벤틸레이션(ventilation)'이다. 일본에서는 이것을 '벤토'라고 표현한다. 벤토란 원자로 내부의 압력을 줄이기 위해 수증기를 빼는 작업을 말한다. 물론 대기 중에 직접 방출하는 것은 아니다. 원자로 양쪽 아래 '압력제어 풀'이 있는데, 이 안에 있는 물을 통해 수증기를 방출하는 것이다. 이를 통해 방사성 물질의 방출을 차단한다.

쓰나미 다음 날인 12일 오전. 도쿄전력은 1호기에서 수동으로 벤토를 실시했다. 어쩔 수 없는 선택이었다고는 하지만 이날의 벤토는 일본 원전 사상 처음 있는 역사적 사건이었다.

그러나 문제가 또 발생했다. 벤토를 하면서 원자로 안에서 수증기 이외에 가스가 발생하기 시작했다. 수소(水素)였다. 고온의 연료봉(실리콘 합금)에 물(수증기)이 접촉되면 화학반응을 일으켜 '수소가스'가 발생한다. 이것이 벤토를 할 때 압력용기 밖으로 나왔다.

벤토가 진행된 1호기에서 12일 오후 15시 36분, 수소폭발이 일어났다. 격납용기부터 원자로건물 안에까지 퍼진 수소가 천장 부근에 모여 있다가 폭발한 것이다. 마치 포탄을 맞은 듯 건물 상부가 완전히 파괴돼 흔적조차 없게 되었다.

'벤토→ 수소폭발→ 건물 파괴'라는 일련의 과정은 12일부터 14일 사이 3호기에서도 반복됐다. 2호기에서는 벤토가 계속되다가 15일 격납용기 가까운 곳에 있는 압력제어 풀에서 폭발이 발생해 건물 외벽에 구멍이 뚫렸다. 이때 격납용기도 손상을 입은 것으로 알려졌다.

가동이 중단된 4호기에도 문제가 발생했다. 냉각장치가 멈추면서 '사용 후 재처리연료'를 보관하는 수조의 온도가 올라갔다. '여열' 상태였던 핵연료가 뜨거워지면서 수소가스가 발생한 것이다. 곧이어 수소폭발이 일어났고 방사성 물질은 대기 중으로 방출됐다.

이처럼 3월 15일까지 1~4호기의 원자로에서 모두 '방사성 물질'이 누출됐다. 이 같은 사실은 원전 안팎에서 검출된 방사성 물질의 선량이 폭발 전후 크게 변한 데서도 알 수 있다. 또 핵연료인 플루토늄이 원전 밖에서 확인됐다는 사실도 이 같은 논리를 뒷받침해준다.

원전에서는 핵연료의 외부누출을 막기 위해 모두 5중 벽을 쌓는다. 1) 분말인 핵연료가 날아다니지 못하도록 하는 팰레트(손톱 크기의 원주형 핵연료)가 첫 번째 벽이고, 2) 팰레트를 넣은 연료봉(연료 피복관 합금으로 4미터)이 두 번째 벽, 3) 이 연료봉을 넣은 압력용기(물기를 머금은 증기를 말리는 장치로 높이 22미터)가 세 번째 벽, 4) 압력용기를 넣은 원자로 격납용기(16센티미터의 강철)가 네 번째 벽, 그리고 5) 이 모든 것을 보호하는 원자로건물이 5번째 벽이다.

그런데 수소폭발로 건물이 무너지면서 네 번째와 다섯 번째 벽이 제 기능을 하지 못했다. 또 첫 번째와 두 번째 벽 역시 핵연료인 플루토늄이 원전 안팎에서 잇따라 검출됨에 따라 기능을 상실했다. 남아 있는 벽은 세 번째 압력용기뿐인데, 이것 역시 파괴된 것 아니냐는 지적이 사고 초기부터 끊이지 않았다. 엄밀하게 봉인돼 있어야 할 핵연료가 가열되면서 압력용기 바닥을 뚫고 외부로 누출되었다는 것이다. 당시 〈마이니치(每日)신문)도 전문가 분석을 인용해 원전 밖에서 대량의 방사성 물질이 발견된 것은 압력용기의 바닥 부분에서 외부로 누출된 것이라고 밝혔다. 후쿠시마원전을 포함해 일본 내 사용 원자로의 60%를 점하는 비등수형 경수로 원자로의 구조적 문제도 지적했다.

'쓰나미'만의 문제인가

도대체 '냉각하라' '방사성 물질을 안에 가둬라'라는 매뉴얼은 왜 실행되지 않았던 것일까? TV에 나오는 전문가들이 말하는 것처럼 '상상을 초월하는 쓰나미' 때문일까? 쓰나미 외의 다른 원인은 없을까? 익명을 요구한 전문가들 가운데는 "쓰나미 이전에 이미 후쿠시마 제1원전에는 문제가 있었다"고 주장하는 사람이 적지 않았다.

이들이 주목하는 것은 대지진 초기 단계. 규모 9.0의 대지진이 후쿠시마 제1원전을 뒤흔들 때 원자로의 배관과 접합부 등이 파괴돼 방사성 물질이 누출됐다는 것이다. 이들은 수소폭발이 일어난 1호기를 그 대상으로 지목했다.

1호기는 1966년에 착공돼 1971년부터 가동된, 일본에서 두 번째로 오래된 원전이다. 따라서 원전 건물도 당시의 내진 설계 기준에 따라 지어져 배관이나 내진성 등이 취약했다. 실제로 배관 문제가 계속 발견돼 '너무 늙었다'는 지적을 받아오기도 했다.

원자로에 들어갔다 나왔다 하는 배관은 모형도를 보면 단순한 것 같지만 실제로는 원자로부터 터빈 사이를 왕복하는 '파이프들의 집합체'이다. 따라서 배관은 크고 작은 지진에 약점이 있다. 원전 운용에서 문제가 발생했다면 상당수가 바로 이 배관 때문이다.

또 하나는 용접이다. 복잡한 배관과 원자로를 단단히 고정시키는 작업이 용접인데, 지진으로 이 용접 부분이 떨어졌을 수 있다는 것이다. 원자력 전문가들은 후쿠시마 제1원전 원자로의 가장 큰 취약점으로 '배관과 용접'을 꼽는다.

〈마이니치신문〉도 원전사고 열흘 뒤 "배관에서 핵연료가 누출될 가능성이 국제회의에서 논의된 적도 있어 배관이나 용접 부분의 허점은 후쿠시마원전 같은 비등수로의 약점"이라며 이 때문에 원전에서 대형 사고가 일어날 수 있다고 덧붙였다. 원자력 전문가들은 또 "녹은 고온의 핵연료가 배관의 표면이나 용접 부분을 녹여서 구멍을 내, 배관을 통해서 조금씩 격납용기 안으로 누출된 것"으로 분석했다.

이러한 문제점을 개선하기 위해 일본 정부와 각 지방의 전력회사들은 1990년대부터 개량형 비등수형 원자로를 사용해왔다. 개량형 원자로의 특징은 원자로 압력용기의 외부에 있는 재순환 펌프를 압력용기 내부로 옮겨와 배관을 줄이고 기구를 단순화시켰다는 것이다. 말을 바꾸면 후쿠시마 제1원전과 같이 오래된 원자로는 배관에 문제가 많다는 것을 전력회사도 잘 알고 있었다는 이야기다.

대지진 직후 (쓰나미가 덮치기 전) 이미 방사성 물질이 누출됐다고 주장하는 또 하나의 이유는 원자로 안에 있던 압력용기에 있다. 대지진 직후 일본 정부와 도쿄전력은 1~3호기의 원자로 압력용기는 손상되지 않았다고 발표했다. 그런데 왜 원자로 안에 냉각수를 계속 부어 넣었는데도 수위가 올라가지 않았던 것일까?

이에 대해 일본 정부와 도쿄전력은 당초 벤토에 따라 원자로 안의 압력이 변했고 수위계가 고장 났기 때문이라고 설명했다. 그러나 해수로부터 담수로, 소방차로부터 가설 펌프로 바뀌가면서까지 원자로 안에 물을 계속 퍼부었는데도 수위가 올라가지 않았다면 어딘가에 구멍이 뚫려 있다고 봐야 하는 것 아닐까?

사고 발생 2주 후에는 '어느 정도의 물이 적당한가?'라는 문제가 대두됐다. 현장 작업원이 건물 바닥에서 고농도 오염수에 피폭되고 건물 밖 갱도에서도 많은 양의 오염수가 발견됐기 때문이다. 전혀 예측 못했던 고농도 오염수 때문에 복구작업이 어려움을 겪었다. 역사의 아이러니라고나 할까? 방사능의 위험 속에서 목숨을 걸고 원자로에 물을 뿌린 도쿄 소방대원들은 '일본을 구한 불사조'에서 '복구작업을 더디게 한 장본인'으로 비난을 받게 됐다.

그렇다면 고농도의 오염수는 어디서 나온 것일까? 전문가들은 대지진 충격으로 일부 배관과 용접 부분이 손상돼 고농도 오염수가 새어 나온 것으로 추측했다. 원자력공학을 전공한 한 전문가는 이렇게 말했다.

"후쿠시마 원전사고의 1차적 원인은 쓰나미와 전원손실 2가지로 말할 수 있습니다. 이런 것은 정부와 전력회사가 말하는 것이고, 대책은 원전을 멈추지 않고서도 세울 수 있습니다. 하지만 사고의 원인에 지진을 추가하고 여기에 압력용기의 손상까지 확인된다면 건물과 배관의 내진성, 압력용기의 강도를 높이는 것 등의 대응까지도 필요할 것입니다."

꼬리에 꼬리를 무는 미스터리

3·11 대지진 이후 일본 열도는 크게 세 지역으로 나눌 수 있다. 1) 지진의 직접 피해지인 동북부 지역, 2) 방사능 공포가 확산되고 있는 도쿄와 수도권 지역, 3) 상대적으로 안전한 오사카 등 나머지 지역이다. 이 가운데서도 가장 문제가 심각한 곳이 바로 방사능 공포가 확산되고 있는 도쿄와 수도권 지역이다.

대지진과 쓰나미는 자연재해지만 원전사고는 분명 인재(人災)였고 충분히 막을 수 있었다. 사고가 나자 민간인 신분으로 후쿠시마 제1원전에 가장 먼저 들어간 일본 원자력위원회 전문위원인 아오야마 시게하루(靑山繁晴, 58) 씨는 KBS와의 인터뷰에서 이렇게 말했다.

"수소폭발을 비롯한 심각한 피해들은 사실 인재였고, 잘못된 판단 때문에 일어난 것들입니다. 예를 들어 물을 뿌려 (원자로를) 냉각시키려는 판단이 늦었고, 원자로를 못 쓰게 하는 한이 있더라도 대량의 바닷물을 한 번에 뿌렸어야 하는데 그런 판단이 늦었기 때문에 인재라고 아니할

사고가 나자 민간인 신분으로 후쿠시마 제1원전에 가장 먼저 들어간 일본 원자력위원회 전문위원인 아오야마 시게하루. 그는 왜 "수소폭발을 비롯한 심각한 피해들은 사실 인재였다"고 말했을까?

수 없다."

왜 바닷물로 원자로를 냉각하지 않았을까?

그렇다면 왜 도쿄전력은 원전사고 초기에 원자로를 냉각시키지 않은 것일까? 원자로 안의 온도가 계속 올라가고 수소폭발의 징후가 관측되었는데도, 왜 좀 더 적극적으로 행동하지 않은 것일까? 만약 그때 원자로만 냉각됐어도 수소폭발은 없었을 것이다. 수소폭발이 없었다면 방사능 누출도 없었을 것이고 방사능 공포도 없었을 텐데…. 풀리지 않는 미스터리이다.

미스터리의 해답을 찾기 위해 나는 1년 전인 2011년 3월 11일 대지진 당시로 되돌아가 사건을 재구성해보았다. 아오야마 씨의 설명이다.

"후쿠시마 원전에서 방사성 물질이 상당량 누출됐다. 수소폭발 때문이다. 1호기와 3호기 건물이 크게 폭발했다. 그 여파로 4호기까지 폭발했다. 2호기는 건물이 남아 있지만 핵용기 아래 서프레션 체임버 (suppression chamber)라는, 압력을 억제하는 부분에서 작은 수소폭발이 있었던 것으로 추정된다. 흔히 수소폭발은 쓰나미 때문이라고 생각하는데 전혀 그렇지 않다."

"현장에 들어갔을 때 나는 직감적으로 알았다. 쓰나미에도 원자로건물은 버텼다. 바깥 커버 부분도 견디고 있었고 내부의 핵용기나 압력용기도 쓰나미에 큰 피해가 없었다. 물론 약간 피해는 있었다. 예를 들어 배관이 연결된 부분이 어긋나 있었다든지. 하지만 큰 균열이 생기거나 그 안에서 확 흘러나오거나 하지는 않았다."

"따라서 피해가 발생했다고 해도, 전원이 끊겼다고 해도, 애초부터 바닷물을 확 부어서 나중에 한 것처럼 주입했다고 하면 열이 그만큼 발생하지는 않았을 테니, 결국 수소발생이 있었다고 해도 그 정도로 대규모가 되진 않았을 것이다. 첫 번째 계기는 물론 지진과 쓰나미 때문이지만 그 후 즉시 정해진 대로 매뉴얼을 따랐다면 이렇게 큰 수소폭발은 없었을 것이다."

"그렇다면 왜 냉각을 주저했을까? 나는 이것이 제일 궁금했다. 현장을 직접 보고 또 내부 자료를 자세히 들여다봤다. 그랬더니 놀라운 사실이 발견되었다. 당시 후쿠시마원전에서는 전원이 끊겼지만 냉각작업은 계속하고 있었다. 소화를 위한 물로 냉각을 했다. 소화수, 즉 화재를 진화하기 위한 용도의 물로 말이다. 그 물은 담수로 소화에 사용하는 물이기 때문에 어느 건물에도 소화탱크가 있는데, 그 물이 비면 더 이상 물이 없는 것이다."

"따라서 소화수를 사용하여 냉각할 때 이것이 곧 바닥날 테니 원전 바로 앞에 있는 바닷물을 사용하는 것에 대해 현장에서는 초기단계부터 검토하고 있었다. 그러나 바닷물을 사용하면 원자로는 못 쓰게 된다. 이것은 도쿄전력만 우려한 것이 아니라 원자력안전보안원이나 경제산업성, 총리 관저에서도 마찬가지였다. 후쿠시마 제1원전의 1호기부터 4호기까지 원자로를 못 쓰게 되면 그 후 전력공급을 어떻게 할 것인지, 더운 여름이 되면 어떻게 될지를 우려했기 때문에 바닷물 사용을 주저한 것이다."

"처음부터 원자로를 못 쓰는 한이 있더라도 무조건 냉각시켜서 수소폭발 등의 사태가 일어나지 않도록 하자는 결단을 했다면 이번 같은 사고는 일어나지 않았을 것이다. 한마디로 잘못된 판단이 엄청난 사고를 낸 것이다."

멜트다운, 일본 정부는 정말 몰랐을까?

두 번째 미스터리는 일본 정부가 과연 멜트다운과 같은 원자로 용융 상황을 진짜 몰랐을까 하는 것이다. 후쿠시마 제1원전 1, 3, 4호기에서 수소폭발이 잇따랐는데도 일본 정부 대변인 격인 관방장관은 "격납용기는 안전하다"는 말만 되풀이했다. 시간이 지나면 그 말이 거짓말이라는 것이 곧 드러날 텐데, 왜 일본 정부는 거짓말을 한 것일까? 처음부터 용융이라고 발표하면 국민들이 패닉에 빠질지도 모른다는 우려 때문이었을까?

아오야마 씨는 후쿠시마원전을 관리하는 도쿄전력도 당시 상황을 잘 모르고 있었다고 말했다. 어떤 정치적 의도라기보다는 너무 성급하게 단정적으로 '안전하다'고 말한 것이 1차적인 문제라는 것이다.

"적어도 도쿄전력 본사가 숨기려 했던 것 같지는 않다. 왜냐하면 아무도 압력용기 안을 볼 수 없기 때문이다. 보는 데만 몇 년이 걸린다. 그것은 한국 원전에서 사고가 나도 마찬가지다. 그렇게 되면 외부에서 측정할 수밖에 없는데 당시 후쿠시마원전에서는 물이 더 있는 것으로 보였다. 그것을 그대로 발표한 것이다. 발표할 때 '수위측정기가 잘못되어 있다면 용융되어 있을 가능성도 있다'고 확실히 말했어야 했다. 그러나 그런 부분은 거의 말하지 않고 수위측정기가 이렇기 때문에 일부 손상에 불과하다고 거의 단정에 가깝게 말했다."

"따라서 나중에 수위측정기가 잘못되어 있어서 용융 상태라면 어떻게 할지, 그러면 전에 한 말이 거짓이 되는데 그런 것들을 사전에 생각하지 않고 눈앞의 일, 예를 들어 기자회견이 조용해지거나 국민도 일부만 문제라고 생각하도록…. 어쨌든 장래에 대해서 엄중하게 생각하지 않고 눈앞의 일만 생각하니까 그런 발표를 하게 된 것이다. 수위측정기가 올바르다면 그 발표는 올바른 것이었겠지만, 그 수위측정기는 완전히 고장 나 있었고 물은 바닥에 겨우 고여 있었다."

하지만 최근 공개된 자료들을 통해 도쿄전력은 이미 사태의 심각성을 잘 알고 있었던 것으로 드러났다. 아오야마 씨의 주장처럼 과학적 데이터에 근거해 '안전하다'고 발표한 것도 아니었다. 자신들은 이미 알고 있으면서도 외부에는 그 내용을 전하지 않은 것에 불과했다.

이 같은 사실은 간 나오토(菅直人) 당시 총리가 2012년 초 〈도쿄(東京)신문〉과 가졌던 인터뷰에서 밝혀졌다. 간 전 총리는 후쿠시마 제1원전사고 당시 도쿄 등 수도권이 궤멸할지도 모른다는 위기감을 느꼈다며 이렇게 말했다.

　"도쿄전력이 후쿠시마 제1원전사고 직후 원전에서 직원들을 철수시키려 했었다면서 '만약 사태 수습에 나서지 않고 도쿄전력이 원전에서 손을 뺐다면 지금 도쿄는 인적이 없는 상태가 됐을지도 모른다'고 느꼈어요."

　간 나오토 전 총리는 대지진 4일 후인 3월 15일 오전 당시 가이에다 반리(海江田万里) 경제산업성 장관으로부터 도쿄전력이 원전에서 철수해 대피하려 하고 있다는 보고를 받았다. 간 총리는 "어떻게 이런 상황에서 자신들의 목숨만 구하려고 원전에서 철수할 수 있냐"며 진노했다. 즉시 시미즈 마사타카(淸水正孝) 사장을 불러 도쿄전력 본점에 정부와 도쿄전력의 통합대책본부를 설치하도록 지시했다.

　간 총리는 또 15일 새벽 도쿄전력 본사에서 가진 관계자 회의에서도

간 나오토 총리는 가장 위기감을 느낀 시기는 원전사고 후 1주일이었다면서 "도쿄에 사람 한 명 살지 않는 정경이 머릿속에 어른거렸고, 정말 등에 식은땀이 났다"고 당시의 불안감을 토로했다.

"텔레비전에서 폭발이 방송되고 있는데 관저에 1시간 정도 연락이 없었다"며 "도대체 어떻게 된 거냐?"고 소리를 질렀다고 〈요미우리(読売)신문〉 등이 보도했다. 간 총리는 그러나 "(사태 대응은) 당신들밖에 없다. 철수는 있을 수 없다"며 최선을 다해줄 것을 요청했다. 이날 간 총리의 질책하는 목소리는 회의실 밖까지 울려 퍼졌다.

간 나오토 총리의 별명은 '핏대 간(菅)'이다. 자신이 옳다고 생각한 것은 반드시 밀어붙이는 그의 성격 때문이다. 타협의 정치인이지만 그렇다고 '예스맨'은 아니다. 자신의 정치 노선이나 정책이 걸린 문제에서만큼은 양보가 없다. 제94대 총리로 선출된 간 나오토는 이전 총리들과는 출신부터가 달랐다. 정계 실력자인 부친이나 친척 등의 후광으로 정치에 입문한 역대 총리들과 달리 그는 서민 출신이다.

또 하나 흥미로운 사실은 간 나오토 총리의 학력이다. 재수 끝에 도쿄공업대학(국립대학) 이학부에 입학한 그의 전공은 응용물리학이었다. 이 때문에 후쿠시마 원전사고 이전에도 원자력에서는 일본 정치가들 가운데 자신이 최고라는 자부심이 대단했다. 그 때문에 후쿠시마 원전사고에 대해서도 간 총리는 역대 어느 총리보다도 더 많은 사전 지식을 갖고 있었던 것으로 보인다. 실제로 간 전 총리는 당시 도쿄전력이 후쿠시마 제1원전에서 철수하도록 놔뒀으면 수십 시간 내 냉각수가 고갈돼 원자로의 멜트다운(노심 용융)이 진행되면서 대량의 방사성 물질이 유출될 수 있는 상황이었다고 회고했다.

그는 "당시는 일본이 국가로서 성립할 수 있느냐의 기로였다"면서 "옛 소련의 체르노빌 사고의 수배, 수십 배의 방사성 물질이 유출됐을지 모른다"고 말했다. 그는 가장 위기감을 느낀 시기는 원전사고 후 1주일이었다면서 "도쿄에 사람 한 명 살지 않는 정경이 머릿속에 어른거렸고, 정말 등에 식은땀이 났다"고 당시의 불안감을 토로했다.

간 총리의 말이 사실이었다면 도쿄전력은 직무유기를 한 것이 틀림없다. 도쿄전력의 은폐 의혹은 이번이 처음이 아니다. 1996년 이바라키현 원전사고 당시 도쿄전력은 방사능 낙진이 도쿄 북동부 교외 지역에까지 떨어졌다는 사실을 발표하지 않았다. 도쿄전력은 또 수년에 걸쳐 원전 점검 기록을 허위로 기재하고 안전사고를 조직적으로 은폐했다는 사실이 2002년 통산성 발표로 드러나 거센 비판을 받았다. 이 때문에 결국 미나미 노부야(南直哉) 사장을 포함한 경영진 5명이 물러났다. 그런데도 2007년 추가 은폐 사실이 드러나 다시 한 번 충격을 줬다.

도쿄까지 피난 계획을 수립했나?

최근 〈도쿄신문〉은 일본 정부가 후쿠시마 제1원전에서 수소폭발이 일어난 뒤 도쿄 주민까지 임의 이주대상에 포함하는 최악의 시나리오를 만들었다고 보도했다. 이 신문에 따르면 곤도 순스케(近藤駿介) 원자력위원장은 간 나오토 당시 총리의 지시로 2011년 3월 25일 이 같은 내용의 보고서를 작성해 정부에 제출했다. 물론 지금까지 이 보고서의 존재는 철저하게 비밀에 부쳐져 공개되지 않았다.

보고서의 내용은 충격적이다. 후쿠시마 제1원전의 1호기가 추가 폭발해 사태 수습이 어려워지고 작업자들이 전면 철수하는 상황을 가정해 만든 가상 시나리오 대책이다. 곤도 위원장은 이럴 경우 원자로 2, 3, 4호기에서도 연쇄적으로 대량의 방사성 물질이 새어 나올 것으로 내다봤다. 따라서 이 보고서는 구소련의 체르노빌 사고 당시에 적용된 피난

범위를 고려해 이바라키현과 도치기현을 포함하는 원전 반경 170킬로미터 권역의 주민들을 강제 이주시키고, 도쿄와 지바, 사이타마 등 원전 반경 250킬로미터 권역의 주민들은 임의 이주 대상에 포함시켜야 한다고 제시했다.

또한 이 보고서는 사고의 확대를 막기 위한 최종 수단으로 모래와 물을 섞은 진흙(슬러지)으로 원자로 노심을 냉각하는 방법을 제안했다. 이후 슬러지 제조장치와 배관은 실제로 후쿠시마 제1원전에 배치됐다. 곤도 위원장은 "당시 원자로 4호기의 사용 후 핵연료 저장소는 내진 능력에 불안한 측면이 있었다"며 "4호기 저장조에 있는 대량의 핵연료가 녹으면 어찌 될까 파악해둘 필요가 있었다"며 보고서 작성 배경을 직접 설명했다.

실제로 미국 정부는 원전사고 직후 원전 반경 80킬로미터 이내 자국민에게 대피권고를 한 뒤 전문가 회의를 거쳐 도쿄에 거주하는 자국민 9만 명에게도 대피령을 내리는 방안을 검토한 것으로 알려졌다.

미국은 '방사능 확산'을 미리 알고 있었나?

일본 정부는 후쿠시마원전이 위치한 곳에서 20킬로미터 이내에 거주하는 주민들에 대해 대피령을 내렸지만, 미국은 일본 주재 미국대사관을 통해 후쿠시마 원전 80킬로미터 이내 미국인에 대해 대피하도록 조치했다. 왜 이렇게 대피령 범위가 크게 차이가 났던 것일까? 미국이 일본보다 더 빠르고 정확하게 방사능 확산을 알고 있기 때문은 아닐까?

여기에 대한 미스터리도 끊이지 않는다. 그렇다면 미국은 어떻게 일본보다 더 빨리, 그리고 더 정확하게 알 수 있었던 것일까? 일본과 미국의 언론들은 일본에 주둔하고 있는 주일미군의 최첨단 정찰기가 그 역할을 수행했다고 주장한다. 과연 사실일까?

"원전사고가 발생한 3월 12일, 미국은 후쿠시마원전 상공에 무인정찰기 글로벌호크를 띄워 원전 내부를 촬영하고 온도를 측정했다. 그리고 이를 토대로 반경 50킬로미터 이내는 방사성 물질로 건강상의 영향 가능성이 높다고 판단했다. 미국 정부는 즉시 원전 반경 50킬로미터 이내 주민을 대피시키도록 일본 정부에 권고했다.

하지만 일본 정부는 이러한 미국의 권고를 검증 부족 등의 이유로 거부했다. 대신 원전 반경 20킬로미터 이내 주민들은 완전 대피, 30킬로미터 이내 주민들에 대해서는 실내 대피령을 내렸다. 그런데 일본 정부는 4월 11일 후쿠시마현 이다테(飯舘) 마을을 '계획적 피난구역'으로 설정해 미국의 권고를 수용한 모양새가 됐다."

후쿠시마 제1원전사고 후 한 달 뒤인 4월 17일, 일본 우익을 대표하는 〈산케이(産經)신문〉의 보도 내용이다. 〈산케이신문〉은 도쿄 특파원들 사이에서 신뢰도가 상대적으로 떨어지는 신문이다. 팩트는 10~20% 정도이고 나머지는 가공해 쓰는 경우가 많기 때문이다. 특히 확인하기 어려운 내용일 경우는 더 심각하다.

하지만 이 기사는 상당히 근거가 있는 것 같다. 미국은 후쿠시마 원전사고 이후 보여준 일본 정부의 미숙한 초동 대응에 대단히 실망했다. 그에 따라 미국이 원전사고에 관한 일본 정보를 믿지 못해 독자적인 정보 수집 체계를 구축했던 것은 사실이다. 일본이 좋아서라기보다 더 이상 일본 정부의 발표만을 믿다가는 일본에 있는 자국민, 즉 미국인들이 죽거나 다칠지도 모른다는 위기의식 때문이다. 자국민들을 안전한 곳으로 대피시키기 위해 미국은 독자적인 정보 수집에 나섰던 것이다.

이 같은 사실은 당시 〈월스트리트저널〉에도 자세히 소개됐다. 〈월스트리트저널〉은 "대지진과 쓰나미로 인한 후쿠시마원전의 사고 초기부터 일본 정부의 초동 대응이 미숙했던 데다가 사고에 대한 정확한 정보도 제공하지 않아 미국이 일본 상공에 정찰기를 띄워 직접 정보 수집에 나섰다"고 보도했다. 정보 수집에 나선 정찰기도 미국의 첨단 무인정찰기와 스파이정찰기 U2라고 구체적으로 밝혔다. 이 정찰기들이 후쿠시마 인근 상공을 비행하면서 피해 정도를 직접 관찰했다는 것이다.

〈산케이신문〉과 〈월스트리트저널〉 보도의 공통점은 2가지다. 첫째, 일본 정부에 대한 미국의 불신이 컸다는 것이다. 즉, 일본이 제대로 초동 대응을 못하자 미국이 직접 정보 수집에 나섰다는 이야기다. 둘째, 후쿠시마원전 상황을 정확히 파악하기 위해 미군이 첨단 정찰기를 띄웠다는 것이다.

첫 번째 공통점은 충분히 이해가 된다. 당시 미국 정부는 일본 정부가 정확한 정보를 알려주지 않는다면서 일본 주재 자국민들을 해외로 대피시키기 위해 전세기를 동원한 데 이어 필요하다면 공군기까지도 동원하겠다고 밝히는 등 일본에 대한 불신이 최고조에 달했다. 미 행정부의 한 관리도 "일본 정부를 통해 전해지는 정보의 속도와 정확성에 대해 실망감이 고조되고 있다"고 말했다.

일본의 사고대처 능력에 대한 미국의 불신에는 일본이 사고 초기에 과감하고 신속한 초동 대응에 실패했다는 점과 원전사고 등급을 뒤늦게 상향 조정한 점, 도쿄전력의 사고 보고가 늦은 점 등도 원인으로 작용했다.

하지만 두 번째 공통점에는 의문이 남는다. 정찰기가 후쿠시마 원전 상공에 갔는지, 또 갔다면 어떤 정보를 얻었는지가 불명확하다. 〈산케이신문〉이 보도한 것처럼 글로벌호크가 원전 내부를 촬영하고 온도를 측정했다는 것은 더더욱 의문이다. 수소폭발로 방사성 물질이 계속 누출되고 있는 상황에서 원전 내부를 촬영하고 온도를 측정한다는 것이 과연 가능한 일일까? 내가 아는 공군 전문가들도 방사능이 누출돼 30킬로미터 이내 접근이 금지된 상황에서 원전 내부를 촬영하고 온도를 측정하는 것은 사실상 불가능하다고 말했다.

일본은 왜 방사능 예측 결과를 미군에 먼저 알려줬나?

인체에 치명적인 방사성 물질은 눈에 보이지도 않고, 색깔도 없고, 냄새도 나지 않는다. 그렇기 때문에 더 무서운 것인지 모른다. 후쿠시마 제1원전 1호기와 3호기가 잇따라 폭발하면서 도쿄와 수도권 주민들도 공포에 질려 있었다. 그것들이 바람을 타고 언제 어떻게 다가올지 아무도 모르기 때문이다.

이러한 공포를 줄여줄 수 있는 기계가 바로 '긴급 시 신속 방사능 확산 예측 네트워크시스템(SPEED1)'이다. 이 기계에서 예측된 결과는 당연히 최우선적으로 국민들에게 알려져야 한다. 어느 방향으로 방사성 물질이 온다는 것을 정확히 알아야 제대로 대처할 수 있기 때문이다.

그런데 미국의 압력 때문일까, 일본 정부가 방사능이 어떻게 확산될지를 예측하는 검사 결과를 자국민들보다 미군에게 9일이나 일찍 알려준 사실이 최근 드러났다. 〈도쿄신문〉은 문부과학성의 와타나베 이타루(渡邊格) 과학기술학술정책국 차장이 2012년 1월 국회 사고조사위원회에서 방사성 물질 확산 예측 결과를 사고 직후인 2011년 3월 14일 외무성을 통해 미군에 제공했다고 밝혔다.

일본 국내에 공표한 시기는 미군에 제공한 것보다 9일이나 늦은 3월 23일이었다. 예측 결과를 늦게 발표하는 바람에 원전 주변 주민들이 늦게 피난하거나 방사성 물질이 확산되는 방향으로 피난 가는 등 치명적인 손상을 입었다.

그렇다면 일본 정부는 왜 이렇게 예측 결과를 늦게 공표한 것일까? 그리고 미군에는 왜 먼저 알려준 것일까? 와타나베 차장은 "원자력재해대책본부에서 검토하느라 늦어졌다"고 해명했다. 그리고 "미군에 먼저 알려준 것은 신속하게 미군의 지원을 받기 위해서"라고 덧붙였다. 이 말이 사실이라면 일본 정부는 방사능이 어떻게 확산될지를 최첨단 시스템을 통해 예측해놓고도 정작 서로 눈치만 보다 발표 시간을 늦췄다는 얘기가 된다. 매뉴얼 사회가 안고 있는 문제점을 그대로 보여준 것이다.

반면 미군은 일본으로부터 통보받은 내용을 기초로 신속하게 자국민 피난대책을 세웠다. 실제로 미국은 예측 결과를 통보받은 지 이틀 뒤인 3월 16일, 반경 80킬로미터 안에 체류하는 자국민들에게 다른 지역으로 떠나거나 대피시설로 가라는 권고를 한 데 이어 다음 날인 17일에는 도쿄, 요코하마, 나고야 일대의 공관원과 가족 등 600여 명에게 자발적 대피를 권하는 '철수인가' 조치를 내렸다.

쓰나미 위험은 왜 과소평가됐나?

일본의 과학자들은 해안가에 있는 원전들이 쓰나미에 취약하다는 점을 수차례 지적했다. 그런데도 일본 정부와 도쿄전력은 이에 대한 대비를 하지 않았다. 왜일까?

2011년 3월 27일자 〈뉴욕타임스〉는 "일본 정부와 원자력 전문가들이 쓰나미의 위험을 과소 평가해 후쿠시마 원전사고가 일어났다"고 보도했다. 이 신문은 또 "쓰나미라는 말을 처음 세계에 알린 일본이 해안가에 원전을 설립한 뒤 수십 년이 지나도록 쓰나미 피해에 대한 가이드라인조차 만들지 않다가 2006년에 와서야 가이드라인에 포함하기 시작했다"고 지적했다.

도쿄전력 대변인은 "4미터 높이의 절벽이 자연방파제 역할을 해줄 수 있고, 5.5미터 높이의 해안방파제가 쓰나미 대비 전략으로 세워진 것"이라고 말했지만, 원전사고를 조사한 당국자들은 "이 방파제는 태풍에 대비한 선박의 피난처 역할을 위해 설계된 것이며, 쓰나미 피해에 대비한 것은 아니었다"고 말했다.

〈뉴욕타임스〉는 "일본 정부와 도쿄전력 간부들은 원전 엔지니어들이 규모 9.0의 지진은 결코 상상할 수 없다고 말해왔다"면서 "그러나 지진학자들과 쓰나미 연구자들은 환태평양지대에서 흔히 발생할 수 있는 규모 7.5 미만의 지진이라도 후쿠시마 해안의 절벽(높이 4미터)을 충분히 넘어설 수 있는 쓰나미를 만들 수 있음을 경고해왔다"고 전했다.

실제로 2002년에 한 컨설팅그룹이 도쿄전력에 후쿠시마 제1원전 주변 해안에서 예상되는 쓰나미 최대 높이를 5.5미터까지 상향 조정해야 한다고 조언했지만, 도쿄전력은 단지 전기펌프의 수위를 0.2미터 높이는 것으로 이 조언에 반응했다고 한다.

일본정부나 도쿄전력이 전문가들의 조언을 받아들이지 않은 이유가 돈, 즉 예산문제 때문만은 아니었다. 일을 처리하는 데 필요한 절차가 더 중요한 이유였다. 후쿠시마원전을 총책임지고 있는 요시다 마사오(吉田昌郎) 소장은 원전사고 뒤 일본 원자력위원인 아오야마(青山) 씨를 만난 자리에서 다음과 같이 말했다.

"후쿠시마 제1원전에 또 한 번 지진과 쓰나미가 덮치면 일본뿐 아니라 아시아 전체가 치명상을 입을 수 있다. 그래서 지진 발생 직후인 3월 말부터 계속 방파제를 만들자고 주장했다. 하지만 원자력안전보안원은 그러한 새로운 구조물을 만들려면 특별 검사와 함께 복잡한 절차가 필요하다며 그것을 다 하자면 최소 1년은 걸린다고 말했다. 한마디로 안 된다는 것이었다.

하지만 우리 모두가 잘 알고 있는 것처럼 현재 지구의 판이 이동하고 있다. 그 시작이 2004년 수마트라 섬 앞바다 지진으로, 22만 명이 숨졌다. 그때도 3개월 만에 진도 8.6의 지진과 쓰나미가 다시 한 번 발생했다. 그것을 동일본 대지진에 적용시키면 6월 중순이 되는 것이다. 그런데도 원자력안전보안원은 1년이 걸린다는 얘기나 하고 있다."

요시다 소장과 원자력안전보안원이 충돌하면서 제안이 거부당하자 도쿄전력은 할 수 없이 포대에 흙을 채워넣은 '흙주머니'로 방호벽을 높였다. 그러나 그 흙주머니는 태풍이나 홍수 때 강에 쌓는 것이지 원전을 보호하기에는 맞지 않았다. 보통의 홍수 때에도 흙주머니는 휩쓸려 간다. 게다가 이번처럼 파괴적인 지진해일, 엄청난 위력을 가진 지진해일에는 전혀 도움이 안 된다.

지진대국 일본, 왜 원자력을?

한국 사람들이 많이 모여 사는 도쿄 신주쿠(新宿)구의 다카다노바바(高田馬場)역. 부근에 일본 최고의 명문 사립대학으로 손꼽히는 와세다(早稲田)대학이 있어 젊은이들이 많다. 이 역에는 전철이 출발할 때마다 만화영화 〈우주소년 아톰〉의 주제곡이 나온다.

"푸른 하늘 저 멀리 랄랄라 힘차게 날으는 우주소년 아톰, 용감히 싸워라 언제나 즐거웁게 랄랄라 힘차게 나는 우주소년 아톰…"

나는 주제곡을 들을 때마다 어린 시절 TV에서 즐겨봤던 만화영화 장면을 떠올린다. 10만 마력의 원자력 모터로 하늘을 하는 아톰은 몸집은 작지만 지구를 정복하려는 거대 로봇에 맞서 통쾌하게 이긴다.

다카다노바바는 아톰의 고향이다. 만화 속에 등장하는 다카다노바바 연구소에서 아톰이 만들어졌기 때문이다. 이 때문에 다카다노바바에서는 아톰을 이용한 캐릭터 상품이 최고의 인기를 누린다. 돈 대신 쓸 수 있는 아톰 상품권을 시작으로 아톰 라면까지 등장했다. 몇 년 전 한 초등학교 입학식에서는 아톰 모형을 한 이벤트 직원이 학생들과 함께 입학식에 참석하기도 했다. 만화 속에서 아톰의 생일은 2003년 4월 7일이다.

우리에게 잘 알려진 〈우주소년 아톰〉의 원제목은 '철완 아톰'이다. 일본에서 만화의 신으로 불리우는 데쓰카 오사무(手塚治虫, 1928~1989)의 작품이다. 의과대학을 졸업한 데쓰카는 의사가 되기를 포기하고 만화가의 길로 들어선다. 제2차 세계대전 패망으로 일본 사회가 패배의식에 젖어 있던 상황에서 데쓰카는 아이들에게 만화를 통해 꿈과 희망을 심어주고 싶었다. 흔히 TV 애니메이션으로 기억하지만 원작은 만화책이었다. 데쓰카가 일본의 만화잡지 〈쇼넨(少年)〉에 '철완 아톰'을 연재하기 시작한 것은 히로시마(廣島)와 나가사키(長崎)에 원자폭탄이 투하된 지 6년 뒤인 1951년. 10만 마력의 출력을 내는 소형 원자력 모터가 탑재된 아톰은 원자력의 상징이었다.

당시 일본의 우익 정치인들은 원폭의 피해를 극복할 '힘'은 원자력뿐이라고 믿었다. 하지만 국민들의 생각은 달랐다. 원자력이라는 말만 들어도 거부 반응을 일으켰다. 원자폭탄을 두 번씩이나 경험한 일본에서 원자력을 도입하겠다는 것은 말도 안 된다며 저항했다. 특히 시민단체들의 저항이 컸다.

일본의 우파 정치인들은 이러한 저항을 무너뜨리는 데 '철완 아톰'을 적극 활용했다. 데쓰카가 원하든 원치 않든 1950년대부터 일본의 우익 정치인들은 아톰을 이용한 원자력 홍보를 시작했다. 원자력은 '꿈의 에너지' 그 자체로 이미지가 바뀌었다.

KBS 취재팀은 세계 유일의 원폭 피해국인 일본에 원자력 도입을 가장 적극적으로 주도한 나카소네 야스히로(中曽根康弘, 94) 전 총리를 만

세계 유일의 원폭 피해국인 일본에 원자력 도입을 가장 적극적으로 주도한 나카소네 야스히로 전 총리. 그는 책임감을 느낀다면서도 "미국으로부터 원자력을 도입한 것은 어쩔 수 없는 선택이었다"고 말했다.

났다. 1954년 당시 국회의원이었던 나카소네는 일본에서 처음으로 원자력 예산을 국회에 제출한 사람이다. 한국에서는 한일우호 증진에 힘쓴 일본의 정치인으로 알려져 있지만, 1985년 8월 15일 태평양전쟁의 A급 전범들의 위패가 있는 야스쿠니 신사를 일본 총리로는 처음으로 공식 참배해 이후 일본 정치인들이 야스쿠니 신사를 참배할 수 있는 길을 터놓은 인물이기도 하다. 그는 또 1947년 28살의 나이로 국회의원이 된 뒤 이후 14선을 거듭했고, 1959년 기시 노부스케(岸信介) 내각 때 과학기술처 장관으로 첫 입각 후 방위청 장관 등을 역임했다. 1982년 이후 5년 동안 내각 총리직을 역임한 일본 정치사의 산 증인이기도 하다.

1918년 태어났으니 2012년 현재 94세다. 청각이 좋지 않아 보청기를 착용하고 인터뷰에 응했지만 90대로 보기에는 너무나도 정정했다. 1시간이 넘는 인터뷰 중에도 흐트러짐 없이 자신의 견해를 정확히 밝혔고 목소리에는 여전히 힘이 있었다. 인터뷰 시작에 앞서 나카소네 전 총리는 먼저 후쿠시마 원전사고와 관련해 자기 자신도 책임감을 느낀다고 말했다.

"원자력 정책에 관해서는 내가 맨 처음 시작한 책임자이므로 그런 점에서도 매우 유감스럽게 생각합니다. 하지만 원자력의 경우 재해 발생을 상정하고 있었던 만큼 이번 재해에서도 상정에 근거하여 다양한 정책이 추진되고 있습니다. 다만 세계 각국에 대해서 큰 폐를 끼치고 걱정을 드린 점은 진심으로 송구스럽게 생각합니다."

그러면서도 나카소네 전 총리는 미국으로부터 원자력을 도입한 것은 어쩔 수 없는 선택이었다고 밝혔다. 자기 자신의 정치적 목적 때문이 아니라 일본이라는 나라의 미래를 위해 필요했다고 강조했다.

"미국의 아이젠하워 대통령이 '평화를 위한 원자력', 즉 원자력을 무기가 아니라 평화를 위해 사용한다고 선언하면서 미국은 정책을 전환합니다. 이것을 본 순간 일본에서도 원자력을 도입해야겠다고 결심했습니다. 그렇지 않으면 일본은 4등 국가인 농업국가로 전락할 수 있다고 생각했기 때문입니다. 원자력을 도입하면 일본도 일류국가에 버금가는 국가가 될 수 있다고 확신했습니다. 이후 일본 스스로의 노력으로 일본의 원자력 기술이 발전됐습니다. 그래서 일본의 에너지 문제는 대체로 해결됐습니다."

일본 전국에 있는 원자로는 모두 54기. 전체 전력의 30%를 생산할 만큼 원자력은 큰 비중을 차지하고 있다. 심지어 일본 정부는 2030년까지 원자력 비중을 50%까지 끌어올린다는 계획이었다. 동일본 대지진 직전 간 나오토 전 총리가 이산화탄소 배출량을 줄이기 위해서는 원전 의존도를 더 높여야 한다고 말했을 정도다. 하지만 후쿠시마 원전사고로 미래가 불투명해졌다. 지진대국 일본에 과연 위험한 원전이 필요한가에 대한 비판이 끊이지 않기 때문이다.

KBS 취재팀은 나카소네 전 총리에게 일본 정부가 과연 이런 문제를 잘 해결할 수 있을지에 대해 물었다.

김대홍 KBS 도쿄 특파원(이하 '특파원') : 후쿠시마 원전사고에 대해 일본 국민들이 불안감을 느끼고 있습니다. 특히 방사능 문제의 경우 정부 발표를 믿을 수 없다는 반응도 적지 않습니다. 동일본 대지진 이후 일본 정부가 보여준 대응에 대해 어떻게 평가하십니까?

나카소네 : 현 정부는 원자력 정책에 대해 처음부터 관심이 적었습니다. 제가 현역 국회의원일 때 야당이었던 정부죠. 간 나오토 정부는 또, 원자력 정책에 대한 학습이 부족했다고 생각합니다. 저희 자민당이 원자력 정책을 추진했고, 그 당시 간 정권은 야당이었기 때문입니다.

특파원 : 그렇다면 이런 사태를 극복하기 위해 정치가가 가져야 할 덕목은 무엇이라고 보십니까?

나카소네 : 정치가에게 가장 중요한 덕목은 리더십입니다. 리더십을 갖추기 위해서는 우선 격식이 있어야 합니다. 그리고 애국심이 필요합니다. 또 민중과 함께한다는 의식을 갖고 있어야 합니다. 위에서 명령만 해서는 민중은 움직이지 않습니다. 그러므로 함께 걸어간다는 의식이 정치가에게는 반드시 필요합니다.

지금까지 일본은 수많은 대지진을 경험했습니다. 하지만 그때마다 정치가들은 온 힘을 다해 민중과 일치단결하면서 다시 일어섰습니다. 지금까지 힘든 재해를 극복했듯이 우리는 이번 대지진에 대해서도 맞서 싸워 반드시 극복할 것입니다. 그러기 위해서는 먼저 정치가와 민중이 하나가 돼야 합니다. 정치가의 멸사봉공(滅私

奉公, 사욕을 버리고 공익을 위해 힘씀)이라고 할까요? 즉 자신을 버리고 국가를 위해 성심을 다해 헌신하겠다는 의지와 민중의 애국심이 결합될 때 문제를 극복할 수 있는 거죠.

간토 대지진과 제2차 세계대전의 패망 뒤에도 우리는 일어섰습니다. 이번에도 모두 손을 잡고 일어설 것입니다. 어떠한 가혹한 불행이 오더라도 일본은 이를 극복하고 반드시 소생할 것입니다.

특파원 : 하지만 일부에서는 일본이 이번 대지진과 쓰나미, 방사능 공포로 이류국가로 전락할 것이라는 우려도 하는데요?

나카소네 : 일본이 이류국가로 전락한다고요? 이류국가가 뭐지요? 저는 그 뜻을 잘 모르겠습니다. 그렇지만 일본의 국력이 이번 대지진으로 큰 손상을 입은 것은 사실이라고 생각합니다. 하지만 국가 전체가 큰 손상을 입은 것은 아닙니다. 도호쿠 지방의 일부가 피해를 입었다고 해서 일본의 국력이 장기간 쇠퇴하거나 일본이라는 나라가 무너질 일은 없을 것입니다.

일본의 일부 지역에서 재해가 발생했다고 생각하는 게 더 옳습니다. 일본인들은 그러한 재해를 극복하면서 지진이나 태풍을 항상 경험해온 국민들이죠. 이번에 거대한 재해가 덮쳤다고 해도 일본인들은 언제나처럼 극복하여 소생할 것이라고 생각합니다.

특파원 : 나카소네 총리는 일본 원자력의 아버지라고 불리시는데요, 일본 열도에는 지진 등 여러 자연재해가 많은데도 불구하고 왜 원자력발전이 필요하다고 주장하신 거죠?

나카소네 : 이번 원자력 피해는 매우 불행한 일이었습니다. 하지만 일본인은 이러한 재해에 맞서 늘 용감하게 싸워 이겨왔습니다. 간토 대지진에서도 그랬고 제2차 세계대전 이후 재해 때도 그랬습니다.

일본 민족은 곤란이나 재해가 발생하면 오히려 모두 들고 일어나 일치단결하여 재건하는 민족성을 가지고 있습니다. 이번에도 마찬가지로 그런 민족성을 발휘할 것이라고 믿습니다. 도호쿠 지방. 즉 피해를 입은 민중과 지방에 대해 전국에서 도움의 손길이 이어지고 있습니다. 또 자금이나 기술. 그리고 인력 파견 등 도호쿠 지방을 위한 전국적인 구원이 이뤄지고 있습니다.

그런 점에서 거국일치(擧國一致)하여 불행한 사람을 돕고 불행한 지역을 재건한 경험을 많이 갖고 있기 때문에 이번에도 마찬가지로 국민들이 일치단결하여 일어설 것입니다. 정부도 앞장서 독려하고 있습니다. 저는 미래를 전혀 비관적으로 보지 않습니다.

5장

추락하는 일본

위기를 키운 구조적 모순

1970년 오일 쇼크를 경험한 일본은 원자력으로 에너지 정책을 바꿨다. 이후 원자력은 일본의 고도 경제성장을 이끈 하나의 축이 되었다. 하지만 원자력을 중심으로 한 일본의 에너지 정책은 갈수록 변질됐다. 심지어 지난 60년 동안 원전 정책을 추진해온 자민당 내부에서도 비판의 목소리가 나왔다.

KBS 취재팀은 일본에서 가장 주목받고 있는 고노 다로(河野太郎, 43세) 자민당 의원을 만났다. 고노 의원은 중의원 의장을 지낸 고노 요헤이(河野洋平, 74세) 의원의 아들이지만 야당의 텃밭에서 국회의원 배지를 달아 '포스트 고이즈미'의 선두 주자로 손꼽히는 인물이다. 2002년 C형 간염에 의한 간경화로 생사의 기로에 선 아버지를 위해 기꺼이 자신의 간을 잘라내 화제가 되기도 했다. 이 일을 계기로 고노 의원은 장기이식법 개정안 등 국민건강법의 잘못된 점들을 개선하는 데에도 힘을 쏟았다.

　고노 의원은 먼저 KBS 취재팀에 "이번 원전사고를 통해 일본의 원자력 정책을 바로 세워야겠다는 것이 확실해졌다"고 말했다. 그는 또 "일본 정부나 도쿄전력은 기자회견장에서 책임 회피에 급급하다는 인상만 줬다"며 "상정외(想定外)의 대재난이라고 하지만 상정내(想定內)의 것도 있었다. 예를 들면 '사용 후 재처리연료' 등 방사성 폐기물을 어떻게 처리할지, 고속증식로도 없는 상황에서 플루토늄을 어떻게 추출할 것인지, 이런저런 모순을 그대로 놔둔 채 거액의 돈만 들여 원자로를 계속 지은 것이 문제였다"고 지적했다.

　그렇다면 누가 이런 모순을 알면서도 원전을 계속 짓도록 허가한 것일까? 고노 의원은 정치가와 관료, 과학자, 그리고 언론인이 대국민 사기극의 주인공들이라며 신랄하게 비판했다.

　"1960년대부터 원자력 정책을 계속 펼쳐오는 가운데 일본의 원자력 정책은 이권으로 왜곡돼왔다. 즉 원자력발전소를 건설하기 위해서 지방에 많은 자금을 지불했다. 그 자금에 정치가나 건설회사가 몰려와서, 이 자금이 커다란 이권이 되었다. 또 자민당 정치가가 거기에 손을 담그게 되었다. 그리고 전력회사의 노동조합이 현 여당인 민주당을 열심히 지지

하고 있기 때문에 민주당은 원자력 정책에 대해 비판을 하지 못했다."

실제로 정치인과 전력회사와의 유착관계는 사실로 밝혀졌다. 2012년 1월 8일 〈아사히신문〉은 후쿠시마 제1원전 운영사인 도쿄전력이 여야 실력자 10명을 정치자금 모금 파티 참여 등으로 집중 관리한 사실이 드러났다고 보도했다. 관리 방법은 정치자금 모금 행사의 참여 티켓(파티권)을 다수 구입하는 식이었다. 정치자금 파티권의 1회 구입액은 정치자금수지 보고서에 기재 의무가 없는 20만 엔 이하로 억제해 문제가 되지 않도록 했다.

이런 방식으로 2010년까지 수년간 도쿄전력이 집중 관리한 국회의원 명단에는 자민당의 아소 다로(麻生太郎) 전 총리, 오시마 다다모리(大島理森) 부총재, 이시바 시게루(石破茂) 정책조사 회장, 이시하라 노부테루(石原伸晃) 간사장 등이 포함돼 있다. 민주당에서는 오자와 이치로(小沢一郎) 전 간사장, 센고쿠 요시토(仙谷由人) 전 관방장관, 에다노 유키오(枝野幸男) 경제산업성 장관 등이 포함되었다.

하지만 이들은 '정치자금 규정법'에 근거해 적정하게 처리하고 보고했기 때문에 문제될 것이 없다는 입장이다. 도쿄전력 총무부는 해마다 전력사업에 영향력을 행사할 수 있는 국회의원 약 100명의 정치자금 모금 파티 등에 참여하는 방식으로 5,000만 엔(약 7억 원) 정도를 지출했다. 영향력이 큰 국회의원에게는 관계사나 하청업체까지 동원해 집중 지원했다. 그런가 하면 퇴임한 관료들을 낙하산 인사로 채용하기도 했다.

와다 하루키(和田春樹) 도쿄대 명예교수는 이러한 구조가 결국 일본의 원자력 정책을 후퇴시켰다고 비판했다.

"원자력안전보안원은 경제산업성에 속해 있다. 데라사카 노부아키(寺

坂信昭) 원장은 관료다. 도쿄전력에 경제산업성 차관이 낙하산으로 내려온다. 원자력발전소를 컨트롤하는 2개의 조직은 원전이 안전하다고 선전하는 조직이었다. 일본 원자력안전위원회 위원장인 마다라메 하루키(班目春樹)는 원전 가동 중지를 요구하는 소송에서 전력회사 측의 증인으로 활약해온 인물이다. 이번 사고에서 원자력안전위원회는 사고 당일 보이지도 않았다. 또한 일주일 이상 지난 후에야 사고 현장에 직원을 파견했다는 사실이 폭로됐다."

일본의 신문, TV, 주간지 등 대중매체는 전력회사로부터 막대한 광고선전비를 받는다. 원자력 정책에 대해서 비판할 수 없게 되어 있다.

"일본에서 전력회사는 지역독점이다. 예를 들어 도쿄는 도쿄전력에서만 전력을 구입하기 때문에 광고는 할 필요가 없다. 그런데도 모두 합치면 도요타보다 더 많은 광고선전비를 전력회사들이 사용하고 있다. 그 광고선전비를 받고 싶은 대중매체들은 원자력에 대해서 비판할 수 없게 되는 것이다."

대학도 마찬가지다. 원자력 학자와 관련 부처가 전력회사와 결부돼 있다. 일본 정부 산하의 원자력안전위원회에는 원자력 학자들이 모여 있다. 위원장은 마다라메 하루키 도쿄대 교수다. 대학으로 옮기기 전 그는 도시바의 원자력부 사원이었다. 전력회사에서 연구개발비를 받기 때문에 전력회사가 하는 일, 원자력 정책에 대해서 잘못되었다고 비판하면 돈을 받지 못하고 졸업생을 취직시키지 못하니까 대학도 원자력 정책에 대해 비판적인 말을 할 수 없다. 처음 원자력을 도입했던 결단은 좋았으나 점차 그 정책이 왜곡되어갈 수밖에 없었던 것이다.

원자력 정책은 대국민 사기극

고노 의원은 일본의 원자력 정책도 '대국민 사기극'이라고 잘라 말했다.

"우라늄을 원자력발전소에서 연소시키면 폐연료봉이 발생한다. 이대로라면 우라늄은 석유와 마찬가지로 70~80년 만에 전부 소비되어 버린다. 따라서 일본은 이 폐연료봉을 재처리해 플루토늄을 추출하고, 플루토늄을 연소시키기 위해서 고속증식로를 개발해왔다. 이 고속증식로에 플루토늄을 넣고 연소시키면 플루토늄이 증식되어 2000년 정도 전력 걱정 없이 살 수 있다는 것이 일본의 원자력 정책이다."

"그러나 고속증식로가 1970년 무렵만 해도 30년 정도면 완성된다고 했는데, 30년이 지난 2000년이 되자 고속증식로를 만들려면 다시 50년이 필요하다고 했다. 30년 전에 30년 후라고 하더니 30년이 지나고 나서는 다시 50년 후라고 말하는데, 과연 50년 후에 고속증식로가 개발된다는 보장이 있겠느냐. 나는 없다고 본다."

"일본은 또 고속증식로가 만들어진다고 해서 폐연료봉을 재처리하여 플루토늄을 계속 추출했다. 이러다 보니 현재 일본에 보관 중인 플루토늄은 45톤이나 된다. 북한이 50킬로그램의 플루토늄을 가지고 있다고 해서 떠들썩한데, 일본에는 플루토늄이 45톤이나 있다. 고속증식로가 만들어지지 않으면 이 45톤의 플루토늄을 연소시킬 수 없게 된다. 핵폭탄 재료라고 해도 이런 양의 플루토늄을 가져서는 안 된다."

"더 큰 문제는 45톤의 플루토늄을 갖고 있음에도 불구하고 일본은 영국, 프랑스에서 재처리하여 플루토늄을 가지고 돌아왔는데, 일본 국내에 재처리 공장이 완성되면 매년 8톤씩 플루토늄이 생산된다는 것이다. 지금 연소시키지 못하는 플루토늄이 45톤이나 있는데 이것을 연소시키려면 어떻게 해야 하나 고민하고 있는 사이에 재처리 공장을 만들어서 매년 8톤씩 플루토늄을 생산한다는 것이 말이나 되나. 전혀 이치에 맞지 않는다. 게다가 이것을 하기 위해 수조 엔의 자금을 정부가 사용하려고 하고 있다. 국민들에게 이런 것을 설명도 안 하면서…."

"또 하나는 재처리하여 플루토늄을 추출한 뒤 남는 '고방사성 폐기물'이라 불리는 핵폐기물을 도대체 어디에 버릴 것인가의 문제이다. 이렇게 지진도 많고 화산도 많은 일본 국내에 10만 년 후에도 안전하게 묻어둘 땅이 있는가? 10만 년 안에는 반드시 대지진이 여러 차례 발생할 것이고, 고방사성 폐기물을 매장할 수 있는 안전한 장소가 일본 내에는 없으니까 이것도 국민들은 납득 못할 것이다."

"일본의 원자력 정책은 그림은 예쁘게 그려져 있지만 실제로는 설명되지 않는 부분이 너무 많다. 따라서 이것을 일단 멈추고, 사실 지금까지 해온 얘기는 다 거짓이었다고 설명을 해야 할 것이라고 나는 계속 주장해왔다."

　후쿠시마 원전사고의 1차적 원인이 된 지진해일의 피해를 막기 위해 원전의 제방 높이를 정하는 문제도 간단치 않다. 그것을 누가 결정할까? 일본에서는 토목학회 안에 있는 원자력평가위원회가 결정한다. 지진해일 학자들이나 지진 연구가들이 모여 이 지역의 지진해일 높이는 과거에 이 정도였으니까 이 정도 높이로 해야 한다고 정한다.

　그런데 이 회의에 참가하는 사람의 반 이상이 전력회사 사람들이다. 이들은 원전 옆의 제방 높이가 이 정도라면 투자해도 좋겠다고 말한다. 이 말은 이 정도 높이의 제방을 만들 것이니 지진해일 높이를 그에 맞춰 정하라는 것이다. 결국 실제 발생한 지진해일 높이는 그것을 넘어섰다. 전력회사가 예상을 넘었다고 하는데, 애초에 지진해일 높이를 예상한 것은 도쿄전력이었다.

　지진과 지진해일은 자연재해이기 때문에 누구의 잘못이라고 말하기가 어렵다. 하지만 원전사고는 다르다. 어느 정도의 지진해일이 발생할 것이라는 사실을 무시하고 시작했기 때문에 누군가가 책임을 져야 한다. 그 일차적 책임은 지난 50년간 원자력 정책을 왜곡해온 자민당 정권에 있다.

　원자력안전보안원은 본래 안전을 보호하는 기관인데 원자력 정책을 추진하는 경제산업성 산하에 있다. 경제산업성은 원자력을 추진하는 주체이기 때문에 보안원이 조용한 편이 좋다. 이러다 보면 경제산업성 산하에 있는 보안원이 입을 다물게 된다. 그렇게 해서 안전을 보호해야 할 곳이 조금씩 타협을 해온 것이다.

　물론 현 민주당 정권에도 책임이 없는 것은 아니다. 사고 발생 후 올바른 대응을 했다고 할 수 없기 때문이다. 따라서 체제를 만든 자민당과 대응을 못한 민주당 양쪽 모두에 책임이 있다고 볼 수 있다.

그렇다면 구체적으로 어떻게 고쳐야 할까? 정부로부터 독립된 조사위원회를 구성하고, 거기에 외국의 전문가를 반 정도 포함시켜 어디가 잘못되었는지를 확실히 가려야 한다.

2011년 8월 9일, 고노 의원은 도쿄도(東京都) 내 외국특파원협회에서 기자회견을 열고 "2050년까지 원자력에서 재생 에너지로 이행시키는 방침을 정치가 결정하고, 국민이 하나가 되어 노력하면 달성할 수 있지 않은가"라고 말하고, '탈 원자력발전 의존'의 장기 계획을 조속히 책정해야 한다고 강조했다.

고노 의원은 탈 원자력발전의 절차로 1) 신규건설 중지와 노후한 원자력발전소의 순차 폐지, 2) 에너지 소비량의 40% 삭감, 3) 재생 가능한 에너지의 이용 확대를 주장했다. 원자력발전소의 가동을 당장은 유지한다는 방침을 발표한 자민당에 대해서는 "전력회사에 가까운 사람이 결정하고 있다. 방해요소를 차단하고 여론을 헤아려야만 한다"고 강하게 비판했다.

2012년 1월 일본 언론들은 일본이 독일과 스위스에 이어 40년 안에 모든 원자력발전소를 폐쇄하기로 했다고 보도했다. 일본 정부가 원자로 규제법을 개정해 원전의 운전 기간을 원칙적으로 40년으로 제한하기로 했다는 것이다. 일본에서는 2011년 3월 후쿠시마 원전사고 이후 원전 신설이 사실상 불가능해졌기 때문에 현재 가동 중인 최신 원전들도 40년이 지나면 모두 폐기될 전망이다. 이에 따라 2050년엔 일본이 '원전 제로' 국가로 탈바꿈한다. 일본은 지금까지 가동연수 30년이 넘은 원전을 대상으로 시설의 안전성을 평가해 10년마다 재운전을 허용해왔지만 가동 기간의 명확한 기준은 없었다.

일본이 현재 보유하고 있는 원전은 모두 54기이다. 이 가운데 40%에 이르는 21기가 지은 지 30년 이상 되는 낡은 원전들이다. 특히 사고가 난 후쿠시마 제1원전 1호기와 후쿠이(福井)현 미하마(美浜)원전 1호기, 쓰루가(敦賀)원전 1호기 등 3기는 이미 가동 햇수가 40년을 넘었다. 또 후쿠시마 제1원전의 2~6호기, 폐로가 결정된 주부(中部)전력의 하마오카(濱岡)원전 1, 2호기 등 18기 원전도 지은 지 30~39년이나 되는 낡은 원전들이다.

후쿠시마 원전사고 이후 원전의 재가동에 제동이 걸리면서 전체 원전의 96%가 넘는 52기가 가동중단 상태에 있다. 나머지 2기도 곧 멈춰 선다. 점검을 거쳐 1년 후 가동을 재개하게 돼 있지만, 안전성 확보를 위해 추가 점검이 의무화된 데다 주민들과 지방자치단체의 반발로 재가동이 쉽지 않을 것 같다.

이러한 일본의 움직임이 2024년까지 원전 14기를 더 지어 전체 발전량의 50%까지 끌어올리겠다는 한국의 원전 정책에 어떤 영향을 미칠지 주목된다.

일본 열도 전체가 뒤틀렸다!

일본 니가타(新潟)현의 한 유명 온천지. 2011년 6월 초 KBS 취재팀은 요즘 이곳에서 이상한 일이 벌어지고 있다는 제보를 접수했다. 150년 역사를 자랑하는 유명 온천여관이 갑자기 문을 닫았다는 것이다. 여관 정문에는 폐관한다는 안내문만 붙어 있었다. 왜 갑자기 이곳이 문을 닫은 것일까?

여주인은 갑자기 온천이 나오지 않는다고 했다. 콸콸 넘치던 온천물이 왜 갑자기 마른 것일까? 취재팀은 뒷마당 한 구석에 있는 저장소를 찾았다. 양철지붕으로 덮어 놓은 곳이 눈에 띄었다. 지하에서 뿜어져 나오는 온천물을 저장하는 곳이다. 바닥까지 내려갔지만 어디에도 온천물은 없었다.

여관 주인은 귀신이 곡할 노릇이라며 의아해했다. "천년 전부터 이곳은 온천물이 좋기로 유명했어요. 사무라이들이 전투를 하다 다치면 이곳 온천에서 치료를 받았다는 기록도 있어요. 우리가 영업을 시작한 지

대지진 이후 천년 전부터 유명했던 온천이 갑자기 말라버리거나 전혀 예상치 못했던 곳에서 온천물이 쏟아지는 기현상이 속출하고 있다. 왼쪽은 갑자기 쏟아지기 시작한 온천, 오른쪽은 텅 빈 온천수 저장소.

도 40년이 넘어요. 그전에는 마을 사람들이 공동으로 이 온천을 관리했어요. 그런데 어떻게 된 일인지, 갑자기 온천이 마른 거예요."

며칠 뒤 NHK 뉴스에서는 전혀 예상치 못했던 곳에서 온천물이 쏟아지는 기현상이 잇따르고 있다고 보도했다. 마을 사람들이 공동으로 사용하는 지하수 관정에서 갑자기 뜨거운 온천물이 쏟아지는가 하면 주택가 지하수에서도 온천물이 쏟아져 주민들이 대피하는 소동이 빚어졌다.

이런 기현상이 일어난 곳은 현재 일본 열도 전체에서 10여 군데에 이른다. 모두가 3월 11일 동일본 대지진 이후 나타났다는 것이 미스터리의 열쇠다. 전문가들은 동일본 대지진의 충격으로 일본 열도 전체가 뒤틀린 것으로 보고 있다.

일본 최고의 지진전문가인 후루무라 다카시(古村孝志) 도쿄대 지진연구소 소장은 지금 일본 열도 전체가 비정상적인 상황이라고 말했다.

"이번 지진으로 도호쿠 지방과 태평양을 떠받들고 있던 '지각판'이 단숨에 제자리로 돌아왔습니다. 이 때문에 도호쿠는 물론 일본 전체가 최대 7미터 이상 동쪽으로 이동했어요. 지금까지 수백 년 동안 눌려져 있던 지각판이 한꺼번에 이동한 거죠. 특히 도호쿠 지방 아래에 있는 북미판은 아직도 불안정해요. 지진으로 이동했던 지각판이 다시 균형을 찾으려고 돌아오는 과정이 계속되고 있기 때문이죠.

이런 과정에서 단층이 찢기면서 '정단층(기울어진 단층면을 따라서 위에 있는 지반이 아래쪽으로 미끄러져 내려간 단층)' 지진도 빈번하게 일어나고 있습니다. 그리고 이런 지진의 영향으로 지하수가 밑으로 내려가 온천이 마르거나 반대로 갑자기 온천이 쏟아지고 있습니다."

후루무라 교수는 온천뿐만 아니라 도호쿠에서 홋카이도 중부에 걸쳐 있는 화산 가운데 18개가 이번 지진의 충격으로 화산활동이 활발해졌다고 덧붙였다. 그리고 이러한 움직임이 한국에도 영향을 줄 수 있다고 경고했다.

"이번 지진을 계기로 장래에 대형 지진이 일어날 수 있으며 현 단계에서 끝난 게 아니라 이것이 어쩌면 일종의 계기, 즉 시작일 수도 있습니다. 마찬가지로 향후 도카이(東海), 도난카이(東南海), 난카이(南海)에서 지진이 일어난다면 그 영향은 서일본 전체로 파급될 것입니다. 경우에 따라서는 한국에서도 지진활동이 활발해질 가능성까지 있습니다."

그는 "한국은 1년에 지진이 40개 정도 관측된다고 들었습니다. 일본의 320개와 비교하면 매우 적은 편이죠. 하지만 이는 최근에 우연히 한국에서 지진이 적게 일어났을 뿐입니다. 200년 전으로 돌아가 보면 지진활동이 한국에서도 상당히 활발했어요. 실제로 거대한 지진이 발생했다는 기록도 남아 있고 쓰나미가 덮쳤다는 기록도 볼 수 있어요. 그리고 한국에는 휴화산, 즉 현재 활동하지 않는 화산이 매우 많습니다. 그렇기

후루무라 다카시 도쿄대 지진연구소 소장. 그는 "인간의 얄팍한 지식으로 자연현상인 지진을 예측한다는 것이 얼마나 무모한 일인지 아느냐"면서 일본에서는 이번 지진의 충격으로 화산활동이 활발해졌으며 이러한 움직임이 한국에도 영향을 줄 수 있다고 경고했다.

때문에 한반도가 지진에 안전한 지역이라고 말하기는 어렵습니다"라고 했다.

그는 또 백두산의 분화 가능성에 대해 직접적으로 거론했다.

"중국과 북한의 경계에 있는 백두산도 활동을 완전히 멈춘 사화산이 아니라 우연히 현 시점에서 쉬고 있는 화산으로 다시 가까운 장래에 폭발할 가능성이 충분합니다. 그런 화산활동이 활발해지면 지진활동도 활발해집니다. 지금은 우연히도 화산과 지진이 일어나지 않는 조용하고 안정적인 곳입니다만 화산이 분화하여 대형 지진이 일어나는 천재지변이 재현되는 사태가 벌어질 수 있습니다."

후루무라 교수는 특히 일본인들이 가장 두려워하는 도카이 대지진이 일어날 가능성도 멀지 않았다고 경고했다.

"오늘일지 내일일지에 대해서는 확실히 말하기 어렵습니다. 도카이 지진은 일각의 여유도 없으며 불분명하지만 내일 일어날 가능성도 있습니다. 도카이 지진의 경우 진원역(震源域)이 스루가(駿河)만에서 시즈오카(静岡)현의 내륙에 걸쳐 오마에자키(御前崎) 아래에 가라앉아 있습니다. 이번 동일본 대지진이 일어나면서 도카이 지진이 영향을 받아 가속화될 수도 있고 반대로 균형이 무너져 오히려 일어나지 않을 수도 있다는 등 의견이 분분합니다. 하지만 제 생각은 이번 지진과 상관없이 도카이 지진은 착실히 에너지를 축적하고 있습니다. 앞으로 언젠가 반드시 일어날 것이라는 거죠. 따라서 지금 이상으로 경계를 늦춰서는 안 됩니다."

간 나오토 총리의 긴급 기자회견

　　동일본 대지진 발생 한 달 뒤 KBS 취재팀은 도쿄 인근 시즈오카 현에 있는 하마오카(浜岡)원전에 공문을 보냈다. 도쿄에서 남서쪽으로 180킬로미터쯤 떨어진 하마오카원전은 수도권에 큰 타격을 줄 것으로 우려되는 도카이 지진 발생 예상 지역에 자리 잡고 있어, 일본에서도 가장 위험한 원전으로 꼽혀온 곳이다. 도카이 대지진이 일어날 경우 제2의 후쿠시마원전이 될 가능성이 높다는 판단 때문이다. 만약 하마오카원전에서 다량의 방사성 물질이 누출될 경우 도쿄와 수도권 주민 3,000만 명이 직접적인 피해를 입게 된다.

　　공문을 보낸 지 며칠이 지나도 하마오카원전 측에서 반응이 없었다. 직접 전화를 걸어도 "검토 중"이라는 말만 되풀이했다. 솔직히 일본인들이 검토 중이라는 말은 'No'로 받아들여야 한다. 직접적으로 '싫다' '못하겠다'고 말하지 못하는 일본인들의 특성상 '검토 중'이라는 말은 사실상 못하겠다는 뜻이기 때문이다. 결국 일본의 원자력 분야에 발이 넓은 한양대학교 김경민 교수께 개인적 인맥을 총동원해 하마오카 취재를 성사시켜 달라고 부탁드렸다.

며칠 뒤 서울에 있는 김 교수로부터 연락이 왔다. "원하는 것은 잘 처리됐어요. 일주일 뒤 저와 함께 갑시다. 제가 KBS의 후견인 자격으로 간다고 했더니 허락이 떨어졌어요." 그렇잖아도 바쁜 김 교수를 일본에까지 오게 하는 것이 마음에 걸렸지만 그때는 어쩔 수 없었다.

그로부터 며칠 뒤, NHK 저녁 뉴스를 모니터하고 있는데 갑자기 간 나오토 총리의 긴급 기자회견이 시작됐다. 우리가 취재하기로 약속된 하마오카원전에 관한 내용이었다.

"국민 여러분에게 중요하게 알릴 소식이 있습니다. 오늘 저는 총리 자격으로 가이에다 반리 경제산업성 장관을 통해 하마오카원자력발전소의 운전정지를 주부전력에 요청했습니다. 그 이유는 뭐니 뭐니 해도 국민 여러분의 안전과 안심을 생각해서입니다. 동시에 이 하마오카원자력발전소에 심각한 사고가 발생했을 경우 일본사회 전체가 심각한 영향을 받을 수 있다는 점도 함께 고려한 결과입니다. 문부과학성의 지진조사연구 추진본부의 평가에 따르면 앞으로 30년 이내에 진도 8 정도의 도카이 지진이 발생할 가능성이 87%로 매우 높습니다."

"하마오카원자력발전소의 특수 상황을 고려한다면 예상되는 도카이 지진에 충분히 견딜 수 있도록 방조제 설치 등 중장기 대책을 확실하게 실시할 필요가 있습니다. 국민의 안전과 안심을 위해서는 이러한 중장기 대책이 완성되는 동안 정기 검사에서 중지된 3호기뿐만 아니라 나머지 모든 원자로의 운전도 중지해야 한다고 저는 판단했습니다. 하마오카원전은 예전부터 활성단층 위에 있어 위험하다는 지적을 받아왔는데,

동일본 대지진에 따른 방사능 누출 사고를 경험한 저는 하마오카원전의 안전성에 대해서도 이런저런 의견을 듣고 있습니다. 그런 가운데 가이에다 반리 경제산업성 장관과 함께 궁리를 거듭한 끝에 총리로서 오늘 결정했습니다."

나는 내 귀를 의심했다. 일본 총리가 직접 기자들 앞에서 도쿄 인근에서 대규모 지진이 일어날 가능성이 30년 안에 80% 이상이라고 고백한 것이다. 그동안 시민단체와 재야 학자들이 정부를 상대로 하마오카원전의 위험을 줄기차게 경고해도 꿈쩍 않던 일본 정부가 이제는 직접 나서서 원전 가동 중단을 요청했기 때문이다.

옆에 있던 PD 특파원이 내게 말했다. "대홍 씨, 동일본 지진과 같은 대규모 지진이 진짜 도쿄를 덮치는 거 아냐? 총리가 예정에도 없는 기자회견을 할 정도라면 뭔가 급박하게 돌아가는 것 같은데?" 나는 아무 말도 못했다. NHK 뉴스는 계속 방송되고 있었다. 총리의 발표가 끝나자 기자들이 기다렸다는 듯 질문을 퍼부었다.

가스미가세키(霞ヶ関, 일본의 중앙 관청들이 밀집된 지역)에 있는 총리실 기자회견장은 나도 몇 번 가본 적이 있어 눈에 익숙했다. 우리나라처럼 일본에도 각 기자실에는 간사가 있다. 총리가 기자회견을 할 때는 보통 총리실 보도관과 기자실 간사가 사전 협의를 통해 질문자를 선정한다. 총리실 소속 기자가 아니면 사실상 총리에게 질문한다는 것이 불가능하다. 나는 이런 것도 모르고 '왜 이렇게 나는 재수가 없는 거지? 몇 번이나 와야 한 번쯤 총리에게 직접 질문할 수 있을까?'라며 하늘만 원망했다.

그날은 NHK 기자가 첫 질문자로 나섰다. "총리께서는 안전 때문에 주부전력에 하마오카원전의 가동을 중지해달라고 요청했는데요, 주부전력은 지금까지 도카이 지진이 발생해도 안전상에 문제가 없다고 했습니다. 또 이를 국가도 인정해왔습니다. 그런데 왜 이제 와서 이런 결정을 한 거죠? 특히 이제 곧 여름철이 오는데 원전 가동을 중지하면 여름철 전력량이 부족하지 않을까요? 이에 대한 대책은 있나요?"

똑 부러진 질문이었다. 역시 NHK 기자였다. NHK 기자들을 간혹 무시하기도 하지만 이럴 때는 인정할 수밖에 없다. NHK 뉴스를 보면 알겠지만 NHK에는 정부 비판 기사가 거의 없다. 한국의 언론 학자들은 "KBS도 NHK를 본받아야 한다"고 자주 말하지만 사실 KBS가 NHK처럼 보도했다가는 "또 '땡전 뉴스' 하냐?"고 항의하는 시청자들의 돌팔매를 맞을 것이 분명하다고 나는 생각한다(전두환 전 대통령 시절 KBS 9시 뉴스의 첫 아이템은 늘 대통령과 관련된 것이었다. 그래서 앵커는 9시를 알리는 땡 소리와 함께 "전두환 대통령은~"이라는 말로 뉴스를 시작했기 때문에 '땡전 뉴스'라는 말이 생겼다).

NHK 기자의 질문에 간 총리는 잠시 말을 못했다. 탁자 위에 놓여 있는 물을 조금 마신 뒤 약간 떨리는 목소리로 대답했다.

"방금 말씀드린 것처럼, 하마오카원전이 있는 곳을 진원으로 하는 도카이 지진이 진도 8 정도 되는 대규모로 30년 이내에 발생할 가능성이 87%로 문부과학성 관계기관에서 예측하고 있습니다. 그런 하마오카원전의 특별한 상황을 감안하고 국민의 안전, 안심을 생각한 결단입니다. 여름철 전력 수요에 대해서도 충분히 대응할 수 있다고 생각합니다."

간 나오토 총리의 답변에는 새로운 내용이 없었다. 그러나 "30년 안에 진도 8정도의 거대 지진이 도쿄 부근에서 발생할 확률이 87%"라는 간 나오토의 말이 내 귓가에서 떠나질 않았다. 거대 지진이 어쩌면 내일이나 모레도 발생할 수 있다는 얘기 아닌가?

일본인들은 통계를 좋아한다. 하지만 과학적 통계를 이용해 30년 안에 일어날지도 모를 거대 지진의 확률을 예측한다는 것이 과연 가능할까? KBS 취재팀을 만난 도쿄대 지진연구소 소장은 인간의 얄팍한 지식으로 자연현상인 지진을 예측한다는 것이 얼마나 무모한 일인지 아느냐고 비판했다.

"이번에 규모 9의 지진이 발생한 미야기현 앞바다에서는 언제나 규모 7.5에서 8 정도의 다소 작은 규모의 지진이 대략 40년 주기로 발생했습니다. 이전 지진이 30년 전에 발생했기 때문에 앞으로 30년 이내에 지진이 발생할 확률이 99%라고 생각했어요. 그래서 만반의 준비를 다했죠. 주민들도 충분히 대비했어요. 그런데 규모 9의 지진이 발생해버린 거죠. 왜 7.5가 아닌 9의 지진이 발생했는지, 또 왜 대형 쓰나미가 발생했는지에 대해 현 단계에서는 솔직히 알 수 없습니다."

"유구한 지구의 역사, 지진의 역사 속에서 우리들이 알고 있는 기간은 매우 짧은 천년, 수백 년에 지나지 않습니다. 그런 일천한 경험을 바탕으로 앞으로 어느 정도의 지진이 일어날지 예측한다는 것은 매우 어렵고 또 한계가 있다는 사실을 깨달았어요."

그렇게 안전한데 왜 폭발했나요?

간 나오토 총리의 기자회견 다음 날, 하마오카원전을 관리하고 있는 주부전력은 긴급 이사회를 열고 "방파제 건설 등 지진과 쓰나미 대책이 완료되면 정부가 즉각 운전 재개를 허가한다"는 조건을 달아 간 총리의 요청을 받아들이기로 결정했다. 주부전력은 후쿠시마 원전사고 이후 하마오카원전을 폐쇄해야 한다는 여론이 거세짐에 따라 2~3년 안에 높이 15미터에 달하는 방파제를 건설하고, 원자로 내부 시설에 대한 내진 보강 공사를 실시하기로 했다.

그로부터 며칠 뒤, KBS 취재팀은 도쿄에서 남서쪽으로 180킬로미터쯤 떨어진 하마오카원전을 향했다. 서울에서 온 김경민 교수는 일본의 원자력 관계자와 함께 직접 가겠다며 현장에서 만나자고 연락을 해왔다. 도쿄에서 원전까지는 자동차로 3시간 정도 걸린다. 도쿄를 빠져나온 취재차량은 곧 고속도로로 접어들었다. 며칠째 밤샘 작업을 한 카메라 감독과 PD 특파원은 차에 오르자마자 곯아떨어졌다. 나도 잠을 자려고 눈을 감았지만 잠이 오지 않았다.

후드득후드득 빗방울이 떨어지기 시작했다. 봄비였다. 만물을 소생시키는 봄비. 하지만 지금 시즈오카현에 뿌려지고 있는 비는 그런 봄비가 아니었다. 만물을 소생시키는 것이 아니라 만물을 죽음으로 몰고 가는 비 같았다. 후쿠오카 제1원전에서 날아온 방사성 물질이 어쩌면 이 비에도 들어 있을 것만 같았기 때문이다.

멀리서 하마오카원전이 보였다. NHK 뉴스에서 본 후쿠시마원전과 너무도 비슷했다. 검푸른 파도가 원전 방파제로 밀려들기를 반복하고 있었다. 파도와 방파제, 그리고 원전. 어찌 보면 한 폭의 그림처럼 아름다웠다. 가동이 중단됐다고는 하지만 보안검색은 엄격했다.

니시다 간지(西田勘二) 하마오카원전 홍보부장과 부하직원 세 명이 취재팀을 소회의실로 안내했다. 일본에서 취재를 하려면 반드시 이런 절

오른쪽부터 니시다 간지 하마오카원전 홍보부장, 취재를 성사시켜준 한양대 김경민 교수, 필자, 홍승환 촬영감독. 전문용어가 계속 튀어나와 무슨 뜻인지 잘 알아들을 수 없기에 단도직입적으로 물었다. "그렇게 안전하다는 원전이 왜 후쿠시마에서는 폭발한 거죠?"

차를 거쳐야 한다. 명함을 교환하고 따뜻한 차를 한 잔 마신 뒤 취재 내용을 다시 한 번 협의한다. 취재 협조가 가능한 것과 불가능한 것, 촬영을 해도 되는 것과 절대 촬영해서는 안 되는 것 등을 다시 한 번 각인시켜준다. 처음에는 이런 관행이 어색했다. "바쁜데 빨리빨리 합시다"라고 얘기해보기도 했지만 소용이 없었다. 도쿄 특파원 3년 동안 배운 것이 있다면 아마도 '참는 것'이 아닐까?

미팅이 끝나고 곧바로 전시실로 내려갔다. 하마오카원자력발전소 3호기와 똑같이 생긴 모형이 취재진을 제일 먼저 맞이했다. 홍보부장이 직접 설명했다.

"압력용기를 세로로 절단한 모형인데 압력용기, 노심이 있고 연료 집합체가 안에 들어 있습니다. 제어부도 보이실 겁니다. 이쪽은 펠릿(pellet) 모형인데요, 구워서 도자기처럼 단단하게 만듭니다. 그것을 연료봉 안에 담아서 상하를 용접해 이 안에 가두는 거죠. 실제 높이는 약 4.5미터입니다. 지금은 9열 곱하기 9열의 연료 집합체로 만들고 그 앞에 채널 박스가 씌워져 있습니다. 연료 중심부에는 제어봉이 들어 있는데, 제어봉이 들어가면 중성자를 흡수해버리기 때문에 핵분열이 멈추게 됩니다."

전문용어가 계속 튀어나왔다. 귀를 쫑긋 세우고 설명을 들어도 도대체 무슨 뜻인지 이해되지 않았다. 그래서 단도직입적으로 물었다.

"그렇게 안전하다는 원전이 왜 후쿠시마에서는 폭발한 거죠?" 홍보부장은 난처한 표정을 지으며 답했다. "사실 저도 잘 모르겠습니다. 이론적으로 폭발할 수 없도록 2중, 3중 장치를 설치했는데, 쓰나미로 냉각 장치가 고장 나면서 수소폭발이 일어난 거죠."

하마오카원전 내부에 있는 발전기. 외부에서 내부로 들어갈 때 방사능 누출을 막기 위해 모든 문은 하나가 닫혀야만 다음 문이 열린다.

　잠시 뒤 취재팀은 소형 버스로 갈아타고 실제 원전 안으로 들어갔다. 첫 번째 문을 열고 들어갔다. 방사능 누출을 막기 위해 모든 문은 하나가 닫혀야만 다음 문이 열린다. 이렇게 몇 번 반복하면서 원자로 안으로 계속 들어갔다. 갑자기 홍보부장이 취재팀에게 멈추라고 했다.

　"자, 여기를 보세요. '원자로 바로 위'라고 적혀 있죠? 여기는 며칠 전까지도 가동 중이었던 원자로의 정상부입니다. 오른편에 저장조가 보이죠? 저곳이 '폐연료 저장조'입니다. 사용이 끝난 연료를 얼마간 여기 넣어서 냉각시킨 뒤 전용 용기에 넣습니다. 일본에서는 재처리해 사용할 수 있는 것은 더 사용하자는 것이 국가의 원자력 정책입니다. 유감스럽게도 재처리 공장은 아직 가동되지 않고 있습니다. 시간이 얼마나 걸릴지 모르지만 앞으로 그런 방향으로 가기 위해서 여기에서 일시적으로 보관하는 것이 폐연료 저장조입니다."

　후쿠시마 원전사고 때는 바로 저 '폐연료 저장조'의 온도가 올라가 폭발하는 것 아니냐는 우려가 많았다. 그래서 나는 안내를 맡고 있는 하마오카원전 홍보부장에게 몇 가지를 물었다.

김대홍 특파원(이하 '특파원') : 폐연료봉은 수조에 어느 정도 보관하나요?

니시다 하마오카원전 홍보부장(이하 '니시다') : 운반하는 스케줄에 따라 다르지만 일반적으로 4~5년 정도 여기서 보관한 뒤 밖으로 내보내게 됩니다. 폐연료라고 하지만 아직도 열이 발생하기 때문에 얼마간 여기에 저장해두지 않으면 반출할 수 없어요.

특파원 : 다시 임계할 가능성은 없나요?

니시다 : 없습니다. 재임계를 못하게 폐연료봉끼리 서로 가까워지지 않도록 격자로 돼 있어요. 격자 안에 폐연료봉을 넣거나 그 격자 자체에 중성자를 흡수하는 보론(붕소)을 섞은 랙(rack)으로 돼 있어서 재임계 가능성은 거의 없다고 봐도 됩니다. 물은 방사선을 약화시키는 '차폐 효과'가 매우 큽니다. 물의 깊이가 1미터이면 방사선을 1,000분의 1, 그리고 2미터이면 100만분의 1까지 방사선 에너지를 줄일 수가 있어요. 그래서 물속에 넣고 방사성 물질을 관리하는 것입니다.

특파원 : 그렇다면 왜 후쿠시마에서는 재임계가 나타난 거죠?

니시다 : 원자로건물이 손상되면서 물이 빠져나왔기 때문으로 추정합니다. 연료 저장조 자체는 12미터 정도 돼요. 꽤 깊은 편이죠. 또 콘크리트로 돼 있고 스테인리스로 벽을 칩니다. 따라서 원자로건물 자체에 문제가 없다면 물이 빠져버리는 경우는 없죠.

원자로 안을 빠져나온 취재팀은 다음 장소인 터빈 건물로 이동했다. 네모난 모양의 고압 터빈이 한 대 놓여 있었고 그 옆에 둥근 반원 모양의 저압 터빈 세 대가 나란히 있었다. 맨 앞에 동글동글한 것은 전력을 만드는 발전기였다. 1분간 1,800회 회전하면서 전기가 만들어진다. 안내자는 이 터빈 건물 안이 어느 정도의 방사선에 노출돼 있다며 각별히 주의해줄 것을 요청했다.

"우리는 비등수형이어서 직접 원자로 안에서 증기를 만들기 때문에, 이 증기에는 적기는 하지만 어느 정도 방사성 물질이 포함돼 있어요. 이 안쪽도 방사선 관리구역입니다. 터빈 근처에 가면 비록 적은 양이라고는 하지만 방사선을 쏘이게 됩니다."

4호기 원자로건물은 쓰나미 보강 공사가 한창이었다. 20여 명의 작업자들이 수문에 무엇인가를 용접하고 있었다.

"앞서 말씀드린 것처럼 원자로건물은 원래 가능한 한 물이 들어가지 않는 구조로 되어 있습니다. 이것은 방수 구조의 문으로 되어 있습니다. 수압 등으로 인해 문이 변형되지 않도록 얼마 전에 이런 강철 보강재를 달았습니다. 아직 깨끗하게 도장을 하지 않은 상태로 공사가 끝난 지 얼마 되지 않았습니다. 한번 열어볼까요? 문 자체가 매우 두꺼운 강철 재질로 되어 있고, 이 면과 검은 패킹 부분이 밀착되어 물이 안으로 들어가지 못하게 되어 있습니다."

모든 것이 철저한 듯 보였다. 후쿠시마 제1원전을 덮친 쓰나미가 이곳에서 일어난다 할지라도 피해가 없도록 만반의 대책을 세우고 있다고 강조했다. 하지만 이것만으로 거대 지진을 막을 수 있을까? 누구도 예상못한 거대 지진이 온다면, 이런 보강 공사가 과연 효과를 발휘할 수 있을까? 보강 공사를 마치면 다시 원전을 가동해도 괜찮을까?

시민단체들이 거대 지진의 위험성을 지적할 때마다 일본 정부와 전력회사는 '진도 5 이상의 지진이 일어날 확률은 80년에 한 번, 진도 6 이상의 지진 확률은 250년에 한 번, 진도 7 이상의 지진 확률은 400년에 한 번'이라는 수치를 들어가며 하마오카원전의 안전성을 강조했다. 주부전력은 또 바닷가에 높이 10미터에서 15미터에 달하는 모래언덕을 쌓아놓으면 "최대 8미터에 달하는 쓰나미가 밀려온다 해도 원자로건물이 입는 피해는 경미하다"고 주장해왔다.

그러나 그 같은 '안전 신화'는 후쿠시마 원전사고로 여지없이 무너졌다. 도쿄전력은 후쿠시마 제1원전 주변에서 일어날 수 있는 지진의 최대 규모를 8.0, 쓰나미 높이를 5.5미터로 상정했다. 그러나 실제 일어난 지진은 9.0, 쓰나미 높이는 15미터였다. 만약 수도권과 가까운 하마오카원전에서 원자로의 멜트다운, 즉 노심용융 사고가 일어날 경우 3,000만 명이 '죽음의 재'를 뒤집어쓸 것이라는 전문가들의 경고가 현실로 다가온다.

공식 일정은 끝났다. 하마오카원전 관계자와 KBS 취재팀은 다시 처음 들어왔던 소회의실로 돌아가 차를 마셨다. 한나절 함께 돌아다니다 보니 서로 친밀감도 생겼다. 홍보부장은 한국의 K-POP 인기가 대단하다며 소녀시대 등 한국의 아이돌 스타들을 좋아한다고 말했다. 나는 사견임을 밝히고 원전 관계자들에게 며칠 전 간 나오토 총리의 긴급 기자회견과 관련해 어떻게 생각하느냐고 물었다. 원전 고위 관계자가 냉소적으로 말했다.

"김 특파원님, 정치인들은 믿을 수가 없어요. 자기들이 필요로 할 때는 전력회사를 실컷 이용해먹더니 이제 와서는 모든 책임이 저희들에게 있다고 덮어씌우고 있어요. 간 총리가 왜 하마오카원전의 가동 중지를 직접 명령하지 않고 전력회사에 가동을 중지해달라고 요청하는지 아시겠어요? 잔머리를 굴린 겁니다. 만약 정부가 직접 가동 중지 명령을 내리면 그에 따른 전력회사의 손실을 정부가 보상해줘야 합니다. 하지만 전력회사에 요청하면 전력회사가 최종 결정자가 되겠죠. 그러면 정부는 돈 한 푼 안 내고 이 문제를 해결할 수 있는 겁니다. 쉽게 말해 기자회견이다 뭐다 하면서 생색은 다 자기들이 내고 경제적 손실은 우리보고 책임지라는 거죠."

그는 또 "하마오카원전이 위험하다는 게 어디 하루 이틀 얘깁니까? 그때는 가만히 있다가 왜 지금 와서는 거대 지진이 30년 안에 발생할 확률이 87%라고 하는 거죠? 국민들을 상대로 협박하는 것도 아니고, 정말 이래도 되는 건가요? 얼마 전 UN 총회에서 간 나오토 총리는 이산화탄소를 줄이는 데 일본이 앞장서겠다고 선언까지 했어요. 그러면 어떻게 줄일 수 있을까요? 당시 간 총리 머릿속에는 원전이 있었어요. 화력발전소 대신 원전을 더 지으면 이산화탄소 배출을 줄일 수 있을 것이라고 생각한 거죠"라고 하면서 작심한 듯 속에 있는 얘기를 다 털어놨다. 의외였다.

일본 사람들은 좀처럼 자신의 속내를 드러내지 않는다. 싫어하면서도 싫다고 하지 않고, 불만이 있어도 그 자리에서 불만이 있다고 말하지 않는다. 말하는 방식도 우리와 다르다. 우리는 자신의 감정을 정확히 전달하는 게 서로에게 좋은 일이라고 생각하는 데 반해 일본인들은 상대방을 배려해 기분을 상하게 하는 말을 하지 않는다. 하더라도 빙빙 돌려서 말한다. 그래서 나도 처음 일본에 왔을 때는 상대방이 말하는 것이 'Yes'인지 'No'인지를 구분하지 못해 낭패를 본 적이 많다.

식당에서도 마찬가지다. 음식이 형편없거나 맛이 없다면 한국 사람들은 주인을 불러놓고 따진다. "아니 음식이 이게 뭡니까? 돈은 돈대로 받으면서…" 실컷 화를 낸 뒤 또 그 식당을 찾는다. 지난 일은 다 잊어버리고 말이다. 하지만 일본 사람들은 다르다. 맛이 없으면 조용히 젓가락을 내려놓고 곧바로 카운터로 가 계산을 한다. "잘 먹었습니다" 깍듯이 인사까지 한 뒤 조용히 사라진다. 그리고 그 음식점은 두 번 다시 찾지 않는다. 그래서 일본 식당 주인들은 손님이 음식을 많이 남기거나 손을 대지 않으면 '뭔가 나에게 문제가 있구나' 하는 것을 직감적으로 안다.

상냥한 듯하면서도 마음속에 칼을 갈고 있는 것이 일본인이다. 반면 한국 사람들은 화를 잘 내지만 용서도 쉽게 한다. 그래서 나는 한국 사람보다 일본 사람이 더 무섭다.

2011년 9월 26일, 하마오카원전에 대해 주변 지방자치단체인 마키노하라(牧之原)시 의회가 '영구 운전정지'를 결의했다. 본회의에서 "하마오카원전이 앞으로 예상되는 도카이 지진의 진원 지역이기 때문에 확실한 안전대책을 세우지 않는 한 운전을 영구 정지해야 한다"고 결의했다. 표결에는 15명이 참가해 11명이 찬성하고 4명이 반대했다. 시가 2011년 6~7월 시민 1,300여 명을 대상으로 실시한 여론조사에서도 "원전 가동을 멈추고 폐로해야 한다"는 의견이 60%를 넘었다. 일본에서 원전 주변 자치단체가 원전의 영구 운전정지를 결의한 것은 이번이 처음이다.

원전의 재가동은 정부와 현 지사의 승인을 받아야 한다. 그러나 현 지사의 결정에는 원전이 자리 잡은 지자체의 의견이 가장 중요하게 작용한다. 그런 상황에서 원전 주변 10킬로미터 안에 있는 4개 시 가운데 하나인 마키노하라시가 영구 가동중단을 결의함에 따라 하마오카원전의 재가동은 사실상 불가능해졌다.

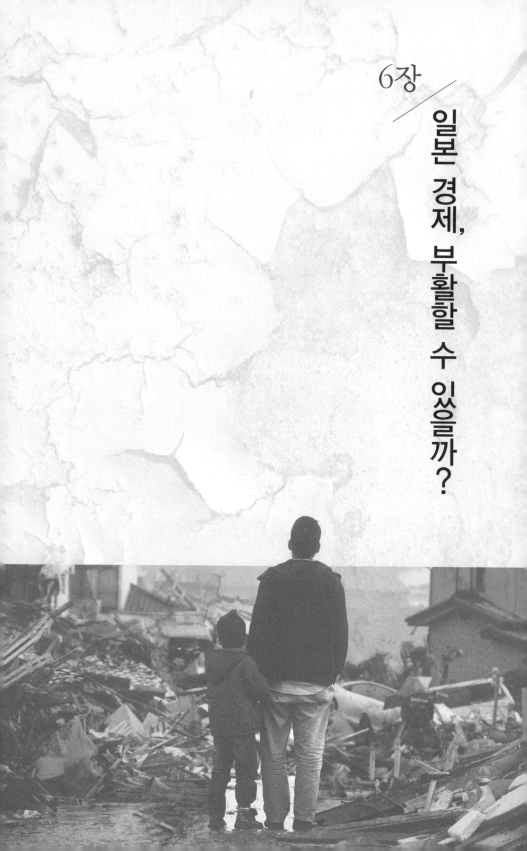

6장

일본 경제, 부활할 수 있을까?

도요타자동차의 시련

　　주부(中部)전력의 전체 발전량 가운데 하마오카원전의 비율은 약 15%. 간 나오토 총리의 요청으로 하마오카원전이 멈춰 서면서 이 만큼의 전력이 부족하게 되었다. 주부전력은 부근 간사이(關西)전력과 니시니혼(西日本)전력으로부터 전력을 빌려오겠다고 밝혔지만 이 회사들이 자리 잡은 지역 역시 전력이 부족해 이것도 쉽지 않다.

　　그렇다면 방법은 다시 화력발전소를 가동하는 것뿐이다. 하지만 이것도 쉽지 않은 상황이다. 일본 정부가 그동안 이산화탄소 배출량을 줄이기 위해 화력발전소의 가동률을 계속 낮춰온 데다 화력발전소의 재가동에도 문제가 생겼기 때문이다. 무엇보다 원료 조달이 어렵다. 미즈노 아키히사(水野明久) 주부전력 사장은 원료 구하기가 너무 힘들다고 말했다. 2011년 5월 원료 조달량을 늘리기 위해 카타르를 방문 중이었던 미타 도시오(三田敏雄, 65) 주부전력 회장도 "조달 가능한 양과 가격은 이제부터"라고 말하는 등 비장한 각오를 다졌다. 이후 주부전력은 '전력

수급대책본부'를 설립하고 기업과 가정에도 절전을 호소했다.

당초 1,300억 엔 흑자로 예상했던 2011년 영업실적도 백지화했다. 원전 가동 중지에 따른 전력 수요를 모두 화력발전으로 대체할 경우 연간 2,500억 엔의 비용이 추가될 것이기 때문이다. 전력요금을 인상하지 못할 경우 주부전력 초유의 영업적자가 발생할 가능성도 높다. 미즈노 사장은 현시점에서 요금을 올리지 않겠다고 밝혔지만, 계속 적자가 발생하면 주부전력도 어쩔 수 없을 것이다.

하마오카원전의 가동 중지는 일본 산업계에도 직격탄을 날렸다. 전력이 부족해지면서 생산에 차질이 생긴 것이다. 특히 하마오카원전으로부터 전력을 공급받는 도요타자동차가 직접적인 피해를 입었다.

2011년 5월 도요타는 대지진과 쓰나미의 충격에서 아직 회복되지 않은 상황이었다. 동북 지역과 이바라키(茨城)현을 포함한 7개 현 1,800개 영업점 가운데 300곳이 대지진 피해를 입었다. 특히 이 가운데 10곳은 완전히 파괴돼 흔적조차 찾기 어려웠다. 생산도 차질을 빚었다. 프리우스 등 하이브리드차(HV) 3종만 정상적으로 생산됐을 뿐 나머지는 모두 생산이 지연됐다. 일본 내 생산이 중지된 3월 14일부터 4월 1일까지 감산된 차량은 총 20만 대 정도로 추정된다.

KBS 취재팀은 도요타자동차의 핵심 관계자 가운데 한 명인 도이 마사미(土井正己) 글로벌커뮤니케이션 실장을 2011년 6월 만났다. 도이 씨는 KBS 취재팀을 만나자 반갑게 인사하며 홍보업무가 너무 힘들다고 하소연했다.

"이 자리에 앉은 지 올해로 딱 3년이 됐습니다. 3년 동안 정말 엄청난 사건을 다 경험했습니다. 2008년 첫해는 리먼 쇼크로 4,610억 엔의 적자를 기록하면서 회사 전체가 휘청거렸어요. 2010년에는 북미대륙에서 리콜 사태가 발생해 도요타 사장이 미 의회 청문회장까지 끌려갔잖아요. 눈물까지 흘리며. 그리고 올해는 대지진에 쓰나미로 동북부 공장이 완전히 작살이 났고요. 도요타자동차 역사에 이렇게 큰

도이 마사미 도요타자동차 글로벌커뮤니케이션 실장. 그는 2008년 리먼 쇼크, 2010년 북미 지역 대규모 리콜 사태, 2011년 대지진과 쓰나미 등을 겪으면서 머리가 많이 빠졌다고 말했다.

격변이 있었던 적도 아마 없을 것입니다. 제 머리카락이 다 빠졌어요. 제 집사람이 그러더군요 3년 동안 10년은 늙었다고…."

도이 씨는 세 번의 시련 가운데서도 이번 대지진이 가장 힘들었다며, 무엇보다 부족한 자동차부품을 확보하는 것이 어려웠다고 회고했다.

"서플라이체인(부품 공급망)이라고 표현하는데, 자동차부품은 대략 3만 개 정도입니다. 그 가운데 약 70% 정도를 부품공급사로부터 구입하고 있는 상황인데, 그 70%를 생산하는 공급사 가운데는 그 공급사에 부품을 공급하는 하청업체가 또 있어요. 그렇게 매우 거대한 연결고리로 엮여 있는 것이 자동차산업입니다. 부품 가운데 하나라도 빠지면 품질 좋은 자동차를 만들 수 없는데, 그런 시기가 지난 3월 말부터 최근까지 계속 이어졌어요."

그러면서 그는 "완전한 회복이라는 것은 여러 의미가 있겠지만, 모든 라인의 모든 자동차들이 고객이 원하는 날짜에 생산될 수 있다는 의미

의 완전한 회복이라면 올해 말이 되어야 할 것으로 봅니다"라고 말했다. 하지만 이것은 어디까지나 공장이 정상적으로 가동된다는 전제하에서다. 전력 부족이라는 복병을 만나면서 도요타자동차는 새로운 도전에 직면하게 됐다.

> **김대홍 KBS 도쿄 특파원** : 전력 부족이 가장 문제일 것 같은데, 어떤 대책을 세우고 있나요?
>
> **도이 도요타자동차 글로벌커뮤니케이션 실장** : 우선 절전과 에너지절약을 전사 차원에서 실시하고 있습니다. 일본자동차공업협회의 방침에 따라 목요일과 금요일을 쉬고 있습니다. 대신 토요일과 일요일은 정상 근무합니다. 일본 전체의 전력 수급 균형을 맞추기 위해서입니다. 아무래도 목요일과 금요일은 공장뿐만 아니라 유흥업소 등에서도 전력 소비가 많습니다. 하지만 주말은 상대적으로 전력 소비가 적죠. 그래서 주말에 가동을 하고 그 대신 평일에 쉬기로 한 겁니다. 여름철에는 에어컨 등 전력 수요가 특히 많기 때문에 도요타는 당장 7월부터 9월까지 일단 이런 식으로 휴일근무를 바꿀 겁니다.

2011년 여름. 일본 정부는 최대 사용전력의 절감 목표를 전년 여름 대비 15%로 설정했다. 원전 가동 중단으로 인한 전력난을 완화하기 위해 기업과 가정 모두 전력 사용량을 15%씩 줄이자는 것이다. 당장 NHK는 뉴스 끝부분 날씨 코너에 오늘과 내일의 전력 사용량을 날마다 방송해 시청자들의 주의를 환기시켰다.

소비전력이 공급전력을 한 순간이라도 넘어설 경우 '블랙아웃(black out)'이라고 불리는 대규모 정전 사태가 일어난다. 수도권에서 이런 사태가 3일만 이어져도 일본의 GDP가 0.3% 포인트 하락하게 된다. 일본 정부는 이를 피하기 위해 25% 감량 목표를 세웠으나, '25%를 감량하면 7~9월 산업생산이 전년 대비 7.2% 줄어든다'는 전망이 나오고 과도한 절약이 경제를 망칠 수 있다는 '자숙(自肅) 무드 경계론'도 제기됐다. 국내외 전문가들이 전력난을 일본 경제의 최대 복병으로 꼽은 것도 이러한 이유 때문이다. 그러자 일본 정부는 노후 화력발전소까지 총동원해 7월 말 최대 공급전력을 5,200만 킬로와트까지 끌어올리겠다고 밝혔다. 이 경우 기업과 가정이 15%만 절전해도 블랙아웃까지 이어지는 최악의 사태는 막을 수 있다는 계산이 나온다.

2011년 여름. 도요타자동차의 도전이 시작됐다. 전력 부족으로 휴일 근무를 바꿔가며 자동차를 생산하면서도 국내 생산량을 줄이지 않았다. 도요타자동차의 생산량은 연 700만 대 정도. 이 가운데 400만 대는 해외에서, 300만 대는 일본 현지에서 생산한다. 대지진 이후 동북 지역의 자동차 생산기지가 크게 손해를 입었는데도 도요타자동차는 300만 대 생산 방침을 고수했다. 그것은 '제조업이 살아야 나라가 산다'는 도요타자동차 사장 도요타 아키오(豊田章男, 56)의 철학 때문이다.

일본에는 기업 이름으로 된 도시가 두 곳 있다. 도요타자동차가 있는 도요타시와 히타치제작소가 있는 히타치시이다. 특히 도요타의 경우는 1959년 공장이 들어서 있던 고로모(擧母)시를 도요타시로 바꾼 것이다. 도시의 이름을 기업의 이름으로 바꿀 만큼 도요타에 대한 지역주민들의 사랑은 대단하다.

세계 최고의 기술력을 자랑하는 도요타자동차가 섬유를 뽑는 '방직공장'에서 출발했다는 사실을 아는 사람은 그리 많지 않을 것이다. 사실

나도 나고야에 있는 도요타자동차 박물관을 찾기 전까지는 전혀 그런 사실을 몰랐다.

1933년 9월 '도요타 자동방직기 제작소'에 자동차 부서가 설립되면서 도요타자동차가 출범했다. 부서 설립의 중심이 된 것은 방직기 제작소의 설립자 도요타 사키치(豊田佐吉, 1867~1930년)의 아들 도요타 기치로(豊田喜一郎, 1894~1952년)이지만, 초대 사장은 사키치의 사위인 도요타 리자부로(豊田利三郎)였다. 도요타자동차는 방직기를 만들면서 쌓은 노하우를 살려 1935년 처음으로 자동차를 만들기 시작했다. 그리고 2년 뒤에는 '도요타자동차공업주식회사'가 설립됐다. 제2차 세계대전을 겪으면서 도요타자동차는 비약적으로 발전했다. 처음에는 군용트럭을 생산하다가 물자 부족으로 소형 승용차로 돌아선 것이 도리어 도요타자동차 입장에서는 행운이 되었다.

1950년대 경영위기와 최악의 노사문제 등을 겪으면서 도요타자동차는 '인재경영'이라는 독특한 경영철학을 완성했다. 그리고 이러한 경영철학이 3·11 대지진 이후 진가를 발휘했다.

김대홍 KBS 도쿄 특파원 : 도요타자동차는 일본 산업계를 대표한다고 해도 과언이 아닙니다. 이번 동일본 대지진과 원전사고로 일본의 경쟁력이 약화될 가능성은 없나요? 일본 자동차산업의 미래는 어떻게 될 것 같나요?

도이 도요타자동차 글로벌커뮤니케이션 실장 : 앞서 말한 것처럼 일본 내에서 300만 대를 생산한다는 것이 회사 경영진의 공통된 생각입니다. 그 가운데서도 가장 중요한 것은 인재입니다. 한국도 마찬가지겠지만 일본인들은 일하는 것을 좋아합니다. 특히 이번 지진이 일어난 도호쿠 지방 사람들은 근면하고 성실하고 노력하는 분들이 많습니다. 이런 분들과 함께 일본의 제조업을 다시 한 번 일으켜보려고 합니다. 이것은 단순히 원래대로의 회복이 아니라 미래 지향적인 일본의 제조업으로 발전시키는 것을 말합니다. 복구가 아니라 부흥을 하겠다는 것이죠.

지진 취재 과정에서 자주 들었던 말 가운데 하나가 '부흥'이다. 일본인들은 지진으로 피해를 입은 지역을 '복구'한다고 말하지 않는다. 단순하게 예전과 마찬가지로 돌아간다는 뜻의 복구가 아니라 과거보다 더 활기차고 생명력이 넘치는 도시로 만드는 '부흥'을 이루겠다는 것이다.

그러기 위해서는 이를 받칠 수 있는 '기술혁신'이 뒤따라야 한다. 실제로 도요타자동차는 어려우면 어려울수록 더 많은 자금과 연구원을 투입해 새로운 기술을 개발하고 있다.

"일본의 기술자들이 차세대산업 육성을 위해 계속 노력하고 있습니다. 인재력, 제조력 측면에서 일본은 지금까지와 마찬가지로 앞으로도 계속 발전할 것입니다. 단, 방향 면에서는 고도의 기술을 목표로 삼아야 한다고 생각합니다. 도요타는 휘발유와 전기뿐만 아니라 바이오 에너지 등 다양한 에너지원으로 자동차를 움직이는 기술을 개발하고 있습니다. 하이브리드 자동차는 달리면서 발전을 합니다. 그 전기를 축적하여 다시 자동차의 에너지로 만드는 거죠. 그런 의미에서 가장 효율적인 발전 방식, 전기사용 방식이라고 생각합니다. 앞으로도 하이브리드 기술을 더 진화시켜 전 세계 고객들이 만족할 만한 자동차를 생산하려고 합니다."

"절전형 자동차 개발에도 더욱 박차를 가하고 있습니다. 전력공급과 에너지절약을 연결한 '스마트 그리드 시스템(Smart Grid System)'에 대해서도 도요타는 여러 가지 연구를 하고 있습니다. 스마트 그리드와 PHV(플러그인 하이브리드 자동차), 즉 전기를 사용한 자동차의 조합으로 일본의 새로운 산업경제 기반이 이루어지기를 바라고 있습니다."

여기서 스마트 그리드 시스템이란 기존 전력망에 IT를 접목하여 전력 공급자와 소비자가 양 방향으로 실시간 정보를 교환함으로써 에너지 효율을 최적화하는 차세대 지능형 전력망을 가리킨다.

김대홍 KBS 도쿄 특파원 : 이번 지진을 통해 도요타자동차가 배운 것이 있다면 그 것은 무엇인지. 그리고 사상 초유의 대재앙 속에서도 도요타자동차가 살아남을 수 있는 저력은 어디에 있다고 보십니까?

도이 도요타자동차 글로벌커뮤니케이션 실장 : 먼저 '현장의 힘', 즉 '현장에서 대응하는 직원들의 힘'이 위기 극복의 저력입니다. 도요타의 저력은 현장의 힘이 강하다는 겁니다. 앞에서도 말했지만 자동차산업은 많은 '부품 공급망'에 의존합니다. 부품 공급사의 현장력(現場力), 그리고 도요타 직원의 현장력, 판매점의 현장력 이런 것들이 똘똘 뭉친다면 어떠한 시련도 극복할 수 있습니다. 우리는 이런 사실을 다시 한 번 이번 지진을 통해 배웠습니다. 그리고 우리의 모든 직원들이 이런 정신을 공유할 수 있었다는 것이 큰 수확입니다. 앞으로 일본의 제조업이 살아남기 위해서는 이런 것을 좀 더 배워야 한다고 생각합니다.

두 번째는 기술력입니다. 기업의 강점은 기술력에서 나옵니다. 우리와 같은 자동차 제조회사 입장에서는 전기기술, 전자기술, 그리고 엔진을 만드는 '내연(內燃)기술' 등 수많은 기술이 다 중요합니다. 그래서 흔히 자동차산업을 '최첨단 기술의 집합체'라고도 부릅니다. 따라서 도요타자동차가 강하다고 말할 수 없습니다. 오히려 모든 부품 제조사들이 다 강하다고 말해야 옳습니다. 치열한 국제 경쟁의 시대에

도요타자동차 생산라인(왼쪽)과 수출 선적장. 일본 산업계를 대표하는 도요타자동차, 위기를 당할수록 더 진가를 발휘하는 그 저력은 어디에서 나오는 것일까?

살아남기 위해서는 더 좋은 자동차를 더 저렴하게 만들어야 합니다. 그러기 위해서는 그에 걸맞은 기술력이 반드시 뒤따라야만 합니다.

세 번째는 막강한 자금력입니다. 노동운동총합연구소(노동총연)가 파악한 도요타자동차의 내부유보 금액은 13조 4,065억 엔(약 190조 원)입니다. 2008년 리먼 쇼크 때 도요타는 4,610억 엔의 영업적자를 냈습니다. 그래도 한 주에 100엔씩 모두 3,135억 엔을 주주들에게 배당했습니다. 막대한 현금자산을 갖고 있었기 때문이죠.

이러한 도요타자동차의 저력은 위기를 당할수록 더 진가를 발휘했다. 동일본 대지진 직후 도요타의 일본과 해외공장 가동률은 평상시보다

50% 이하로 떨어졌다. 전년도 대규모 리콜 사태에 이어 또 한 번의 위기가 찾아온 것이다. 자동차업계에서는 "도요타가 세계 최고의 자리를 내놓을 것"이라고 분석했다. 그러나 최근 세계시장에서 도요타는 화려하게 부활했다.

5~6월까지 중국과 인도 등 아시아 주요 공장의 생산은 이미 지진 이전 수준으로 회복됐다. 6월 초에는 미국에서 생산하는 12종 가운데 8개 차종의 생산도 정상화됐다. 남은 34개 차종의 생산도 2011년 9월 예년 수준으로 돌아왔다. 국내 생산도 9월 이전에 대부분 정상을 되찾았다. 이러한 생산속도는 당초 12월쯤 회복될 것이라는 전망을 2~3개월 앞당긴 것이다. 미국 자동차전문지들은 "도요타가 지진 피해를 극복하고 놀라운 진전을 이룩했다"고 평가했다.

판매대수도 거의 회복되었다. 2011년 5월 미국 시장에서 도요타의 점유율은 현대·기아자동차에 0.1포인트 차로 뒤졌지만 6월에는 11만 937대를 판매해 다시 현대·기아차를 앞섰다. 중국에서는 5월에 판매량이 2만 대까지 떨어졌지만 6월에는 5만 6,000대를 판매해 지진 이후 처음으로 증가세를 보였다.

도요타는 지진 이후 피해복구뿐만 아니라 투자와 마케팅에도 전력을 기울이고 있다. 인도에서는 자동차 생산대수를 현재의 연 15만 대에서 21만 대까지 늘리기로 했다. 2011년 10월에는 5년 만에 처음으로 신형 캠리 광고에 도요타 사장이 직접 출연하기까지 했다. 도요타자동차의 미국 시장점유율은 2012년 상반기 12.8%에서 하반기에는 15%까지 상승할 것으로 분석됐다.

일본 기업은 의외로 강하다

일본에서 사람을 사귀는 것은 쉽지 않다. 밤새 술을 먹고 형님 동생 하기로 맹세해 놓고도 다음 날 만나면 "김 특파원님" 하면서 다시 사무적으로 돌아간다. 심지어 어떤 사람은 나를 만날 때마다 자신의 명함을 세 번이나 줬다. 참다못해 내가 "지난번에도 주셨는데 그걸 기억 못하십니까?"라며 면박을 줬다. 그랬더니 그 사람은 "아닙니다. 저는 잘 알고 있지만 혹시 저를 기억하지 못하실까봐 그랬습니다. 김 특파원님을 배려해서 그런 겁니다"라고 말했다. 상대방을 배려해 명함을 몇 번이나 준다는 것을 과연 한국인들은 이해할 수 있을까?

나는 일본인 '술친구'가 많다. 고등학교 선생님부터 세탁소 주인, 택시 운전수에 이르기까지 다양한 사람을 사귀었다. 참 좋은 사람들이다. 내가 일본을 떠날 때는 각자 집에서 음식을 만들어와 성대하게 송별회까지 해줬다. 하지만 그냥 술친구가 아니라 고급 정보를 갖고 있는 이른바 '취재원'을 사귀기는 정말 어렵다. 3년 동안 내가 내세울 수 있는 그런 일본인 취재원은 몇 명이나 될까? 솔직히 창피한 얘기지만 다섯 손가락으로 다 꼽을 수 있을 정도이다. 그 가운데 한 사람이 현 NHK 서울 특파원인 와카즈키 마치(若槻眞知) 씨의 남편 다카하라 이치다이(高原一大)이다.

다카하라 씨는 나보다 여덟 살 어리다. 하지만 머리가 매우 뛰어나고 성실한 사람이다. 현재 일본에서 가장 영향력이 있다는 〈니혼게이자이(日本經濟)신문〉 기자이다. 오사카에서 햇병아리 기자 시절 NHK 기자인 와카즈키 씨를 만났고 이후 두 사람은 도쿄로 올라와 결혼했다. NHK는 신입 기자를 뽑으면 지방으로 모두 내려 보낸다. 지방의 사정을 먼저 알아야 나중에 도쿄에 와서도 취재를 잘할 수 있다는 생각 때문이다. 물론 지방에 내려 보낸 기자들이 모두 도쿄로 올라오는 것은 아니다. 지방에서 열심히 일한 기자만 도쿄로 올라올 수 있다.

다카하라 씨의 고향은 부산에서 가까운 규슈이다. 일본에서는 '규슈단지(九州男兒, 규슈 출신의 남성)'라고 하면 술을 잘 먹고 호탕한 것으로 통한다. 우리나라에서 '경상도 남자' 하면 박력 있고 화통한 사람으로 인식되는 것과 비슷하다. 그래서 그런지 나는 다카하라 씨를 만나면 늘 유쾌했다. 취재를 하면서 뭔가에 막히거나 잘 이해가 안 될 때는 다카하라 씨에게 연락해 조언을 들었다. 그때마다 그는 거의 100% 나의 궁금증을 풀어줬다.

대지진으로 일본 경제가 어떻게 변하고 있는지를 취재하라는 서울 본사의 지시를 받고 하루 종일 일본의 경제전문가들을 만났다. 모두 다 교과서적인 얘기만 늘어놨다. "잘될 수도 있고 잘 안 될 수도 있습니다. 여러 가지 경우의 수가 존재하거든요."

뭔가 부족했다. 정확히 맥을 짚는 뭔가가 필요했다. 취재를 마치고 나는 다카하라 씨에게 전화를 걸었다. "저녁에 시간이 되면 맥주나 한잔 할까요?" "좋습니다. 몇 시에 어디서 볼까요?" "7시, 시부야 NHK 앞에 있는 한국식당 '장금이'는 어때요? 지난번에 만났던 곳입니다." "알겠습니다. 거기서 뵙죠."

저녁 7시. 한국식당 장금이는 초저녁인데도 사람들로 붐볐다. 경북 청도 출신의 주인아주머니가 혼자 바쁘게 주문을 받았다. 방사능 공포 때문에 조선족 종업원들이 한 명만 빼고 다 중국으로 돌아갔다며 힘들다고 말했다.

잠시 뒤 다카하라 씨가 왔다. 우리는 구석 테이블에 앉아 시원한 생맥주를 먼저 주문했다. 일본의 생맥주는 언제 먹어도 맛있다. 특히 나는 '산토리 프리미엄 몰트'를 좋아한다. 탁 쏘는 맛이 왠지 폭탄주 같기도 하고 글로 표현하기는 어렵지만 어쨌든 다른 일본의 생맥주와는 분명히 다르다. 다카하라 씨는 더위를 타서 그런지 한 달 전보다 훨씬 더 야윈 것 같았다. 나는 "서울에 있는 와카즈키 상은 자주 연락이 오나요? 현해탄을 사이에 두고 부부가 생이별을 하고 있는데, 이런 때 애인이나 사귀시지?"라며 농담을 건넸다. 다카하라 씨도 "그러고 싶지만 요즘은 진짜 눈코 뜰 새가 없어요. 신문 1면 편집을 맡고 있는데, 대지진 이후 광고수입이 줄어들면서 경영도 어려워요. 아직까지 그래도 우리 회사는 괜찮지만 다른 신문사들은 타격이 클 거예요"라며 내 말을 받았다.

나는 기다렸다는 듯이 "소위 일본 경제를 두고 '잃어버린 20년'이라는 말을 많이 하는데, 이번 대지진 이후 일본 경제는 어떻게 될 것 같나요?" 하고 물었다. 다카하라 씨는 "2008년 리먼 쇼크가 발생해 세계적으로 큰 경기 후퇴가 있었는데, 아직도 일본은 리먼 쇼크의 상처가 다 아물지 않았어요"라며 "그런 가운데 이번 대지진으로 일본 경제가 심각한 타격을 받았지요"라고 덧붙였다. 그는 맥주를 한 모금 마시더니 계속 말을 이어갔다.

"보통 경제전문가들은 부품산업이 위험하다, 자동차산업이 위험하다, 전자산업이 위험하다 이런 말들을 많이 하는데요, 사실 저는 이런 제조업보다 비제조업 분야가 더 걱정돼요."

"제조업은 생산체계가 원래대로 회복되면 수출이 다시 늘겠죠. 즉 공급에 제약이 있더라도 수요는 해외에 있기 때문에 수출만 되살아나면 매출 회복은 곧 이뤄질 거예요. 문제는 비제조업, 즉 일본 국내 분야입니다. 일본 국내에서는 이번 재해로 기업의 수익이나 고용이 악화됐어요. 이 때문에 수요가 줄어 바로 회복되지 않을 거예요. 최소한 1년 이상 걸릴 겁니다."

일본 내수 경제의 문제를 지적한 것이다. 오전에 만난 일본의 한 경제전문가도 "일본 경제의 장기적 문제점은 성장률 둔화와 재정수지 악화"라고 말했다. 그는 "동일본 지진의 성장동력 제공 여부와 산업 공동화가 경제 향방을 결정할 것"이라며 "저성장으로 인해 세수 증가를 기대하기 어려워 재정 적자가 일본 경제의 새로운 뇌관이 될 것"이라고 전망했다. 여기에 "엔고까지 겹쳐 기업 이윤이 떨어지면서 일부 기업을 중심으로 일본 내 생산설비를 해외로 이전할 것이라는 의견도 나오고 있다"고 덧붙였다.

며칠 전에 만난 구마노 히데이(熊野英生, 46) 일본 다이이치(第一)생명 경제연구소 수석 이코노미스트도 비슷한 견해를 밝혔다. 그는 일본이 성장해나가는 힘은 인구요인이 크다고 봤다. 하지만 2008년부터 인구가 줄어들기 시작했고 여기에 대지진이라는 자연재해까지 겹치면서 성장동력을 잃었다는 것이다. 그는 또 일본이 이대로 계속 쇠퇴하지는 않겠지만 악화되는 방향으로 힘이 작용하기 시작한 것은 사실이라고 덧붙였다.

그렇다면 해결책은 무엇일까? 줄어드는 인구를 인위적으로 늘리기는 쉽지 않다. 일본은 인구가 감소하기 때문에 1인당 소득이 늘어나지 않는 한 성장할 수 없다. 더 이상 국내만으로는 성장이 어렵다는 얘기다. 그렇다면 해외에서 활로를 찾아야 한다. 수출, 국제화가 답이다. 인구감소와 재해를 극복할 수 있는 방법은 해외로 나가는 것밖에 없다. TPP(환태평양경제동반자협정) 등을 통한 무역자유화를 한층 더 추진하지 않으면 일본의 쇠퇴는 막을 수 없을 것이다.

구마노 씨는 일본 경제를 다시 일으킬 수 있는 구체적인 방법으로 첫째 무역과 국제화를 꼽았다. 그리고 두 번째로는 이번 원전사고에서도 알 수 있듯이 일본의 에너지 정책을 바꾸는 것이라고 말했다.

"일본은 아마도 원전에 의존하지 않는 형태의 에너지를 발명해나가야 할 것입니다. 태양광발전일 수도 있고 수소일 수도 있고, 또 지역발전 같은 새로운 에너지의 길일 수도 있겠지만 그런 모델을 일본이 개척해나가야 합니다. 그것이 성공하지 못하면 일본의 새로운 산업발전은 기대하기 어렵습니다."

"전자제품을 만드는 일본의 회사들도 최고의 절전 기능을 갖춘 다양한 제품을 개발하고 있습니다. 그렇기 때문에 어쩌면 지금 일본은 위기이자 기회일 수도 있습니다. 아마도 10년, 20년 후에는 한국이나 중국 등 전 세계 각국들도 에너지 부족 문제에 시달릴 것입니다. 정전도 감수해야 하는 상황이 발생할 수도 있습니다. 일본의 전자회사들이 절전 기능을 크게 향상시키면 20년, 30년 후에는 반드시 도움이 될 것입니다."

"지금 일본 기업들은 삼성에 추월당해 매우 힘든 상황입니다. 삼성과 같은 우수한 기업에 대항하기 위해서는 이번과 같은 위기를 발판 삼아 절전 기능을 비약적으로 향상시켜야 합니다. 냉장고나 에어컨의 경우 10년 전과 비교해 전력소비를 3분의 1로 줄인 경우도 있습니다. 이런 흐름을 가속화해 해외 경쟁업체들보다 절전 기능을 높일 수 있다면 지금 일본 상황은 분명히 기회입니다. 에너지 정책에서 활로를 찾는 것, 그리고 국제화와 수출, 이 두 가지가 지금 일본에 요구되는 과제라고 봅니다."

나는 다카하라 씨에게 지금까지 취재한 내용과 함께 특별히 구마노 씨와의 인터뷰 내용을 자세히 들려줬다. 그러자 그도 구마노 씨의 말에 동의한다며 일본 기업은 강하다고 했다.

"김 선배, 일본 기업은 의외로 강합니다. 의외로 외부 타격에 강합니다. 지진 영향이 있다고는 하지만 내년이나 늦어도 내후년에는 모두 극복할 겁니다. 만약 이번과 같은 거대 지진이 또 한 번 온다고 해도 일본 기업들은 살아날 겁니다."

"하지만 기업의 형태는 지금과 좀 다를 겁니다. 지금처럼 국내 중심 생산이 아니라 해외에서도 생산이 가능한 체제를 만들 겁니다. 그런 의미에서 일본 기업은 해외 기업들과의 공존 속에서 강인하게 살아남을 것이고, 계속해서 경쟁력을 확보할 것입니다. 이것은 일본 기업이 한국, 중국, 타이완, 태국, 베트남 등 다른 아시아 국가로 이전된다는 것을 말합니다. 일본 기업의 고부가가치 기술이 세계로 퍼져나간다는 것을 의미합니다. 경제학 용어로는 스필오버 이펙트(Spill Over Effect, 어떤 요소의 생산활동이 그 요소의 생산성 또는 다른 요소의 생산성을 증가시켜 경제 전체의 생산성을 올리는 현상) 효과를 기대할 수 있습니다."

속사포처럼 말을 이어가던 다카하라 씨가 긴 한숨을 쉬었다. "김 선배, 그런데 문제는 일본 기업이 아니라 일본 국내의 고용문제입니다. 일본 기업이 생존을 위해 해외에 생산시설이나 기술을 이전해버리면 국내 생산이나 활동은 정체될 수밖에 없어요. 산업공동화 문제가 발생하는 거죠. 산업공동화가 일단 시작되면 원래 수준으로는 회복되지 않아요. 아시아 경제에는 긍정적인 영향을 줄지 모르지만 일본 국내에는 고용이 줄고 인구가 감소하고 점점 나쁜 흐름이 생길 수 있다는 겁니다."

한동안 무거운 침묵이 흘렀다. 나는 분위기를 바꿔보려고 소주를 주문했다. 부대찌개를 안주 삼아 우리는 잔을 주거니 받거니 했다. 한 병이 금방 바닥나 또 한 병을 주문했다. 기업이 잘되면 나라 경제도 잘된다고 우리는 알고 있다. 그리고 그것이 경제의 상식이라고 생각해왔다. 하지만 지금 일본의 경제상황을 보면 꼭 그렇지 않을 수도 있다는 생각이 들었다. 이것이 어찌 일본만의 일이겠는가.

2011년 11월 노다 요시히코(野田佳彦) 일본 총리는 APEC 정상회담에서 일본이 TPP에 참여할 뜻을 밝혔다. '잃어버린 20년'의 침체된 경제를 재건하기 위해서는 TPP 참여가 반드시 필요하다는 이유에서다. 일본 정부는 TPP에 참여할 경우 국내총생산이 2조 7,000억 엔(약 37조 8,000억 원) 정도 증가할 것으로 추산하고 있다. 하지만 국내 반발도 만만치 않다. 당장 타격이 예상되는 농민단체는 물론이고 국회의원들도 반대 입장이다. 중의원 의원 전체(480명)의 절반 가까운 232명이 TPP협상 참여 반대 결의안에 서명했다. 이 가운데서 여당 의원만 90명이 넘는다.

일본은 원전을 포기할 수 있을까?

동일본 대지진 이후 일본 정부는 에너지 정책을 처음부터 다시 세우겠다며 호들갑을 떨었다. 하지만 최근 다시 원전을 재가동하려는 움직임이 본격화되고 있다. 물론 가장 큰 이유는 전력 부족이다. 손정의(孫正義) 회장 등이 말하는 천연 에너지는 당장 대규모 보급이 어려운 데다 화력으로 대체할 경우에도 비용이 너무 많이 들어가기 때문이다.

현재 일본에는 전체 54기의 원자력발전소 가운데 52기가 정기 점검이나 사고 등의 이유로 멈춰 서 있다. 도쿄전력 산하의 가시와자키 가리와 원전 6호기와 홋카이도(北海道)에 있는 홋카이도전력 산하의 도마리원전 3호기만 가동 중이다.

하지만 가시와자키 가리와원전 6호기는 2012년 3월 26일, 도마리원전 3호기는 4월 말 정기 점검을 위해 가동을 중단하게 된다. 쉽게 말해서 2012년 5월부터는 일본에 있는 모든 원자력발전소가 멈춰 선다는 것이다.

일본 전체 전력의 30%를 담당하고 있는 원전이 멈추면 당장 전력 대란이 예상된다. 아무리 아껴 쓰고 절전을 하더라도 도쿄 등 수도권의 경우 전력공급이 25%정도 부족하고 전국적으로는 7% 정도 차질을 빚을 것으로 보인다. 그렇다고 부족한 원자력을 화력으로 대체하기도 어렵다. 추가비용만도 연간 3조 엔에 이를 것으로 추산되기 때문이다.

물론 정기 검사를 마친 원전은 다시 가동할 수 있다. 간사이전력 산하의 오오이타(大分) 원전 3호기와 4호기는 최근 일본 정부가 실시한 스트레스 테스트(내성 검사)에서 재가동을 해도 문제가 없다는 허락을 받았다. 하지만 재가동을 하려면 반드시 넘어야 할 산이 있다. 바로 해당 지자체의 승인이다. 정부와 여당 입장에서는 하루라도 빨리 문제가 없는 원전을 재가동하고 싶겠지만 해당 자치단체장이나 지방의회가 반대하면 방법이 없다. 동일본 대지진 이후 원전 가동을 반대하는 지역주민들의 여론도 무시할 수 없다. 지역주민의 여론을 무시했다가는 다음 선거에서 정치 생명이 끝날 수도 있기 때문이다. 〈니혼게이자이신문〉은 "선거를 앞둔 주지사들이 지역 여론을 무시한 채 원전 재가동을 승인하기는 어려울 것"이라면서 "이 상태로는 올 여름 전력사용 제한령이 발동될 수도 있다"고 내다봤다.

상황이 이렇게 되자 어떻게든 원전을 다시 가동하려는 움직임이 곳곳에서 나타나고 있다. 최근 일본 정부는 원전 운전 기간을 최장 60년까지 허용키로 했다. 호소노 고시(細野豪志) 원전담당 장관이 원자로규제법을 개정해 원전의 운전기간을 40년으로 제한하겠다고 발표한 지 불과 열흘 만에 이뤄진 것이어서 충격은 더 컸다. 물론 원칙적으로 40년으로 하고 원전 사업자가 희망할 경우 1회에 한해 20년간 연장 운영을 인정키로 한다는 것이다. 예외규정을 달기는 했지만 사실상 원전 운전 기간이 40년에서 60년으로 늘어난 셈이다.

일본 정부는 "40년 운전, 20년 연장은 미국 등 다른 원전 운영 국가에서도 그렇게 하고 있다"며 문제될 것이 없다는 입장이다. 하지만 후쿠시마 원전사고 수습이 아직 끝나지도 않은 상황에서 원전 운전 기간을 20년 더 연장하겠다는 것은 국민 정서에도 맞지 않다. 일본의 시민단체들은 "원전 운영 기준이 오히려 더 후퇴했다"며 기존 기준보다 더 강화된 안전기준을 요구하고 있다.

이런 가운데 후쿠시마 원전사고 당시 관방장관이었던 에다노 유키오(枝野幸男) 경제산업성 장관도 "당장 오는 7월부터 시작될 전력난과 경제성장을 위해 원전 재개는 필요하다"는 입장을 밝혔다. 2012년 1월 19일 에다노 장관은 미국의 〈월스트리트저널〉과의 인터뷰에서 이같이 말하면서 "여름으로 예정된 원전이 재개되지 않을 경우 전력공급 부족이 심각한 문제가 될 것"이라고 강조했다. 에다노 장관은 또 "정부가 만약 지역주민들의 동의를 구하지 못한 상황에서 원전 재개를 승인한다면 더 이상 사고가 발생하지 않도록 수차례 안전 단계를 거쳤다는 것을 의미하는 것"이라고 말해 지역주민의 동의 없이도 원전이 재개될 수 있다는 가능성을 내비쳤다.

누구보다 원전사고의 위험성을 잘 알고 있는 에다노가 '원전 불가피론'으로 돌아선 것은 현재 그가 맡고 있는 경제산업성 장관이라는 완장 때문이다. 일본 전력의 30%를 차지하는 원전을 재개하지 않으면 당장 여름부터 시작될 전력난을 어떻게 대처하고 또 전력 부족에 따른 경제성장 하락을 어떻게 막을 것이냐는 고민이 컸다. 물론 에다노 장관은

"일본 경제와 산업도 중요하지만 운전 재개에 대해선 국민들의 건강과 환경을 먼저 생각해야 할 것"이라며 "만약 또다시 원전사고가 발생한다면 일본 경제는 더 하강할 수밖에 없다"고 강조했다.

이러한 상황 등을 고려할 때 일본이 독일처럼 쉽게 원전을 포기할 것 같지는 않다. 원전 취재 당시 관계자가 한 말이 생각난다.

"원전이 얼마나 중요한지는 직접 경험해봐야 압니다. 전력이 부족해 생활이 불편하다는 것을 처절하게 느껴봐야 원전이 얼마나 고마운지 압니다. 엘리베이터가 멈춰 선 고층 아파트를 계단으로 걸어가봐야 원전의 고마움을 압니다. 열대야 때 에어컨 없이 잠을 자봐야 원전의 고마움을 압니다. 만원 전철에서 옆 사람의 땀 냄새를 맡아봐야 원전의 고마움을 압니다. 그때 가서는 원전을 멈추라고 데모하지도 않을 겁니다. 후쿠시마원전의 공포는 아득한 기억으로 사라지고 당장의 고통이 더 심각하게 느껴질 겁니다. 우리는 그런 날을 위해 잠시 가동을 중단한 겁니다. 언젠가 우리는 다시 가동할 겁니다. 분명히 말씀드릴 수 있습니다."

당시 그 사람이 얼마나 강하게 얘기했는지 아직도 생생하게 기억이 난다. 그래도 그때는 '갑자기 총리의 요청으로 원전을 가동하지 못하게 되자 악이 받쳤구나'라고 생각했다. 하지만 요즘 나는 일본이 어쩌면 원전을 포기하지 않을지도 모른다는 생각을 자주 한다. 1년, 2년, 그리고 3년이 지나면 언제 그랬느냐는 듯이 54기의 원전 모두가 다시 가동되고 있을지도 모르겠다. 아픈 과거의 추억보다는 당장의 고통이 더 힘겹기 때문이다.

손정의 회장의 새로운 도전

2011년 5월 30일. 도쿄 도심 시오도메(汐留) 특별 기자회견장에 한국과 일본 언론인 1,500여 명이 몰려들었다. 50센티미터쯤 되는 단상 위에는 이석채 한국 KT 회장과 손정의 일본 소프트뱅크 회장이 나란히 앉아 있었다. 잠시 뒤 두 사람은 일본 기업들을 위한 데이터와 클라우드 서비스 제공을 위해 합작사를 설립하고 이를 위한 전용 센터도 구축하기로 합의했다. 합작사의 지분율은 KT가 51%, 소프트뱅크가 49%이다. 데이터센터 구축부터 향후 서비스 제공까지 기술적 부분을 이 합작사가 담당하게 된다.

일본 언론인들이 특별히 눈여겨본 것은 전용 데이터센터이다. 일본에서 가깝고 한일 간 해저 광케이블의 시작점인 부산 인근(김해 국제공항에서 20킬로미터 이내)에 구축한다는 것에 대해 그들은 대놓고 불만을 드러내지는 않았지만 간접 화법을 써가며 은근히 손 회장을 비판했다. 질의응답 시간이 되자 기다렸다는 듯 앞줄에 앉은 한 일본 기자가

"소프트뱅크의 데이터가 한국 부산에 보관될 경우 도난이나 분실의 우려는 없나요? 일본에 비해 한국은 아직도 보안 수준이 낮은 것 같은데요?"라며 은근히 손 회장을 공격했다.

하지만 손 회장은 미소를 지으며 차분히 말했다. "한국의 IT 기술은 이미 세계 최고 수준입니다. 특히 KT는 컨설팅업체 클라우드하모니의 분석 결과, 2011년 8월 기준으로 세계 순위가 고성능 데이터베이스 서버 CPU 2위, 프로그램언어 1위 등의 기록을 냈습니다. 데이터가 분실되거나 도난당할 가능성은 전혀 없습니다. 일본어로 24시간 365일 저희 소프트뱅크그룹이 책임지고 대응할 것입니다. 중요한 품질인증은 이미 KT에서 모두 습득한 상태입니다."

단호하면서도 확신에 찬 손 회장의 목소리가 회의장 분위기를 순식간에 제압했다. 회의장 뒷자리에 있던 나는 손 회장의 얼굴을 자세히 들여다봤다.

내가 손 회장을 직접 만난 것은 이번이 처음이었다. 하지만 손 회장의 어머니는 잘 알고 있었다. 2년 전 한국의 나전칠기공예 전문가의 소개로 처음 대면하고 나서 자주 만났다. 물론 나의 관심은 그녀보다는 '손정의 회장'이었다. 그녀를 통해 손 회장을 직접 만나 단독 인터뷰를 하고 싶었기 때문이다.

손 회장은 한국에서도 유명하기 때문에 충분히 뉴스 가치가 있었다. 그래서 언젠가는 한국문화원에서 열린 손 회장 남동생 부인의 독창회에까지 가보기도 했다. 특파원이라고는 하지만 어떤 때는 서울에 있는 사회부 기자와 별반 다르지 않다.

하지만 손 회장 어머니는 내가 뭘 원하는지 잘 알면서도 아들과의 만

남을 주선해주지 않았다. 나중에 안 사실이지만 그녀는 손 회장과 따로 살고 있었고 사이도 그렇게 좋은 것 같지 않았다. 그녀는 일본 최고의 고급 주택가인 록본기(六本木)의 고층 빌딩에서 가정부를 두고 혼자 살고 있었다. 물론 생활비는 아들 손정의가 주지만 한국에서처럼 가족들이 함께 식사를 하거나 단란한 생활을 하는 것 같지는 않았다.

어쨌든 그때부터 나는 손정의에 관한 많은 자료를 수집했다. 만약 인터뷰를 하게 되면 무엇을 질문해야 할지 준비를 해놓아야 하니까. 재일동포인 손정의를 왜 일본 사람들이 존경하는지를 비롯해서 궁금한 점이 많았다. 손정의에 관한 몇 권의 일본 책과 신문기사도 스크랩했다. 그에 관해 알면 알수록 '손정의는 대단하다'는 것을 느끼게 됐다.

손정의의 일본식 이름은 '손 마사요시'. 1957년생으로 재일동포 3세이다. 그의 할아버지는 일본에서 탄광노동자로 일했다. 당연히 먹을 것도 없고 집은 무허가 판자촌이었다. 한마디로 찢어지게 가난했다. 손정의가 태어났을 때도 돼지를 기르며 겨우겨우 생계를 유지할 정도였다. 그러나 아버지 손삼헌 때부터 가계가 나아졌다. 손삼헌은 생선가게로 성공한 뒤 파친코와 부동산으로 큰돈을 벌었다. 성공한 재일동포들이 대부분 그렇듯 그도 자녀교육에 관심이 많았다. 그중에서도 최고의 자녀교육은 '너는 뭐든지 할 수 있다'는 자신감을 불어넣는 것이었다. 이것이 훗날 손정의를 일본 최고의 경영인으로 만든 원천이 되었다.

하지만 어린 시절 손정의는 동네 친구들로부터 "조센징은 한국으로 돌아가라"며 왕따를 당했다. 일본 애들이 던진 돌에 맞아 머리를 크게 다친 적도 있었다. 실제로 손정의는 한 일본 TV 프로그램에 출연해 그때 다친 머리를 방송 카메라에 들이대며 시청자에게 보여준 적도 있다고 한다. 어쨌든 손정의는 점점 자라면서 자신이 일본인과는 다르다는 것을 알게 됐을 것이다. 일본에서 태어나 일본 학교를 다니고 남부럽지 않은 가정환경이었지만 그의 뒤에는 '조센징'이라는 꼬리표가 항상 붙어 다녔던 것이다.

고등학교 때 손정의는 친구들과 함께 미국 연수를 가게 된다. 나리타 공항 출국장에서 그는 또 한 번 자신이 조센징이라는 것을 알게 된다. 다른 친구들은 '내국인' 대기 라인에 섰지만 자신은 외국인 대기 라인에 선 것이다. 그때 그는 "뭔지는 정확히 모르겠지만 내가 이 나라에서 정상적으로 사는 것이 쉽지 않겠다"는 것을 절감했을 법하다.

그에게 미국은 별천지였다. 특히 미국 서부 최고의 대학 UC버클리는 고등학생 손정의를 매료시키기에 충분했다. 아시아인, 흑인, 백인, 라틴 아메리카인 등 전 세계 모든 인종이 행복하게 모여 공부하는 UC버클리는 어린 손정의가 꿈꾸던 유토피아였는지도 모른다.

일본으로 돌아온 손정의는 얼마 뒤 고등학교를 자퇴하고 미국으로 유학을 떠난다. 부모는 반대했다. 어린 아들이 머나먼 미국에서 어떻게 혼자 살 수 있겠느냐는 것이었다. 하지만 아들의 고집을 꺾을 수는 없었다. 결국 손정의는 미국 서부로 건너가 고등학교와 대학을 마치고 UC버클리에서 대학원을 졸업한다.

내가 만난 많은 재일동포들은 손정의를 자랑스러워한다. 재일동포 가운데 어쩌면 가장 성공한 사람이 손정의이기 때문이다. 특히 그가 자신의 성인 '손' 씨를 지키기 위해 부인의 성을 먼저 '손'으로 바꾼 뒤 자신이 부인의 성을 따라 '손'으로 했다는 일화는 재일동포 사회에 거의 신화로 내려오는 이야기이다. 하지만 그가 과연 재일동포들이 생각하는 것처럼 자기 자신을 자랑스러운 '한국인'이라고 인식하고 있을지는 의문이다. 나는 아니라고 본다. 실제로 이날 기자회견장에서도 손정의는 자기 자신의 정체성에 대해 스스로 이렇게 밝혔다.

"저는 일본에서 태어나 일본에서 초등학교, 중학교를 마쳤습니다. 분명 저는 일본인입니다. 하지만 저의 아버지와 할아버지는 한국인입니다. 일제강점기 때 일본으로 건너온 한국인들이죠. 그렇다면 저의 몸속에는 한국인의 피가 흐르고 있을 겁니다. 그런데 좀 더 거슬러 올라가면 저의 할아버지의 할아버지, 그리고 그 할아버지의 할아버지쯤에 저의 선조는 중국에 있었습니다. 원래 중국인이었는데 한반도로 건너간 겁니다. 저의 성인 '손' 씨는 한국의 손이 아니라 원래는 중국에서 건너온 '손' 씨입니다. 그렇다면 저는 일본인일까요? 한국인일까요? 아니면 중국인일까요?

저는 세계 시민입니다. 인터내셔널 시티즌(International Citizen)이 저의 정체성입니다. 저는 국가라는 영역을 뛰어넘었습니다. 제가 일본인인지 한국인인지 중국인인지는 이제 더 이상 중요하지 않습니다. 전 세계 모든 사람이 행복할 수 있는 사회를 만드는 것, 그것이 제가 할 일이고 해야 할 일이기 때문입니다."

역시 손정의는 대단했다. 그의 말 한마디에 일본 기자들은 더 이상 질문을 하지 못했다. 지진 때문에 가뜩이나 사회 분위기도 어수선한 판에 재일동포 3세 손정의가 마치 기다렸다는 듯 데이터센터를 한국으로 옮긴다는 데 좋아할 일본인은 없을 것이다. 그것을 손정의는 정면 돌파했다. 더 이상 자신에게 재일동포, 아니 조센징이라는 꼬리표를 달지 말라는 암묵적 선언이기 때문이다.

사실 손정의 회장이 데이터센터를 한국에 세우려 한 것은 한국이 좋아서가 아니다. 철저히 기업인으로서 그렇게 하는 것이 기업의 이윤 극대화에 도움이 된다는 판단 때문이다. 앞에서도 이야기했듯이 현재 일본 기업들은 정부의 '전력사용 제한령' 시행방침에 따라 전력 사용량의 15%를 감축해야 한다. 또 지진이나 해일 등의 피해로부터 좀 더 안전한 곳에 데이터센터를 운영하고자 하는 수요도 증가하고 있다. 이에 대한 해결책으로 일본에 가까우면서도 IT기술 수준이 높은 한국을 주목한 것이다. 손정의 회장도 "현재 일본 기업들이 직면한 어려운 상황을 해결해주기 위해 신속하게 지원해주신 KT에 감사한다"며 "이번 프로젝트는 KT와의 강력한 파트너십을 통해 일본이 회복하는 데 기여할 수 있을 것으로 확신한다"고 말했다.

기자회견을 마치고 회견장을 빠져나가려는 손 회장을 KBS 취재팀이 재빨리 쫓아갔다. 그동안 벼르고 벼르던 손 회장과의 단독 인터뷰를 위해서다. 하지만 손 회장 주위에 있던 10여 명의 비서와 보디가드들이 취재진의 접근을 막았다. 우리는 "KBS, 한국의 공영방송입니다. 손 회장님께 몇 가지 여쭙고 싶은 게 있는데요, 제발 손 회장님을 만나게 해주세요" 사정했다. 하지만 비서들은 "예약 스케줄이 꽉 차 있습니다. 다음 장소로 가야 하기 때문에 나중에 공문을 보내주세요"라고 교과서적인 말만 되풀이했다.

'아, 이번에도 손 회장 인터뷰는 또 실패인가!' 낙담하고 있는데, 손 회장이 다시 기자회견장으로 돌아왔다. 탁자 위에 핸드폰을 놓고 온 사실을 뒤늦게 알고 그것을 찾아가려고 돌아온 것이었다. '오, 하느님! 감사합니다!' 나는 얼른 손 회장 옆으로 다가가 "KBS 김대홍 특파원입니다. 좀 전에 기자회견장에서 질문을 드렸는데요, 기억하시겠습니까?"라고 미소

손정의 회장을 인터뷰하는 필자. 강력한 카리스마와 도전정신, 그리고 자신을 희생할 줄 아는 손 회장은 최근 일본인들이 가장 존경하는 인물 가운데 한 사람이다. 최근 여론조사에서도 '총리에 적합한 인물' 가운데 8위를 차지했다.

를 지으며 말했다. 그리고 나서 "죄송하지만 딱 두 가지만 여쭙고 싶은데요, 괜찮겠습니까?" 하고 그냥 막 밀어붙였다. 뒤에 있던 비서들이 곧 달려들 것만 같았다. 그런데 손 회장이 "좋습니다. 여기서 할까요?"라며 의외로 시원시원하게 대답했다.

먼저 나는 "대지진 이후 일본의 기업들이 앞으로 어떻게 될 것 같습니까?"라고 물었다. 손 회장은 잠시 생각에 잠기더니 "큰 문제는 없을 겁니다. 일본 기업들은 곧 다시 일어설 겁니다. 지금의 상황은 위기인 동시에 기회이기도 합니다. 일본 기업은 고난과 역경을 극복하면서 점점 더 성장해왔습니다. 저는 낙관적으로 봅니다. 온 힘을 다해 반드시 극복할 것입니다"라고 답했다.

실제로 대지진 발생 1년을 앞두고 일본 기업들은 대부분 정상을 되찾았다. 최근 일본 정부 산하 경제기획협회(EPA)가 일본 내 42개 기업을 대상으로 실시한 설문조사 결과에서도 2012년 경제성장률은 2011년의 0.24%보다 크게 증가한 2.22%를 기록할 것으로 나타났다.

나는 곧바로 두 번째 질문을 던졌다. "하지만 아직도 일본사회는 혼란스러운 것 같습니다. 기업들도 큰 충격에서 벗어나질 못하고 있고요. 이럴 때 가장 중요한 것은 뭐라고 생각합니까?" 손정의 회장은 "리더십!"이라고 짧고 강하게 말했다. 나는 "리더십이란 무엇을 말하는 겁니까? 지금 일본에 필요한 리더십은 구체적으로 어떤 건가요?"라고 물었다. 손정의 회장은 내 얼굴을 뚫어지게 바라보더니 "무엇보다 나라를 걱정하고 국민들을 생각하는 정열이라고 생각합니다. 정열이 없는 리더는 안 됩니다. 자기의 모든 것을 다 바칠 수 있는 정열, 그런 정열을 가진 리더를 국민은 원하고 있습니다. 그리고 그런 정열이 있다면, 그러니까 어떻게 해서든 국민을 돕겠다는 뜨거운 정열이 있다면 위기는 극복됩니다. 지금 일본에 가장 필요한 것은 그런 정열을 가진 리더입니다. 자신의 목숨까지도 바칠 수 있는 것, 저는 그것이 리더십이라고 생각합니다."

실제로 손정의 회장은 대지진 이후 100억 엔(1,400억 원)을 기부했고 탈(脫)원전 운동을 주도하고 있다. 국가의 에너지 정책을 원전 중심에서 태양열과 같은 자연 에너지로 바꾸자는 것이다. 후쿠시마 원전사고 이후 간 나오토 총리는 긴자의 한 음식점에서 손정의를 만나 어떻게 하면 원전 중심의 에너지 정책을 바꿀 수 있는지에 대해 의견을 묻기도 했다.

나는 마지막으로 손정의 회장에게 "원자력 에너지보다 신재생 에너지가 중요하다는 말을 많이 하고 있는데요, 일본의 전체 에너지 가운데 신재생 에너지 비율을 20%로 올리겠다는 간 나오토 총리의 말에 동의하십니까? 그리고 그것이 가능하다고 생각하십니까?"라고 질문했다.

손정의 회장은 "저는 가능하다고 봅니다. 물론 그러기 위해서는 현재 일본의 '전력구매제도' 같은 것을 바꿔야 합니다. 아울러 저는 일본의 신재생 에너지를 증진시키기 위해 태양광발전소를 설립하려고 합니다. 일본은 원자력발전 의존도를 줄이고 태양광, 풍력과 같은 재생가능 에너지원을 더 많이 활용해야 합니다"라고 말했다. 후쿠시마 원전사고 전까지 일본의 전력 생산은 30%가 원자력, 9%가 수력 등 자연 에너지, 그리고 61%가 화력에 의존했다.

강력한 카리스마와 도전정신, 그리고 희생정신의 소유자인 손정의 회장은 일본인들이 가장 존경하는 인물 가운데 한 사람이다. 2012년 초일본 〈산케이신문〉이 실시한 '이상적인 지도자'를 묻는 설문조사에서 7위를 차지했다. 1위는 일본 근대화 혁명인 메이지(明治)유신의 최대 공신인 사카모토 료마(坂本龍馬), 2위와 3위는 전국시대 영웅인 오다 노부나가(織田信長)와 도쿠가와 이에야스(德川家康)가 각각 꼽혔다. 정치활동을 중단한 고이즈미 준이치로(小泉純一郎)와 오사카 시장인 하시모토 도루(橋下徹)도 각각 4위와 5위로 선정됐다. 6위는 마쓰시타전기 창업자로 '경영의 신'이라 불리는 마쓰시타 고노스케(松下幸之助)이다.

최근 〈아사히신문〉 여론조사에서도 손정의 회장은 '총리에 적합한 인물' 가운데 8위를 차지했다. 경기침체와 원전사고 속에서도 정쟁에만 몰두하는 일본 정치인들에 대한 실망감의 표현으로 보인다. 이미 손정의 회장이 KBS와의 인터뷰에서 밝혔듯이 일본인들은 지금 '정열을 가진 리더'를 원하고 있는지도 모르겠다. 물론 그런 소망은 일본만은 아닐 것이다. 한국에서 안철수 신드롬이 나오는 것도 사실 알고 보면 이와 비슷한 이유 때문 아닐까?

7장

일본 정치의 위기

정치 불신과 우익의 도전

대지진의 충격은 일본의 정치판까지 바꿔놓고 있다. 기존 정치권에 대한 불신이 하늘을 찌른다. 초유의 국가 비상사태인데도 우왕좌왕하며 해결의 실마리를 찾지 못하는 정치인들, 후쿠시마원전 수습 과정에서 보여준 간 나오토(菅直人) 내각의 무능함. 일본 국민들이 바라는 정치 리더십은 어디에서도 찾아볼 수 없다.

정치적 결단력을 보여주지 못하고 3년째 허둥대고 있는 여당 민주당과 야당이 되어서도 구태에서 벗어나지 못하고 있는 자민당. 최근 〈요미우리(読売)신문〉 여론조사에서 민주당 지지층의 54%, 자민당 지지층의 87%, 무당파의 83%가 일본의 정치가 점점 나빠지고 있다고 답했다.

정치적 리더십 부재의 1차적 책임은 내각에 있다. 노다 총리를 포함해 최근 5년간 6명의 총리가 바뀌었다. 평균 총리 재임기간이 1년 안팎에 불과하다는 말이다. 당연히 안정적인 정국 운영은 불가능하다. 언제 또 총리가 바뀔지 모르는 상황에서 밑에 있는 장관이나 공무원들이 열심히 할 리가 없다. 정치인들도 새로운 총리를 중심으로 국민을 위한 정책을 짜기보다는 '현 총리의 흠을 잡아 낙마시켜야 다음에 내가 총리가 될 수 있다'고 생각하기 때문에 구악 정치가 판치고 있다.

계파 간 합종연횡에 따라 총리를 선출하다 보니 일본 총리의 권한은 약할 수밖에 없다. 같은 의원내각제를 하고 있는 영국이나 독일 총리의 권한이 강력한 대통령과 비슷한 것과 너무도 대조적이다. 2010년 12월 간 나오토 전 총리를 직접 만났을 때도 그런 느낌을 받았다. KBS와 단독 인터뷰 약속을 해놓고도 총리 공관에서 몇 번이나 스케줄을 변경하더니 결국 하루 전날에 최종 일정이 결정됐다. 녹화도 일요일 오전 9시에 총리 관저에서 이루어졌다.

간 총리는 "미안하다"며 "국회가 너무 바빠 정신이 하나도 없다"고 말했다. 사실 그렇다. 일본 총리는 중의원과 참의원이 열리면 빠짐없이 참석한다. 국회의원들이 "총리! 똑바로 답하세요!"라고 욕을 해도 다 들어야 한다. 처음에 나는 이것이 민주주의의 전형이라고 생각했다. 하지만 총리가 매일 이렇게 국회에 불려나와 의원들에게 혼나는 것이 과연 민주주의일까 하는 의문이 들기 시작했다. 물론 민주주의 그 자체를 부정하는 것은 아니다. 매일 이렇게 시간에 쫓기다 보면 과연 장기 전략을 짜고 국가 비전을 제시하는 게 가능할까 하는 걱정 때문이다.

일본 국민들도 나의 생각과 크게 다르지 않다. 최근 일본 신문의 한 여론조사에 따르면 일본 국민의 70%가 '동일본 대지진의 피해를 딛고 잃어버린 20년을 되찾아올 수 있는 강력한 리더십'의 출현을 기대한다고 답했다. 총리에게 요구되는 가장 중요한 덕목도 결단력이 63%로, 2위인 책임감보다 2배 이상 높았다. 총리로 바람직한 인물로는 일본 우익을 대표하는 이시하라 신타로(石原愼太郎, 81) 도쿄 도지사와 하시모토 도루(橋下徹, 43) 오사카 시장이 각각 1, 2위를 차지했다.

일본은 왜 이시하라 도쿄 도지사에 열광하나?

이시하라 지사의 별명은 '망언 제조기'이다. 잊을 만하면 한 번씩 쏟아내는 망언 때문에 주일 한국 특파원들이 특히 주목하는 일본 정치인 가운데 한 명이다. 2009년에는 "한국에 대한 식민통치는 유럽국의 아시아 식민통치에 비해 공평했다"고 역사를 왜곡하는가 하면, 북한에 대해서도 "중국에 통합되는 것이 최선"이라는 말을 해 북한으로부터 강한 비판을 받았다. 또 지난 2010년에는 "한일 강제병합이 한국의 선택에 의한 것"이라고 말해 도쿄 특파원들의 기대(?)를 저버리지 않았다.

그의 장남 이시하라 노부테루(石原伸晃) 역시 주일 한국 특파원들이 주목하는 인물이다. 야당인 자민당의 간사장일 뿐만 아니라 아버지처럼 가끔 망언을 하기 때문이다. 이시하라 간사장은 미국의 9·11 테러 10주년을 하루 앞둔 2011년 9월 10일 아오모리(青森)현 히로사키(弘前)에서 열린 자민당 중의원 의원 모임 강연에서 2001년 9월 일어난 미국에 대한 동시다발 테러 공격은 "기독교의 지배에 대한 이슬람권의 반역으로, 역사의 필연에 따라 일어난 일이 아닌가라고 당시 생각했다"고 말했다.

일본 언론들은 가뜩이나 미·일 관계가 서먹서먹한 시점에서 또다시 미국을 자극하는 말을 했다며 이시하라 간사장의 발언이 경솔했다고 일제히 비난했다. 특히 이시하라 간사장은 9·11 테러 공격 당시 고이즈미 준이치로 전 총리 내각의 행정혁신 장관직을 맡고 있었기 때문에 더욱더 문제가 됐다.

이런 이유들 때문에 이시하라 부자는 일본 내 우익들에게 인기가 높다. 아니 어쩌면 그들이 우익들을 자극해 자신들의 정치기반을 더욱 공고하게 다지고 있는지도 모르겠다. 하지만 일본 내 많은 양심적인 지식인들은 이시하라 지사를 '또라이 정치가'라고 비판한다. 일본이 국제사회에서 선진국 위상에 걸맞게 행동하고 싶어도 이시하라와 같은 보수 꼴통들이 걸림돌이 된다는 것이다.

그런데도 불구하고 망언 제조기 이시하라는 지진 발생 한 달 뒤 치러진 도쿄 도지사 선거에서 4선 고지에 올랐다. 고령에도 불구하고 2위인 개그맨 출신 히가시코쿠바루 히데오(東國原英夫, 53)를 100만 표 가까이 따돌렸다.

선거 초반만 해도 이시하라가 그렇게 쉽게 4선 고지에 오를 줄은 아무도 몰랐다. 3선까지만 하겠다는 약속을 번복한 데다 그가 야심차게 추진했던 신도쿄은행의 파탄과 도쿄 올림픽 유치 실패 등 실정이 잇따랐기 때문이다. 게다가 도쿄도 청사 계단을 오르내리기엔 나이가 너무 많다며 본인도 자민당의 출마 요청을 거부했다. 심지어 당 공천권을 쥐고 있는 간사장인 아들 노부테루도 자민당이 지원하는 도쿄 도지사 후보로 아버지를 내세우는 것이 부담스럽다고 밝힐 정도였다. 하지만 민주당이 후보를 내지 않자 자민당은 이시하라에게 출마를 강력히 권유했다. 결국 이시하라는 자민당과 공명당의 지원을 받아 무소속으로 출마했다.

하지만 이번에는 그의 '입' 때문에 선거운동이 위기를 맞았다. 대지진 며칠 뒤 이시하라는 "일본인들이 탐욕스러워졌다. 이번 쓰나미로 탐욕을 씻어낼 필요가 있다" "대지진은 천벌이라고 생각한다"는 망언을 쏟아냈다. 한순간에 가족과 전 재산을 잃은 동북부 이재민들이 천벌을 받아야만 할 정도로 탐욕스러웠다는 얘긴가? 아마 가장 놀란 사람들은 이시하라의 선거운동원들이었을 것이다.

일본 언론과 이재민들은 즉시 이시하라의 망언을 규탄했다. 논란이 확산되자 이시하라는 "어려움을 겪고 있는 이재민들의 실의와 원통함은 아무리 헤아려도 모자란다. 같은 일본인으로 모든 것을 내 일처럼 생각한다"고 말을 바꿨다. 선거의 귀재답게 그는 변신했다. 유권자들이 많이 모이는 역이나 상가 앞에서 가두연설도 하지 않고 대신 방재복을 입고 재난 지역이나 대피소를 돌아다니며 강한 지도자를 바라는 유권자들의 기대에 부응했다. 아울러 리더십이 강하다는 이미지를 연출했다.

만개한 벚꽃나무 아래에서 도시락을 먹거나 술을 마시는 일본의 전통놀이 '하나미(花見)' 행사도 취소했다. 우에노(上野)와 요요기(代々木) 공원에서도 "올해는 자숙하자. 술 취해 추태를 보여서는 안 된다"는 안내문을 내붙였다. 대지진과 쓰나미, 방사능으로 고통받고 있는 동북부 사람들을 위해 '자숙하는 분위기'를 연출하자는 것이었다. 이시하라는 또 "지금은 선거운동보다 주민들이 안전, 안심할 수 있는 주거환경을 만드는 것이 더 중요하다"고 강조했다. 모든 것이 각본에 나온 것처럼 착착 진행됐다.

고농도 방사성 물질이 도쿄 수돗물에서 검출됐을 때는 직접 수돗물을 먹는 장면도 연출했다. 이때 한쪽 눈을 찡그려 "이시하라도 수돗물을 마시는 것이 탐탁지 않았나 보다"라는 반응과 함께 찡그린 그의 얼굴이 일본 인터넷에 회자되기도 했다.

어쨌든 이시하라가 출마한 도쿄 도지사 선거는 이상한 분위기로 흘러갔다. 그의 도지사 재임시절에 있었던 실정은 거의 쟁점화되지 않았다. 일본 언론들도 동북부 대지진과 방사능 누출을 취재하느라 선거에는 관심이 없었다. 아니 더 정확히 말하면 도쿄 도지사 선거를 취재할 여력이 없었다.

결과는 이시하라의 승리였다. 이시하라는 260만 표를 얻어 4연임에 가볍게 성공했다. 망언 제조기 이시하라가 도쿄 도지사 4선에 성공할 수 있었던 이유는 무엇일까? 일본 정치전문가들은 여당인 민주당 정부의 '리더십 실종'을 첫 번째 요인으로 꼽았다. 간 나오토 전 총리가 대지진과 원전사고 수습을 제대로 하지 못하자 이시하라가 반사이익을 얻었다는 것이다.

대지진이나 쓰나미, 방사능 누출 사고보다 도쿄 유권자들을 더 놀라게 한 것은 정부 관리들의 무능이었다. 사고 현장에서는 사람들이 죽어가는데도 매뉴얼만 따지며 우왕좌왕하는 민주당 정부에 큰 상처를 받은 것이다. 그래서 도쿄 유권자들은 '그래도 위기 때는 경험이 많은 이시하라가 잘하겠지'라는 막연한 기대감을 갖게 됐고 이것이 표로 연결된 것이다.

일본의 정치전문가들은 대지진 이후 강력한 리더십을 원하는 국민들의 기대감이 이시하라 쪽으로 쏠렸다고 분석했다. 〈마이니치(每日)신문〉 등 일본 언론들도 "3·11의 여파로 일본사회를 휩쓸고 있는 '자숙 모드'가 선거운동에까지 파급되면서 강력한 지도자의 출현을 기대하는 일본사회의 분위기 속에서 지명도가 높은 현직 지사가 유리한 선거가 됐다"고 분석했다. 끝을 알 수 없는 후쿠시마 원전사고 공포가 '변혁'을 바라는 유권자들의 마음까지도 '강한 리더십'을 선택하게 만든 것이다.

하시모토, 포퓰리스트의 등장

일본에서 두 번째로 큰 도시 오사카에서도 이런 분위기가 감지됐다. 차기 총리 후보감 2위에 오른 하시모토 도루 오사카 시장의 전면 부상이다. 하시모토는 2012년 1월 14일과 15일 이틀 동안 〈산케이신문〉이 실시한 여론조사에서 '일본의 리더로 가장 바람직한 인물' 1위에 올랐다. 하시모토 21.4%, 이시하라 신타로 9.6%, 오카다 가쓰야 부총리 8.3% 순이었다.

하시모토 오사카 시장의 인기 비결 역시 강력한 리더십이다. 그는 "선거에 이겼기 때문에 백지위임을 받았다" "기존의 질서를 비판하고 마구 부수겠다"는 등의 말을 자주 한다. 그런 그의 정치 철학을 '하시즘' 또는 '하시스트'라고 한다. 하시모토와 파시즘 또는 파시스트를 합친 말이다. 필요에 따라서는 '독재'도 용인해야 한다는 것이 하시모토의 기본 생각이다.

실제로 그는 "지금 일본 정치에서 가장 중요한 것은 독재"라는 말도 서슴지 않고 내뱉었다. 이러다 보니 요즘 일본에서는 거침없이 언동을 하는 사람들을 가리키는 '하시모토류(流)'라는 신조어까지 등장했다. 일본 국민들이 이처럼 돈키호테 같은 하시모토를 좋아하는 것은 자민당이나 민주당 등 기존 정당에 대한 실망감이 컸기 때문이다.

내가 하시모토를 처음 안 것은 2008년 2월 그가 오사카(大阪)부 지사로 취임했을 때였다. 당시 하시모토는 NHK 뉴스와의 인터뷰에서 "오사카부의 '재정 비상사태'를 선포하고 재정개혁을 추진하겠다"고 밝혔다. 실제로 그가 제일 먼저 '개혁의 칼'을 들이댄 곳은 지방 공무원 조직이었다. 지자체의 재정은 날로 악화되는데, 공무원들의 월급은 한 푼도 내리지 않는다며 불만을 나타냈다. 지역주민들은 열광했다. 넥타이도 매지 않은 긴 머리의 젊은 지사는 '절규하는 듯한 연설'과 '저항 세력을 만든 뒤 이를 비판하는 수법'으로 하루아침에 스타가 됐다.

1969년생으로 2012년 만 43세의 젊고 패기 넘치는 변호사, TV 탤런트 출신이자 일곱 명의 자식을 둔 대가족의 아버지, 딱 부러진 외모에다 막힘없는 말솜씨… 무엇하나 흠잡을 데 없다. 노무현 전 대통령처럼 누군가 비판하는 사람이 있으면 '끝장 토론'을 하자며 한판 붙는다. 모든 일에 적극적인 그의 성격은 일본인들이 바라는 리더십의 자질을 갖췄다.

3·11 대지진과 방사능 공포가 확산되자 하시모토는 도쿄도 위험해질 수 있다며 안전한 오사카로 수도 기능의 일부를 옮겨와야 한다고 주장했다. 간 나오토 전 총리가 하마오카원전의 가동 중단을 요청하면서 "도카이 대지진이 발생할 확률이 20년 안에 70%가 넘는다"고 한 것이 직접적인 원인이었다. 이시하라 도쿄 도지사도 금융과 같이 전산망에 의존하는 산업은 오사카로 이전하는 것을 검토해볼 만하다며 긍정적인 입장을 밝혔다.

하지만 하시모토의 속셈은 이번 기회를 통해 낙후된 오사카 지역의 경기를 되살리는 데 있었다. 그러기 위해서는 광역단체인 오사카부(府)와 기초단체인 오사카시(市)를 하나로 묶어 도쿄처럼 특별도(都)로 만드는 것이 일차적인 과제였다. 물론 하시모토의 최종 목적은 오사카도를 수도 도쿄의 기능을 분담하는 제2의 수도로 만드는 것이다.

하지만 오사카부와 오사카시를 하나로 묶으려는 하시모토의 구상은 출발부터 난관에 부딪혔다. 오사카부는 자신이 맡고 있어 문제가 없지만 오사카 시장인 히라마쓰 구니오(平松邦夫, 63)가 통합에 반대했기 때문이다. 결국 하시모토는 "내가 직접 오사카 시장이 돼 통합을 이루겠다"며 지사직을 던지고 시장 선거에 뛰어들었다. 오사카시를 없애기 위해 자신이 직접 오사카 시장이 되겠다는 역발상을 한 것이다.

이렇게 해서 당초 시장 선거만 예정됐던 오사카의 선거는 부지사(府)까지 함께 뽑는 '더블 선거'로 판이 커졌다. 하시모토의 선거 전략은 치밀했다. 자신이 이끄는 지역정당 '오사카 유신의 모임(維新の会)'을 중심으로 오사카 시장에는 자신이 직접 출마하고, 오사카부 지사 선거에는 간사장인 마쓰이 이치로(松井一郎, 48)를 후보자로 내세웠다.

기존 정치를 뒤엎으려는 하시모토에 대해 기존 정당들도 위기감을 느꼈다. 자민당, 민주당, 공산당은 당시 현 시장이었던 히라마츠를 지원했다. 지방 정치세력과 중앙 정치세력 간의 대결은 또 한 번 하시모토의 이름을 일본 열도에 각인시켰다. 하지만 정치의 달인 하시모토에게는 막힐 것이 없었다. 오히려 기존 정당들의 연합 지원이 오사카 유권자들의 반발만 샀다. 유세 마지막 날 하시모토는 유세 차량 위에서 목이 터져라 외쳤다. "유권자 여러분, 왜 여당인 민주당과 야당인 자민당, 그리고 공산당까지 서로 손을 잡은 걸까요? 무엇을 지키려고 그러는 걸까요? 지금 이 상태 그대로 오사카 시청을 유지하려는 것 아닐까요? 그렇다면 시민은 누가 보호합니까? 우리는 절대 그들에게 져서는 안 됩니다."

하시모토의 최대 장점은 사람의 심금을 파고드는 연설이다. 매우 감성적이다. 유권자들이 뭘 원하는지 동물적으로 알고 있는 것 같다. 그리고 연설 내용도 적이 누군지, 분명하게 각을 잡는다.

선거 결과는 하시모토 측의 압승으로 끝났다. 오사카 시장 선거에서 하시모토는 20만 표 이상의 큰 차이로 이겼다. 일본의 양대 정당과 공산당까지 합세했지만 '감세와 행정쇄신'을 내건 하시모토를 이기기에는 역부족이었다. 오사카부 지사 선거에서도 하시모토의 최측근인 마쓰이가 상대 후보를 가볍게 이기고 지사 자리를 차지했다.

선거가 끝난 뒤 NHK가 실시한 여론조사를 보면, 왜 오사카 유권자들이 하시모토를 전폭적으로 지지했는지 쉽게 알 수 있다. 하시모토를 지지한 전체 유권자의 59%가 "오사카를 재생시킬 수 있는 사람이기 때문"이라고 답했다. 교육이나 에너지 문제보다는 당장 먹고살기가 힘들다는 응답이었다. 경기침체와 실업률 증가 등으로 국민들의 생활이 점점 어려워지고 있는데도 기존 정당들이 이를 극복할 비전을 제대로 제시하지 못하자 국민들의 실망감이 폭발해 하시모토가 압승했다는 분석이 가능하다.

하시모토 시장은 취임 후 첫 연설에서 "오사카부와 오사카시의 100년 전쟁에 종지부를 찍겠다"고 선언했다. 또 "선거 결과를 엄중하게 받아들이라"며 "민의를 무시하는 직원은 오사카 시청을 떠나라"고 경고했다. 오사카시를 해체해 오사카도를 만들겠다고 공약한 만큼 시청 직원들에게 이를 실현하기 위해 앞장서라는 강력한 메시지를 던진 것이다.

인구 800만 명의 오사카는 부와 시가 따로 노는 이중행정으로 행정낭비가 심하고 지역 경기도 갈수록 쇠퇴하고 있다. 이런 문제를 해결하겠다는 것이 앞서도 얘기한 하시모토의 '오사카도 구상'이다. 도쿄도처럼 오사카부와 오사카시 등을 하나로 합쳐 행정을 단순화하겠다는 전략이다. 이를 위해 2015년까지 오사카시와 사카이시를 해체하는 행정조직을 개편한 뒤 차기 선거에서 다시 지사직에 도전해 개혁을 마무리한다는 의도이다.

하시모토의 이런 구상에 대해 반발도 적지 않다. 우선 오사카 시장이 상급기관인 오사카부의 지사보다 영향력이 더 큰 것 아니냐는 비판이 나오고 있다. 물론 하시모토는 시장 취임 뒤 가진 기자회견에서 "행정은 상급기관인 오사카부의 지침에 따르겠다"고 말했지만 이 말을 믿는 사람은 거의 없다. 오사카부의 지사가 자신이 이끄는 '유신의 모임' 간사장이기 때문이다. 두 사람의 관계는 러시아의 푸틴 총리와 메드베데프 대통령의 관계와 비슷하다. 그렇기 때문에 하시모토의 의사에 따라 오사카는 그의 독재 아래 놓일 공산이 크다. 2012년 일본의 월간지 〈문예춘추(文藝春秋)〉에 나온 하시모토 관련 기사를 중심으로 하시모토가 내세우는 정책의 모순과 문제점을 살펴보자.

공무원 개혁의 문제점

하시모토의 독재 징후는 벌써 곳곳에서 나타나고 있다. 이번 선거에서 260만 명의 오사카 시민들로부터 백지위임을 받았기 때문에 공무원들은 나의 말을 따라야 한다는 것이 첫 번째 독재의 징후이다.

하시모토는 선거가 시작될 때부터 오사카 시청 직원을 '저항 세력'으로 규정했다. "오사카는 공무원 천국이다" "공무원 숫자를 줄이면 경기는 좋아진다"며 오사카의 모든 문제가 마치 시청 직원 때문에 생긴 것처럼 만들어갔다. 선거공약은 더 무시무시했다. 시청 직원의 30%인 12,000명 감축, 퇴직 직원 낙하산 취업 금지, 인건비 30% 삭감 등이다. 이를 위해 그는 먼저 자신의 월급 30%와 퇴직금 50% 삭감을 선언했다.

하지만 공무원의 수와 경기의 좋고 나쁨에는 직접적인 인과관계가 없다. 오히려 공무원의 질을 높여 대중 서비스를 향상시키는 것이 지역주민들에게 더 좋은 정책일 수도 있다. 물론 몇 년째 봉급이 오르지 않고 오히려 깎이는 일본의 민간기업 직장인들의 입장에서 볼 때는 철밥통 공무원들이 싫을 것이다. 그렇다면 하시모토는 이런 샐러리맨들의 증오를 공무원에게 돌리면서 자신의 지지층을 넓히려는 정치적 노림수를 갖고 있는 것은 아닐까?

또 오사카시의 경기가 하락하고 생산 거점이 도쿄로 이전되는 것이 반드시 공무원 때문일까? 전문가들은 아니라고 본다. 그것은 오사카 시민 한 사람 한 사람 모두에게 그 책임이 있다고 본다. 경기의 척도는 기업에 종사하는 근로자들이 결정하기 때문이다. 그러나 하시모토는 "오사카가 안 되는 것은 공무원이 안 되기 때문이다" "시를 해체한다면 오사카는 좋아질 것이다"라고 주민들을 현혹하고 있다. 하시모토의 이 같은 주장은 유권자의 눈과 귀를 가로막고 현실을 왜곡하는 짓이다.

마쓰바라 류이치로(松原隆一郎, 55) 도쿄대학 대학원 교수는 "하시모토의 이 같은 행동은 중국의 마오쩌둥이 사용한 수법과 매우 유사하다"고 했다. 즉, 자신의 경쟁자에게 '자본가' 또는 '반동분자'라는 라벨을 붙여 대중의 불만을 그에게 돌리는 것이다. 마쓰바라 교수는 또 "지금 하시모토를 지지하는 유권자들도 그 결과가 부메랑이 돼 자신에게 돌아온다는 것을 분명히 알아야 한다"고 경고했다.

교육 개혁의 문제점

하시모토는 교육에 특히 관심이 많다. 자식을 일곱이나 둔 아버지 입장에서 어쩌면 당연한 것일지도 모르겠다. 당초 하시모토는 교직원을 5단계로 평가해 2년 연속 최저 평가(하위 5%)를 받은 교직원은 면직시킨다는 내용의 '교육기본조례안'을 의회에 제출할 생각이었다. 그는 또 학교장과 교감 공모제, 학교 선택제 확대, 학력 테스트 실시와 성적 공개 등 학교 간 경쟁 원리를 도입해 학생들의 실력을 높이겠다고 약속했다.

하지만 J리그처럼 학생들 간의 무한경쟁이 과연 옳은가에 대한 논란이 끊이지 않는다. 오사카부 교육위원은 분명히 반대 입장을 밝혔다. 성적은 향상될지 모르지만 그것 때문에 잃게 되는 것도 적지 않다는 판단 때문이다.

또 "주민의 의견을 교원평가에 반영하겠다"는 하시모토의 공약에 대해서도 과연 주민들이 제대로 선생님들을 평가할 수 있겠느냐는 의문이 남는다. 학부모들 가운데는 "어린이의 성적이 나쁜 것은 교사가 나쁘기 때문이다. 교육위원회가 나쁘기 때문이다"라고 주장할 수도 있다. 그러다 보면 자칫 교육계의 불신만 팽배해질 것이다.

더 큰 문제는 하시모토가 추진하는 교육 개혁의 방향이 지나치게 극우로 흐르고 있다는 것이다. 오사카부 교육위원회가 당장 2012년 3월 졸업 철을 앞두고 공립학교 전체 교직원 1만 명에게 기미가요(君が代) 기립 제창을 요구하는 위원장 명의의 직무명령을 발동시켰다. 오사카시에서도 이를 의무화하는 조례를 곧 시의회에 제출할 방침이다.

이것이 시의회에서 통과될 경우 기미가요 제창 때 일어나지 않는 교직원에게는 지방공무원법에 따라 '징계'나 '강력한 경고' 등의 처분이 내려지게 된다. 일본 언론들도 "오사카부 공립학교 졸업식에서 기미가요 제창 때 일어나지 않는 교직원은 매년 70~80명 정도"라며 "이에 따라 직무명령 위반에 따른 처분이 크게 늘어날 것"이라고 전망했다.

그동안 일본 내 양심적인 교사들은 "기미가요와 히노마루는 일본 제국주의 침략의 상징물로 아시아 주변국에 받아들여지고 있다"며 "일제의 잔재를 청산하고 아시아 국가들과의 평화를 구축하기 위해서는 기미가요와 히노마루를 사용해서는 안 된다"며 기미가요 제창 때 일어서지 않았다.

실제로 일본은 제2차 세계대전 이후 한동안 국가와 국기를 법률로 정하지 않았다. 하지만 일본 우익들은 "국가와 국기가 없는 나라가 어디에 있느냐?"며 정부를 압박, 1999년에 '국기는 히노마루, 국가는 기미가요로 한다'는 내용의 국기국가법을 제정했다. 이에 따라 2003년 도쿄도 등 각 자치단체 교육위원회는 공립학교에서 기미가요 기립 제창을 의무화하는 방침을 내려보냈고, 일본 내 양심적인 교사들은 "독일은 나치 깃발을 국기로 쓰지 않는다"며 반발해왔다.

오사카도의 허점

하시모토가 내세우는 '오사카도 구상'에도 문제가 많다. 하시모토는 "이중행정은 허점이 많기 때문에 하나로 묶는 것이 좋다"고 말한다. 물론 맞는 얘기다. 하지만 무조건 지방자치단체를 통합한다고 경기가 좋아지고 주민들의 삶이 더 나아지는 것은 아니다. 오히려 시민들의 목소리를 듣는 '민의'로부터 멀어져 지방분권이 퇴화할 수도 있다. 제2의 도쿄도가 되겠다는 구상부터가 잘못이다. 오사카는 오사카 특색에 맞는 지방 시스템을 만들면 된다. 오사카 근처에 있는 교토가 아직까지도 국내외 관광객들로부터 사랑받는 이유는 도쿄처럼 고층 빌딩이 있어서가 아니라 지역에 맞는 전통을 유지, 보존했기 때문이다.

또 "오사카도만 되면 경제가 되살아난다"는 하시모토의 말에도 의문이 든다. 전문가들은 오사카만 변한다고 경기가 되살아나는 것은 아니라고 말한다. 오히려 부근의 다른 도시까지 합쳐야 시너지 효과가 나타난다. 즉, 긴기(近畿) 지역을 모두 포함해 하나의 경제권을 만들어야 간사이 지역의 경기가 나아질 수 있다는 것이다.

오사카도를 구상하는 하시모토의 가장 큰 문제점은 어떻게 사람을 양성할지에 대한 고민이 결여됐다는 것이다. 경제를 움직이는 것은 제도가 아니라 사람이다. 그런데도 하시모토는 이에 대해 언급이 없다. 유능한 인재가 계속해서 도쿄나 해외로 빠져나가고 있다. 이를 막으려면 오사카시립대 등에 안정적인 급여를 보장하고 해외와 국내에서 최고의 교수를 모셔와 학생들을 가르쳐야 한다. 또 대학 연구팀이 기업과 연대해 연구 거점을 만들고 졸업 후에 오사카에 정착해 좋은 기업을 경영해야만 장기적으로 오사카 발전에 도움을 줄 수 있다.

자-공-유 연립정권으로 하시모토 총리?

하시모토가 이끄는 지역정당 '오사카 유신의 모임'이 2011년 더블 선거에서 대승을 거둔 것은 중앙 정계에도 큰 영향을 미치고 있다. 하시모토는 기자회견에서 "(오사카도 구상을 위한 지방자치법 개정) 협의에 기존 정당들이 응하지 않을 경우에는 올해부터 중의원 선거에 '유신의 모임' 후보자를 내겠다"고 말했다. 물론 하시모토는 전국 정당을 만들 정도의 자금력은 없다. 본인의 말처럼 유신의 모임은 어디까지나 지역정당으로 계속 남을 것으로 보인다. 하지만 선거가 시작되면 기존 정당들과의 연대는 충분히 가능하다.

이미 자민당은 이시하라 간사장이 하시모토 씨와 밀회를 갖고 그의

'오사카도 구상'에 대해 의견을 조율하는 등 노골적으로 접근하고 있다. 또 지난 더블 선거 막판에는 간사장의 아버지이자 도쿄 도지사인 이시하라가 직접 오사카를 찾아 하시모토를 응원하기도 했다.

또 수면 아래에서는 공명당과의 선거협력도 착실히 추진되고 있다. 하시모토의 핵심 참모가 2011년 10월 말 창가학회 간부들과 면담을 한 것으로 보도됐다. "오사카도 구상에 협력한다면 다음 중의원 선거 때 공명당 후보가 있는 곳에는 대항마를 내보내지 않겠다"는 약속을 맺은 것으로 알려지고 있다. 실제로 지난 더블 선거에서 공명당은 창가학회 소속 유권자들에게 '자주 투표(스스로 알아서 하는 투표)'를 결정해 하시모토의 당선에 도움을 줬다. 창가학회는 일본의 불교 종파인 니치렌종(日蓮宗) 신도들이 조직한 종교단체로, 1964년 일본 최초의 종교정당인 공명당을 결성했다가 1970년 공명당에서 분리된 조직이다.

이런 상황에서 현 노다 요시히코(野田佳彦) 총리의 소비세 인상이 실패할 경우 빠르면 2012년 안에 중의원이 해산되고 총선거가 실시될 가능성이 높다. 그러면 유신의 모임이 오사카를 중심으로 후보자를 낼 것이다. 어쩌면 하시모토 자신도 오사카 시장을 사임하고 총선거에 출마할 것으로 보인다. 더블 선거에서 압승한 것을 보면 자민당이나 공명당과 손을 안 잡더라도 소선거구와 비례대표 선거구를 합쳐 30석 정도는 확보할 가능성이 높다.

실제로 일본 언론들은 최근 "오사카 기반의 지역정당인 유신의 모임이 중의원 200명 당선을 목표로 400여 명을 입후보시키기로 했다"고 전했다. 노다 총리의 지지율이 최근 30%대로 급락하면서 빠르면 6월 이전에 총선이 실시될 가능성도 높아지고 있다. 하시모토 시장도 지지자들에게 "새로운 국가 건설에 여러분과 함께 도전하겠다"면서 "우호 정당과 함께 중의원 과반수를 장악해야 하는 만큼 200석 정도를 목표로 하겠다"고 말했다. 오사카 유신의 모임은 이를 뒷받침하기 위해 '정치인 양성학교'를 개설할 계획이다. 이 학교는 현재 여당인 민주당 핵심들이 졸업한 '마쓰시타 정경숙'과 비슷한 형태로 알려지고 있다. 전국적으로 정치인 지망생을 교육시켜 중의원 선거에 입후보시키겠다는 전략이다.

물론 하시모토 자신은 시장에 당선된 지 얼마 되지 않기 때문에 중의원 선거에 출마할 것 같지는 않다. 대신 자신의 정치력을 높이기 위해 후보자들을 뒤에서 지원할 것으로 보인다. 일본 정계에서는 오사카 유신의 모임이 중의원 선거에서 전국적 지지를 받기는 쉽지 않겠지만 오사카를 중심으로 최소한 20~30석은 차지할 것으로 보고 있다. 현재 민주당과 자민당이 모두 지지율이 낮아 단독 과반수 확보가 어려운 만큼, 오사카 유신의 모임이 중의원에서 캐스팅보트를 갖게 될 수 있다는 얘기다.

좀 더 구체적으로 살펴보자. 자민당이 180~190석, 공명당이 30석 정도, 그리고 유신의 모임 30석을 합치면 중의원에서 과반수를 확보해 집권당이 될 수 있다. 여기에다 '다함께당'(みんなの党)까지 합세한다면 중의원에서 과반수는 확실해진다. 최근에는 여당인 민주당 내 오자와 이치로 전 간사장과 가까운 그룹들도 유신의 모임과 연대를 모색하고 있다. 한마디로 지금 일본 정국은 유신의 모임이 어떻게 움직이느냐에 따라 대규모 정계 개편도 가능하다.

만약 자민당-공명당-유신의 모임이 손을 잡아 연립정권을 탄생시킨다면 누가 총리가 될까? 지금 자민당에서 가장 인기가 높은 사람을 꼽으라면 아마도 고이즈미 전 총리의 아들 고이즈미 신지로(小泉進次郎)

의원일 것이다. 하지만 그는 1981년생으로 나이가 너무 어리다.

마쓰바라 교수는 그렇기 때문에 하시모토가 총리 자리에 오를 가능성이 충분하다고 봤다. 하지만 그는 하시모토가 총리가 되는 순간 일본은 몰락의 길을 걷게 된다고 비판했다.

"하시모토가 총리에 오르면 그는 대통령에 맞먹을 정도의 독재정치를 할 것이다. '선거에 이겼기 때문에 백지위임을 받았다'며 재정 개혁과 안전보장, 외교 등 복잡한 문제까지도 자신의 뜻대로 밀고 나갈 것이다. 그렇게 되면 일본은 파멸이다."

심지어 하시모토를 독일 나치의 히틀러와 비교하는 지식인들도 적지 않다. 제2차 세계대전 전 독일의 히틀러가 대공황 대처 실패와 베르사유 체제 아래 배상 지불에 허덕이는 정부를 비판하며 정권을 잡았듯이 하시모토도 일본 정치권을 싸잡아 비난하면서 인기를 얻고 있다.

또 지역정당에서 전국정당으로 커나가는 과정도 비슷하다. 히틀러의 인기에 힘입어 바이에른 지역정당에 불과했던 나치가 의회선거를 통해 국정을 장악했듯이 하시모토의 오사카 유신의 모임도 기존 정당들과의 연합을 통해 중앙 진출을 모색하고 있다.

물론 일본에 나치와 같은 파시즘이 다시 찾아왔다고 말하기는 어렵다. 하지만 문제는 이런 파시즘류의 정치가 현재 일본에서 통하고 있다는 사실이다. 하시모토가 선동가라는 것을 알면서도 일본 대중들이 그를 지지할 수밖에 없는 정치 현실이 문제이다. 그것이 정책 실패에 대해 누구 한 사람 책임지지 않는 일본 정치의 예정된 모습일지도 모르겠다.

일본 정치는 멜트다운됐다!

하시모토와 같은 극우파의 등장을 왜 일본 지식인들은 두려워하는 것일까? 일본 최고의 지성인으로 손꼽히는 도쿄대 강상중(姜尙中) 교수는 "하시모토와 같은 포퓰리스트(대중영합주의자)의 등장은 일본을 또다시 국수주의 국가로 만들어 영토문제 등 국제관계를 심각하게 흔들 수 있다"고 말했다. 강 교수는 또 "제2차 세계대전 이후 60년간 일본에는 이렇게 큰 사건이 없었다"며 "대지진의 충격으로 일본 정치도 멜트다운됐다"고 비판했다. "20년간 이어진 디플레이션으로 일본사회는 앞이 보이지 않는 강한 폐색감이 형성됐으며 그런 가운데 이번 대지진이 발생했고 지금도 원전 사태가 이어지고 있다"는 것이다. 그러면서 강 교수는 "지금 일본의 상황은 과거 관동대지진을 웃도는, 영어로 말하면 매우 심각한 '엄청난 불행(disaster)'"이라고 표현했다.

2011년 6월 강상중 교수와 가진 KBS의 단독 인터뷰 내용을 좀 더 자세히 소개한다.

김대홍 KBS 도쿄 특파원(이하 '특파원') : "정치가 멜트다운됐다" "혼란스러운 상황이다"라고 말씀하셨는데. 구체적으로 왜 멜트다운됐다고 보시는 거죠?

강상중 교수(이하 '강상중') : 정치가 멜트다운 상태라는 뜻은 자민당이 지나치게 장기간 집권했는데, 고도 자본주의국가들 가운데 특정 정당이 50년 이상에 걸쳐 장기 집권한 나라는 일본밖에 없을 것입니다. 한국의 정치는 부침을 겪었으며, 박정희 전 대통령의 사망 이후 현재의 이명박 대통령까지 정치적 변동이 매우 심했지요. 하지만 일본에서는 그러한 변동이 거의 없었습니다. 없었던 만큼 정당에 대한 피로감이 쌓여 있었다고 생각합니다.

다시 말해 일종의 구 소비에트 사회의 노멘클라투라와 같은 기득 권익을 장악한 구조가 존재했고, 그것이 좀처럼 새로운 시대에 대응하지 못했다는 겁니다. 정권교체는 이뤄졌지만 문제는 민주당도 자민당에서 합류한 사람이 대부분이었다는 거죠. 바꿔 말하면 야당으로서 정권을 잡고 개혁을 실시하려 했지만 하토야마 전 총리가 퇴진해버렸어요. 왜냐하면 오키나와 미군기지 이전 문제. 즉 미일관계가 발목을 잡았기 때문이죠. 간 나오토 정권으로 바뀐 뒤에도 현재 관료는 기능을 못하고 있어요. 정당 내부도 내홍을 겪고 있으며 여여 간의 대립만 첨예할 뿐입니다.

이는 관동대지진 이후의 당시 상황과 매우 유사해요. 결국 일본은 월스트리트발 대공황의 여파를 맞으면서 결국 만주사변을 일으켜 방향을 크게 선회하게 됩니다. 일본에는 그러한 정당정치의 카오스(혼란)에 대한 국민들의 불만이 마그마처럼 쌓여 있어요. 그것이 한꺼번에 분출될 경우 어떤 상황이 펼쳐질 수 있을까요? 제2차 세계대전 이전만 해도 군부가 있었지만 전후에는 그런 세력이 없습니다.

이 때문에 현재 제3세력으로 부상하고 있는 것이 오사카의 하시모토 지사와 같은 일본 지자체의 수장들로, 그들은 일종의 대통령과 같은 지위를 가지고 있지요. 문제는 그런 사람들이 매우 포퓰리스트적인 정치를 추구하며 매우 극단적인 주장을 한다는 것입니다.

간 나오토 내각이 무너진 뒤 정치 상황이 혼란에 빠지면 그러한 새로운 제3세력과 기존의 일부 세력이 결탁할 가능성이 높습니다.

특파원 : 왜 지금의 상황이 과거 관동대지진 이후 일본 상황과 닮았다는 거죠?

강상중 : 현재 일본사회는 지진과 원전사고라는 지금까지 상상조차 못했던 상황 속에서 수출이 감소하고 한국과의 경쟁에

도쿄대 강상중 교수는 "대지진의 충격으로 일본 정치도 멜트다운됐다"고 말했다. 자존심에 큰 상처를 입고 혼돈 상태에 빠진 일본이 어디로 향할지 알 수 없으며, 지금 일본의 상황이 관동대지진 때와 매우 유사하다는 것이다.

서 밀리고 있으며 지방 경제도 상당히 후퇴하고 있습니다. 그러한 상황에서 정치가 거의 거버넌스를 발휘하지 못하고 있습니다. 이것이 관동대지진 이후 일본 상황과 매우 비슷해요. 그러므로 급격한 형태로 일종의 극단적 초국가주의가 출현하거나 아니면 일본사회가 다소 기존 사회와는 다른 사회로 전환될 수도 있어요. 어쨌든 두 세력의 힘이 아직 대립하고 있습니다. 국민들이 일종의 실망감을 느끼고 있는 거죠.

하시모토 오사카 지사(취재 당시는 지사였지만 2012년 현재는 오사카 시장)와 그 주변의 새로운 세력이 대두하고 있습니다. 이들은 포퓰리즘적인 언행을 보이고 있는데요. 그런 움직임을 매우 환영하는 힘도 작용하고 있어요. 전반적으로 현재 일본은 외교, 즉 한국과의 관계, 중국과의 관계에까지는 거의 사고가 미치지 못하고 있어요. 그래서 한일관계를 한발 진전시키고 싶어도 정부에는 그런 여력이 없는 거죠.

특파원 : 기존 정치에 대해 일본 국민들의 불신감은 어떻게 보면 정치인들 스스로

그렇게 만든 것 아니냐는 생각이 드는데, 정치 지도자들이 너무 자만한 것은 아닐까요?

강상중 : 일본의 리더십과 국민과의 관계를 생각해보면 왜 이 정도로 거버넌스가 없는가를 통감하지 않을 수 없습니다. 예를 들어 원자력 에너지에 의존하고 있는 선진국들 가운데 미국, 프랑스, 한국, 브라질도 그렇고 캐나다와 영국을 제외하면 러시아도 대통령제를 채택하고 있는데요. 그렇게 대통령제를 채택하고 있는 국가들의 경우 비상사태가 벌어졌을 때 자연스럽게 강력한 리더십이 발휘될 수 있도록 헌법과 정치제도가 정비되어 있으며 국민들도 역시 그것을 받아들입니다. 물론 과거 박정희 전 대통령 시절에는 유신체제를 위해 계엄령을 선포하기도 했습니다.

일본의 의원내각제는 영국에 가깝습니다. 그런데 내각의 수장인 수상이 거의 리더십을 발휘하지 못합니다. 그 이유는 뭘까요? 여러 법률, 그리고 강력한 관료정치에 속박되어 있기 때문입니다.

보통 이 정도의 거대한 위기가 발생하면 미국이나 한국이나 프랑스와 같은 대통령제 국가에서는 대통령이 강력한 리더십과 집행 권력을 쥐고 초법적인 조치를 취했을 겁니다. 하지만 일본은 거의 그런 사태를 상정해본 적이 없으며 일본의 정치 리더들은 솔직히 제 방식대로 표현하면 '상자 안에 갇혀 있다'고 말할 수 있습니다. 그래서 리더가 리더십을 발휘하는 걸 기꺼워하지 않게 되었습니다.

일본이라는 나라는 기본적으로 천황제를 채택하고 있기 때문에 특정 리더가 앞에 나서서 강력한 리더십을 발휘하는 것을 꺼리죠. 그래서 매사에 속도감이 빠르지 않습니다. 아래로부터 올라가는 방식에다가 관료제, 그리고 일본의 보수적인 방식이 대담한 결정을 가로막습니다.

일본 리더들이 갖춰야 할 자질은 다음 두 가지뿐입니다. 미국의 의도에 맞춰 '예스맨'이 되는 것과 가스미가세키의 관료제가 제대로 돌아가게 하는 것입니다. 이것이면 충분합니다. 요시다 시게루(吉田茂) 또는 사토 에이사쿠(佐藤榮作), 다나카 가쿠에이(田中角栄) 등과 같이 장기 집권하면서 강력한 리더십을 발휘한 총리도 있었습니다만, 나머지 대부분은 한국에서 볼 수 있는 독재적일 정도의 강력한 리더들은 아니었습니다.

그래서 한국인들은 이해하기 어려울 겁니다. 현재 한국에서 누가 리더로서 가장 바람직했느냐 묻는다면 박정희 또는 김대중이라는 답들이 나올 겁니다. 반면 일본에서 누가 리더로서 가장 좋았느냐 묻는다면 아마도 다나카 가쿠에이와 요시다 시게루일 겁니다. 하지만 이들도 한국의 대통령제에서 볼 수 있는 리더만큼 강력한 힘을 가진 것은 아니었습니다.

특파원 : 그렇지만 고이즈미 전 총리는 강력한 리더십을 발휘하지 않았나요? 지금도 일본인들은 그를 좋아하던데요?

강상중 : 고이즈미 준이치로는 기존의 자민당에서는 상상할 수 없는 리더였습니다. 톱다운 방식이 이뤄졌죠. 하지만 그도 한계를 가지고 있었습니다. 그 역시 가스미가세키의 관료제와의 관계에서는 아무래도 관료제를 봉쇄시킬 만한 힘이 없었습니다. 제가 생각하기에는 일본의 관료정치가 바뀌지 않는 한 일본은 좀처럼 바뀌지 않을 겁니다. 어떤 리더가 나오든 현 상황 아래에서 간 총리를 능가할 수 있는 리더십을 발휘할 수 있을지 의문입니다.

국민들 사이에서는 그런 점에서 대통령형 리더를 원하는 움직임도 나오고 있습니다. 그 가운데 한 사람이 바로 오사카부의 하시모토 지사입니다.

특파원 : 원전사고 수습 과정을 보면서 선진국 일본이 어쩌다 이렇게 됐나. 하나에서 열까지 총체적 부실 덩어리라고 생각되는데요. 왜 일본이 이렇게 된 걸까요?

강상중 : 일본의 원자력발전소 사업은 거대한 시스템입니다. 그 시스템 안에는 도쿄대학과 같은 일류 대학의 학자 또는 전문가, 기업, 그리고 그것을 단속 감시하는

경제산업성의 보안부, 원자력안전위원회, 그리고 매스컴과 일반 대중, 후쿠시마에 원전을 도입한 주민 등이 서로 맞물려 있습니다.

매스컴은 도쿄전력으로부터 대량의 광고를 받고 있습니다. 그래서 언론은 지금까지 원전 안전성에 대한 올바른 메시지를 알릴 수 없었습니다. 대부분의 학자들은 도쿄전력으로부터 연구비를 받습니다. 그렇기 때문에 안전이라는 말만을 강조해 왔습니다. 그리고 경제산업성은 원래 원자력 에너지를 추진하는 기관입니다. 이곳에 감독을 맡겼으니 잘 돌아갈 리가 없는 거죠. 매우 부당한 구조죠. 원자력을 추진하고 있다면 본래 별도 조직이 감독 임무를 맡아야 합니다.

그런데 경제산업성, 정부, 도쿄전력은 서로 유착되어 있습니다. 그리고 원자력안전위원회도 거의 제 역할을 못하고 있습니다. 이런 상황 속에서 원자력 분야에서 일본은 첨단기술을 보유하고 있기 때문에 절대로 안전하다, 100% 안전하다며 선전해왔습니다.

쓰리마일과 체르노빌 사태 이전 일본에는 원전 안에 밸브 기능조차 없었습니다. 즉, 이번 후쿠시마 원전사고 때 밸브 기능이 없었다면, 다시 말해 안의 압력을 외부로 방출하지 않았다면 어마어마한 사고로 번졌을 겁니다. 그런데 쓰리마일과 체르노빌 사고가 일어나기 전까지 일본의 원전은 안전하므로 안전밸브의 밸브조차 없었던 거죠. 이런 사실에 대해 언론이나 학자나 모두 이상하다고 생각하지 않는다는 겁니다.

국민들은 안전하다고 믿고 있었어요. 그런데 이러한 허구가 이번 후쿠시마 원전사고로 한꺼번에 밝혀진 거죠. 놀라운 점은 2개월이나 멜트다운을 발표하지 않았다는 겁니다. 그리고 한국도 중국도 경악했을 거라고 생각합니다만 오염수를 바다로 방출했고 한국에는 방출하기 하루 전에 통보한 것으로 알고 있습니다. 믿기지 않습니다. 지금까지 한국과 쌓아놨던 신뢰가 한순간에 다 무너져버렸어요.

특파원 : 정치 지도자들의 무능 그리고 관료제의 폐단. 이런 것을 알고 있으면서도 일본 국민들은 왜 가만히 있는 거죠?

강상중 : 비판정신이 사라졌기 때문이죠. 1970년대 후반부터 일본에서는 사회운동, 민주운동 또는 생활운동 등이 거의 사라졌습니다. 운동이 없다는 거죠. 2개월이나 멜트다운을 숨겼고 경계구역의 어린이들에게 연간 피폭 허용량을 1밀리시버트에서 20밀리시버트로 올렸다면 한국에서는 어땠을까요? 가만 놔두질 않았을 겁니다. "아이들의 안전을 갖고 장난치냐"며 민심이 들끓었겠죠. 하지만 일본에서는 후쿠시마의 어머니들과 학부모들이 문부과학성 앞에서 항의를 했을 뿐, 대대적인 운동으로 발전하지 않았습니다. 즉, 일본은 지난 20년간 한국과 같은 다양한 민주화운동이나 사회운동 또는 문화운동이 거의 없었어요. 그리고 언론도 제대로 전달하지 않았어요. 이런 상황에서 제도권의 정치가 무너지면 국민들은 자신의 의견이나 생각을 반영할 수 있는 채널을 빼앗기게 됩니다.

특파원 : 일본은 왜 그렇게 된 겁니까?

강상중 : 무엇보다 관료제 지배가 상당히 성공적이었기 때문이라고 생각합니다. 그리고 두 번째는 1970년대부터 일본은 초선진국의 자리에 등극합니다. 이런 가운데 자민당은 파벌로 정권을 잡죠. 이것은 성공적이었고 전혀 문제가 없었습니다. 한국처럼 첨예한 정치적 대립이 없었습니다. 70년대 중반부터 사회운동이 잠잠해졌고 학생들은 취직만 하면 안정적이고 장래가 약속되었죠. 그래서 사회 어디서나 정치운동이나 사회운동이 출현할 수 있는 여지가 없어져버린 거죠. 언론도 책임이 있습니다. 언론의 비판정신은 사라졌고, 당국의 발표를 그대로 전하기만 했습니다. 지금 일본은 잘 참는 것처럼 보이지만 내심으로는 실망감, 즉 어디에도 국민들의 의견이 반영되지 않고 있어요. 관동대지진이 일어나고 공황이 발생하고 1929년 월스트리트 주식 대폭락, 그리고 만주사변이 일어났으며 또 5·15 사건, 다시 말해

테러사건도 발생했습니다. 제가 가장 우려하는 것은 일본 정치가 거버넌스를 상실할 때 민간 차원의 테러가 발생할 수 있다는 것입니다. 모든 국민이 폭력은 나쁘다고 생각하고 있지만 그럼에도 불구하고 폭력을 통해 올바른 주장을 하고 있다고 생각할 경우 이에 대해 동조하는 분위기가 고조될 수 있습니다.

그 일례가 이미 일어났습니다. 중국과 일본이 센카쿠(尖閣) 열도를 둘러싸고 대립하고 있는데 관련 영상을 해안보안청 직원이 유튜브에 올렸습니다. 그 직원이 규정을 위반하고 내부 자료를 외부로 유출한 것입니다. 당시 언론과 여론 가운데는 "잘했다" "변칙적인 행위이기는 하나 이것은 올바르다"라는 의견이 상당히 많았습니다. 제가 우려하는 것은 일본 정치가 거의 힘을 잃을 경우 그러한 실력조직이나 또는 공무원, 민간에서 테러까지는 아니지만 폭력 사건이 돌발할 가능성이 많다는 겁니다. 개인이 자신의 몸에 불을 지르는 등 매우 돌발적인 행동 말입니다. 이는 반대로 말하면 그만큼 사회적으로 사람들 사이에 절망감이 확산되고 있다는 반증이기도 합니다. 이는 매우 우려할 만한 사태입니다. 제2차 세계대전 이전 한번 걸었던 길을 또다시 되풀이할 수도 있다는 것이죠.

앞으로 일본 정치에서는 대연정이 이뤄질 가능성도 있습니다. 이 경우 포괄정당이라고 할까요. 이런 형태의 정치가 나타날 가능성이 있습니다. 이것이 일시적 현상일지 아니면 장기간 이어질지가 문제입니다.

일본의 경우 특정 흐름이 형성되어버리면 소수의 의견이 좀처럼 반영되지 않는 경향이 있습니다. 한국은 어느 시대든, 설령 독재시대에도 소수가 반드시 저항했습니다. 일본의 문제점은 모두가 잘 참는 만큼, 하나의 큰 흐름이 굳어지면 그에 대해 다른 의견을 피력하거나 저항하는 게 매우 어렵다는 겁니다. 재일동포로 일본 사회에 살다보면 그것을 실감하게 됩니다. 대부분의 일본 사람들은 매우 좋습니다. 부지런하고 평범하죠. 하지만 큰 흐름이 굳어지면 보통 사람들은 틀렸다며 의견을 좀처럼 피력할 수 없습니다. 모두가 다수에 포섭되어 다수의 생각에 순응하게 됩니다.

영어로 말하면 콘포미즘(conformism, 순응주의)이라고 말할 수 있겠죠. 무언가에 획일화된다는 거죠. 이것이 국수주의에 섞인다면 대단히 위험합니다. 지금 일본은 자존심에 큰 상처를 입었습니다. 불안이 증폭되고 있습니다. 여론의 향방이 어디로 향할지는 아직도 미지수입니다.

일본은 지금 혼돈 상태에 빠져 있습니다. 그것이 자칫 터무니없이 초국가주의로 변질되어 영토문제나 주변 각국들과의 관계가 극단적으로 치달을지. 아니면 일본의 개혁이 조금씩 진행되어 주변 각국들과의 관계를 더욱 강화하는 방향으로 나아갈지 지금은 알 수 없습니다.

8장

천황제의 딜레마

대지진과 일왕(日王)

　　대지진 발생 한 달이 조금 지난 2011년 4월 27일. 일본인들의 정신적 지주인 아키히토(明仁) 일왕 부부가 지진 피해가 심한 미나미산리쿠초 등을 방문했다. 헬기에서 내린 일왕 부부는 제일 먼저 건물 잔해가 남아 있는 마을 쪽을 향해 묵념했다. 비가 오는데도 우산도 받쳐 들지 않은 채 지긋이 눈을 감고 고인들의 명복을 비는 이 한 장의 사진은 일본인들의 마음에 진한 감동을 남겼다. 마치 곱게 늙은 할머니 할아버지가 자식들을 위해 애절한 마음을 전하는 모습 같았다. 일본의 모든 언론사들은 이날 이 사진을 1면 톱뉴스로 보도했다. NHK 등 일본 방송들도 일왕 부부의 피난지 방문을 주요 뉴스로 내보냈다.

　　점퍼를 입은 아키히토 왕과 미치코(美智子) 왕비는 미나미산리쿠초의 피난소 두 곳도 찾았다. KBS가 취재했던 바로 그 피난소였다. 일왕 부부는 피난소에 들어가자마자 피난민들에게 큰절을 올렸다. 피난민들과 얘기를 나눌 때도 계속 무릎을 꿇고 있었다.

일왕 부부와 직접 얘기를 나눴다는 지바 할머니에게 KBS 취재팀이 물었다. "일왕 부부가 뭐라고 하던가요?" 할머니는 "고생이 많다며 하루빨리 이 어려움을 극복하길 바란다고 했어요"라고 말했다. 또 "미치코 왕비가 제 손을 잡으면서 '힘내세요'라고 했어요. 정말 너무 친절했어요"라며 감격스러워했다. 갑작스러운 일왕 부부의 방문에 피난민들은 큰 위안을 받았다. 어떤 피난민은 "일왕 부부의 방문으로 모두 웃음을 되찾았다"며 기뻐했다. 미나미산리쿠초와 센다이시를 잇따라 방문한 일왕 부부는 그날 밤 자위대 비행기 편으로 도쿄로 돌아갔다.

제2차 세계대전 패전 이후 '상징 천황'이라는 애매모호한 지위에 있었던 일왕의 존재감이 동일본 대지진을 계기로 다시 주목받고 있다. 일본 언론들은 대재난 이후에도 정치권이 여전히 국민들로부터 신뢰를 받지 못하는 상황에서 일왕의 행보는 상대적으로 주목받았다고 평가했다.

보수적인 NHK 기자들도 간 나오토 전 총리가 피난소를 방문했을 때는 주민들로부터 불만이 터져나왔다고 기사를 작성했다. "총리가 온다고 아침부터 정리정돈하라, 주변을 청소하라고 하는데, 그렇게 하려면 뭐하러 여기에 와? 여기의 현실을 그대로 보고 스스로 판단해야지… 총리가 온다고 정리정돈하라는 것이 말이 돼?"라는 주민들의 목소리를 그대로 기사화했다. 물론 이 기사는 실제 방송에 나가지 못했지만 기존 정치권을 불신하는 현지 주민들의 분위기를 충분히 읽을 수 있었다.

일본의 한 주간지는 "고통에 겨워하는 피해 주민들의 손을 잡아주며 위로하는 태도에서 '상징'이던 천황이 비로소 실체를 갖게 됐다"고 평가했다. 실제로 아키히토 일왕은 동일본 대지진이 발생한 지 닷새 뒤인 3월 16일 대국민 영상 메시지를 발표했다. 일왕이 TV에 모습을 드러내

대국민 메시지를 전달하는 것은 일본 역사상 처음 있는 일이었다.

영상 메시지의 길이는 모두 5분 56초. 사상 최대의 강진과 쓰나미 피해, 여기에 원전사고에 따른 방사성 물질 누출이라는 국가 위기 상황에서 일본 국민들이 겪고 있는 고통을 위로하는 내용을 담고 있었다.

TV 화면에 나온 아키히토 일왕은 먼저 "일본 동북부 국민들이 전례가 없이 강력한 규모 9.0의 강진으로 큰 피해를 입었다"며 "피해 지역의 처참한 상황을 지켜보면서 깊은 슬픔을 느낀다"고 말했다. 일왕은 또 "현재 원자력발전소의 상황은 예단을 불허하는 심각한 사안으로, 관계자들이 최선을 다해 사태가 더 악화되는 것을 막기를 간절히 염원한다"고 밝혔다. 일왕은 이어 "현재 국가가 거국적으로 구원활동을 하고 있지만 추위 속에서 많은 사람들이 식량, 음료수, 연료 등의 부족으로 인해 극도로 힘든 피난생활을 하고 있다"며 "보다 신속한 구제를 위해 전력을 기울여 피해자의 상황이 조금이라도 호전돼 사람들이 부흥에 대한 희망을 버리는 일이 없기를 원한다"고 덧붙였다.

일왕은 또 "피해 지역에서 활동하고 있는 자위대와 구조인력, 해외에서 파견된 외국 구조팀에도 감사한다"며 "예측할 수 없는 원전 상황에 대해 매우 염려하고 있다. 도와주고 계신 많은 분들의 노력으로 사태가 더 악화되지 않기를 바란다"고 말했다. 이 밖에도 "피해자들이 앞으로 겪을 고난을 우리 모두 조금이라도 나눠 지는 것이 중요하다"며 온 국민이 함께 이 난국을 극복해나갈 것을 강조했다.

함께 TV를 시청하고 있던 KBS지국의 코디네이터 아사카와 씨는 "1945년 8월 15일 제2차 세계대전 패망을 선언하는 히로히토 일왕의 모습이 연상된다"며 "일왕이 직접 TV에 나와 대국민 메시지를 전달할 만큼 사태가 심각하다는 사실을 보여주는 것"이라고 말했다. 사실 그랬다. 당시 일본은 패닉 상태였다. 정말 일본이 침몰하는 것 아니냐는 불안감이 도처에 깔려 있었다.

그런 상황에서 일왕의 존재는 하나의 희망이었다. 일왕 부부는 TV 영상 메시지 전달 이후 도쿄 부도칸(武道館)에 설치된 피난소를 시작으로 도호쿠 지방 12개 자치단체를 돌며 피해 주민들을 위로했다. 주민 앞에서 무릎을 꿇고 인사를 하고 또 그들의 어려움을 직접 듣고 따뜻하게 손을 잡는 일왕 부부의 모습은 내가 보기에도 신선했다. 우왕좌왕 갈피를 잡지 못하고 정쟁에 파묻혀 사는 일본의 정치권과는 너무나도 대조적인 모습이었다. 이러다 보니 일본의 보수 세력들은 서로 일왕 부부의 모습을 미화시키며 "천황이야말로 일본인들이 마음을 둘 존재"라고 표현하기까지 했다.

아키히토 일왕은 대지진 이전에도 노인문제 등에 특히 관심이 많았다. 그는 또 아버지 히로히토(裕仁, 1901.1~1989.1)가 저지른 제2차 세계대전을 반성한다는 뜻으로 자신의 연호를 '평화를 이룩한다'는 뜻의 '헤이세이(平成)'로 지었다고 한다. 한국과도 크게 나쁜 인연은 없다.

헤이세이 시대는 끝나는가

　　대지진 이후 국민들로부터 존경받고 있는 아키히토 일왕에게 말 못할 고민이 생겼다. 그것은 자신의 건강문제이다. 대지진 이후 동북부 지방 순회 위문을 너무 강행군했기 때문인지 건강에 이상이 나타난 것이다.

　　2011년 11월 3일, 아키히토 일왕은 기관지염으로 열이 나기 시작해 3일 뒤 도쿄대학 의학부 부속병원에 입원했다. 열이 최고 39도까지 올라가기도 했다. 당시 국빈 자격으로 일본을 방문한 부탄 국왕 부부의 환영 만찬 행사에도 참석하지 못했다. 아키히토 일왕이 국빈행사에 참석하지 못한 것은 즉위 후 처음 있는 일이었다.

　　더 놀라운 사실은 궁내청(宮內庁)의 반응이었다. 일왕이 입원하면 그 즉시 '있는 그대로'의 상황을 언론에 공개해온 궁내청 소속 의무주관(주치의)이 이번에는 열흘이 다 되도록 기자회견을 하지 않았다. 이를 종합해보면 당시 일왕의 입원은 매우 위험한 상황이었다는 것을 직감적으로 느낄 수 있다.

아키히토 일왕은 2011년 12월 23일 만 78세 생일을 맞았다. 갑자기 건강이 나빠질 수도 있는 나이이다. 내가 도쿄 특파원으로 근무할 때도 반드시 매일 지켜봐야 할 '체크리스트' 중 하나가 일왕의 건강과 관련된 뉴스였다. 한때는 기력이 약해 집무를 할 수 없다는 말이 나왔고, 어느 날은 업무 스트레스 때문에 체력이 약해졌다는 궁내청 관련 기사도 있었다.

동일본 대지진 한 달 전인 2월 11일, 일왕은 도쿄대부속병원에서 심기능(心機能) 정밀 검사를 받았다. 그날 밤, 일왕의 주치의는 기자회견에서 "심장 근육에 영양을 보내는 관동맥 전체에 동맥경화 증상이 확인되었다"고 발표했다. 심한 운동으로 심장에 부담을 주면 동맥의 혈류가 감소되어 심장에 필요한 산소나 영양분을 공급하기가 어려워진다는 것이다. 바꿔 말하면 심한 운동만 하지 않는다면 일상생활을 하는 데는 큰 지장이 없다는 것이다.

2004년 1월에는 전립선암 적출수술을 받았다. 이후 혈액 검사에서 전립선암의 지표인 PSA(전립선특이항원) 수치 상승이 확인되어 이듬해 7월부터 호르몬 요법을 시작했다. 4주에 한 번 왕실에서 주사를 맞았다. 그런데 2009년 2월 호르몬 요법의 부작용으로 골다공증이 생길 수 있다는 우려가 제기됐다. 그래서 일왕에게는 산보 등 일상적인 운동 말고도 전문적인 운동 요법이 추가됐다. 이를테면 주말 테니스 같은 것이었다.

2009년 12월에는 스트레스로 인한 부정맥과 위장 염증이 확인됐다. 이 때문에 2010년부터는 지방 방문과 식전 축사 등이 대폭 줄어들었다. 일왕의 스트레스를 줄이고 업무 부담을 경감시키기 위한 방법이었다. 이와 함께 스트레스를 줄이는 데 효과가 큰 테니스와 같은 운동 요법이 꾸준히 실시되었다. 아키히토 일왕에게 테니스는 골다공증 방지와 스트레스 해소를 위한 주요 수단이다.

그런데 최근 심기능 정밀 검사에서 나타난 동맥경화로 운동을 하지 못하게 되면 호르몬 요법의 부작용이나 스트레스를 해소하기가 어려워질 수 있다. 게다가 일왕이 테니스를 하다 부상을 입기도 해 이래저래 테니스를 하기가 어려운 상황에 놓여 있다.

2011년 12월 23일 생일 축하 회견에서는 일왕이 "귀가 약간 안 들린다"는 등 자신이 늙고 있다는 것을 솔직히 밝히기도 했다. 당장 일왕의 건강이 어떻게 되는 것은 아니겠지만 그의 건강문제가 일본 정치에 적지 않은 영향을 줄 것이라는 점만은 분명하다는 생각이다.

실제로 2012년 2월 18일 아키히토 일왕은 도쿄대병원에서 협심증 치료를 위한 관상동맥 우회수술을 4시간에 걸쳐 받았다. 수술은 성공적이라고 밝혔지만 이를 계기로 일본에서는 '정년제(停年制) 일왕제도' 도입에 대한 논의가 또다시 불거지고 있다. 정년제 일왕제도는 현재 종신제로 돼 있는 왕의 재위기간을 일반 회사처럼 몇 살까지만 하는 것으로 시한을 두자는 것이다. 나이가 들면 공무수행에 지장이 있으므로 일정 연령이 되면 물러나는 방안을 검토해야 한다는 말이다.

이 같은 주장은 현 아키히토 일왕의 차남 아키시노노미야 후미히토(秋篠宮文仁, 46) 왕자가 먼저 제기했다. 그는 "일정 연령을 넘으면서 점점 많은 일을 수행하는 것이 어려워지므로 정년제가 필요하다"고 밝혔다. 또 "왕이 해야 하는 국사(國事) 행위의 수를 줄이기는 어렵지만 그 외의 공무 부담은 줄여야 한다"고 덧붙였다.

일본 언론들은 2011년 일왕의 공무는 총리나 최고재판장의 임명에서 국회 소집, 외국 대사 접대 등 헌법이 정한 국사 전반에 걸쳐 1,300여건에 이르는 것으로 보도했다. 그나마 궁내청이 2009년 일왕의 업무를 대폭 간소화해 이 정도로 된 것이다.

일본 왕실의 고민

아키히토 일왕의 건강문제만큼이나 큰 고민거리가 일본 왕실에 또 하나 있다. 평민 출신으로 왕태자비가 된 마사코(雅子) 문제이다. 일본 언론들은 물론 인터넷상에서도 "9년째 병 치료를 받고 있는 마사코가 과연 나중에 왕비가 되더라도 제대로 역할을 할 수 있을까?" 하는 논란이 끊이지 않는다.

그녀는 아키히토 일왕의 장남이자 첫 번째 후계자로 지목된 나루히토(德仁) 왕태자의 아내이다. 그녀의 파란만장한 인생은 크게 3단계로 나눌 수 있다.

먼저 어린 시절이다. 마사코는 1963년에 태어났다. 2011년 12월 9일이 그녀의 48번째 생일이었다. 마사코는 외무차관까지 지낸 오와다 히사시(小和田恒) 씨의 딸로 어릴 적부터 외국에서 생활한 덕에 영어, 불어, 독일어에 능통한 것으로 알려져 있다. 미국 보스턴에 있는 벨몬트 고등학교를 졸업한 뒤 하버드대학에 진학, 1985년 경제학부를 졸업한 마사코는 다시 일본으로 돌아와 도쿄대 법학부에 입학했지만 이듬해 외교관 시험에 합격하는 바람에 학업을 포기하고 외무성 경제국 국제관계 제2과에 들어간다.

마사코 인생의 두 번째 단계는 미모와 능력을 갖춘 엘리트 외교관인 그녀와 차기 일왕 후보 1위에 오른 나루히토 왕태자와의 만남에서 시작된다. 1986년 마사코는 나루히토 왕태자를 처음 만난 뒤 호감을 갖게된다. 영국에서 2년간 유학을 했던 나루히토 왕태자도 국제파 직업 외교관인 마사코에게 푹 빠져들었다.

서로 간의 사랑을 키워가던 두 사람은 6년 만인 1993년 6월 신분의 벽을 뛰어넘어 결혼에 성공한다. 왕실의 구성원이 되면서 전통에 따라 마사코는 아버지의 성(姓)을 버렸다. 그때부터 왕실에서는 마사코로만 불렸다. 당시 마사코와 나루히토 왕태자의 결혼식은 세계의 주목을 끌 정도로 인기가 높았다. 차분하고 지적인 외모로 같은 평민 출신인 시어머니 미치코 왕후만큼이나 국민적 인기가 높았다. 동양의 신데렐라로 불린 이때가 아마도 그녀 인생의 최고 절정기였던 것 같다.

세 번째 단계는 왕실에 입성하면서부터 시작된다. 어쩌면 그때부터 그녀의 불행이 예견됐는지도 모르겠다. 그녀의 적은 왕실 업무를 담당하는 궁내청과 파파라치 같은 일본의 매스컴, 그리고 왕실의 권위를 되찾으려는 보수 우익들이다. 그들은 마사코가 왕실의 대를 이을 아들을 낳지 못하자 기다렸다는 듯 공격을 시작했다.

결혼 당시 기자회견에서 그녀는 2세 계획을 묻는 질문에 대해 "가족들이 오케스트라를 만들 수 있을 정도가 되면 좋겠다고 우리 부부가 얘기한 적이 있다"고 농담을 했다. 하지만 운명의 여신은 그녀의 편이 아니었다. 1999년 12월 임신 사실이 알려졌지만 곧 유산됐다. 2001년 4월 재차 임신 소식이 발표됐고, 그해 12월 2세가 태어났다. 하지만 아들이 아니었다. 그때 그녀의 나이는 만 38세. 다시 아이를 낳기가 쉽지 않은 나이였다. 당시 일본 언론에서는 남자에게만 왕실 계승을 하게 되어 있는 왕실의 법 개정 문제가 뜨거운 이슈로 떠올랐다. 하지만 궁내청은 법 개정은 있을 수 없다며 반대 입장을 분명히 했다. 이때 나루히토 왕태자의 동생 후미히토가 아들을 낳았다. 궁내청 법이 바뀌지 않는 한 훗날 나루히토 왕태자의 후계자는 이 아이가 될 가능성이 높다.

한 여자로서 마사코는 정말 억울할 것이다. 아들을 못 낳았다는 이유로 자기 자식에게 돌아올 왕위 자리를 시동생의 아들에게 넘겨줘야 하니, 정신적 충격도 컸을 것이다. 설상가상으로 그녀에게 안 좋은 소문이 나돌기 시작했다. "시어머니와의 갈등이 심하다" "왕실에서 따돌림을 당하고 있다"는 등 온갖 루머가 주간지를 채웠다.

여기에다 2004년 5월 유럽순방에 오를 예정이었던 나루히토 왕태자가 순방 직전 기자회견에서 "마사코의 캐리어나 인격을 무시하는 움직임이 있었던 것도 사실입니다"라는 말을 했다. 마사코가 왕실에서 심리적 압박을 받고 있다는 사실을 처음으로 공개한 것이다.

나루히토의 발언은 아들을 낳지 못한다는 이유로 가해지는 압력 때문에 해외순방이 제한되는 등 외무성 출신의 마사코가 인격을 무시당하고 있다는 뜻으로 해석됐다. 아울러 궁내청의 보수적 성격을 폭로함으로써 왕실의 어두운 부분을 일반인들에게 알렸다는 의미로도 받아들여졌다. 물론 왕태자는 "마사코의 괴로운 현실을 알리고 싶었던 것뿐"이라고 설명했지만 궁내청 관계자와 왕실을 떠받들고 있는 극우파들은 "마사코는 왕실을 무너뜨리기 위해 결혼한 마녀"라고까지 하면서 그녀를 비판하고 있다.

그녀는 2003년 말부터 지금까지 정신적인 스트레스(적응장애로 진단됨)로 요양을 하고 있다. 그녀가 왕궁에서 보낸 전체 시간의 절반이 요양 기간인 셈이다. 이 때문에 최근 일본 언론들은 "나중에 왕비가 되더라도 남편을 제대로 보필할 수 있겠느냐?" "격무에 마사코의 건강은 괜찮을까?"라는 내용의 기사를 잇따라 싣고 있다. 겉으로는 그녀를 걱정해 주는 척하면서도 사실은 그녀가 왕비로 적합하지 않다는 점을 부각시키고 있다. 그러다 보니 마사코를 걱정하는 목소리가 확산되고 있다. 심지어 어떤 언론은 "70대 고령의 아키히토 일왕 부부도 노구를 이끌고 동북부 피해 지역을 방문하고 있는데 어떻게 젊은 며느리는 얼굴도 안 비치냐? 스트레스라고 하는데 진짜 아픈 거냐? 꾀병은 아니냐?"라며 의혹을 제기하기도 했다. "동북부 피해 지역은 돌지도 않으면서 자기 딸의 등하교는 꼬박꼬박 챙긴다"며 마사코를 비난하는 이도 있었다.

건강 때문에 마사코는 신문이나 잡지를 잘 읽지 않지만 그래도 언론들이 자신에 대해 호감을 갖고 있지 않다는 것쯤은 잘 알고 있을 것이다. 그러나 사실을 왜곡 보도하는 것에 대해서는 참을 수 없었을 것이다.

지진 발생 두 달이 지난 6월 4일. 그녀는 자위대 비행기를 타고 동북부 피해 지역을 다녀왔다. 궁내청에서는 아직 건강이 안 좋다며 만류했지만 그녀는 왕태자와 함께 미야기현 피난소를 찾아 이재민들을 위로했다. 당시 동행했던 궁내청 관계자는 "외무성 시절의 마사코를 보는 것 같았어요. 형식적으로 이재민을 위로하는 것이 아니라 왕태자비로서의 책임감을 느끼고 있는 것 같았어요"라고 말했다. 7월 26일에는 후쿠시마를 6년 만에 다시 찾았고, 8월 5일에는 이와테(岩手)현에 설치된 '가설 주택(쓰나미로 집을 잃은 사람을 위해 국가가 임시로 지어준 주택)'을 방문했다. 마사코는 직접 이재민들의 손을 잡으며 다정한 목소리로 인사했다. 감동한 이재민들은 "마사코 왕태자비도 어서 빨리 나으세요"라며 위로했다고 한다.

이 같은 사실을 종합해볼 때, "일왕 부부는 피해 지역을 돌아다니는데 며느리는 왕실에만 가만히 있다"고 보도한 주간지 기사는 사실이 아닌 것 같다. 또 그녀의 딸이자 아키히토 일왕의 손녀인 아이코(愛子)에 관한 비난도 많은 부분이 과장된 것으로 보인다.

아이코를 둘러싼 비판은 크게 두 가지이다. 첫째, 학교 통학버스를 이용하지 않고 매일 마사코가 왕실 자가용을 이용해 아이코를 학교까지 데려다주고 또 데려온다는 것이다. 심지어 야외학습을 갈 때도 왕실 자가용을 이용해 아이코를 데려간다는 것이다. 둘째, 아이코를 너무 감싸다 보니 제대로 된 교육을 못하고 있다는 것이다.

먼저, 왕실 자가용을 이용해 아이코를 통학시킨다는 비난은 사실이다. 궁내청 장관도 기자회견에서 "통상적인 것은 아니어서 걱정하고 있다"고 말했다. 또 다른 궁내청 고위 관계자도 "정상적인 것이라고 생각하지 않는다"고 밝혔다. 왕실 예산은 일본 국민들이 내는 세금으로 운용되는데, 아이코의 통학을 위해 왕실 자가용을 사용한다면 국민들에게 면목이 없다는 뜻이다.

하지만 마사코 입장에서는 1년 전 학교에서 이지메(집단 괴롭힘. 이른바 '왕따')를 당한 딸을 위해 왕실의 자가용을 좀 이용한 것뿐인데 뭐가 큰 문제냐고 반론할 수도 있다. 1년 전 아이코는 같은 반 남학생들로부터 집단 괴롭힘을 당해 장기간 학교에 가지 않았다. 정신적 충격을 받은 딸을 위해 노력하고 있는데 언론들이 이런 부분은 쏙 빼고 마치 '세금 도둑'이라는 듯 몰아붙이는 데 화가 났을 것이다. 그렇다고 전철이나 택시를 타고 마사코를 학교에 데려갔다가는 매스컴이 또 따라붙어 이것저것 물어볼 것이다. 평범하게 살아간다는 것이 이토록 힘들 줄은 마사코도 예상 못했을 것이다.

다음으로 아이코를 키우는 교육방식에 대한 비난도 마사코는 억울한 것 같다. "왕족이라고 해서 특별 취급받는 일 없이 보통의 어린이들과 똑같이 키우고 싶다"는 것이 평소 그녀의 지론이다. 그녀는 살아 있는 동물을 통해 생명의 존엄성을 일깨워주고자 딸과 함께 애완견 두 마리를 키우고 있다.

아이코가 여섯 살 때의 일이다. 마사코는 아이코를 데리고 왕실 밖에 있는 동물병원에 갔다. 함께 노선버스를 타고 전철을 이용했다. 보통 사람들의 생활을 가능한 한 많이 배우게 하자는 생각에서였다. 하지만 어떻게 알았는지 기자들이 지하철 개찰구 안까지 몰려들었다. 마사코 모녀는 모든 일정을 중단하고 서둘러 왕실로 돌아와야만 했다. 이때 마사코가 느낀 것이 '공인(公人)'인 아이코가 '사인(私人)'으로 평범하게 살아가기가 너무나 어렵다는 것이었다.

일본 언론들은 "마사코가 아이코를 유별나게 키우고 있다" "아이코는 자폐증세를 보이고 있다"는 등 확인되지 않은 내용을 무차별적으로 보도하고 있지만 사실과 다른 것 같다. 2008년 왕태자는 자신의 생일날 기자회견에서 "결혼생활 15년을 어떻게 돌아보시는지요?"라는 질문에 "무엇보다 아이코가 성장해, 세 사람(왕태자 부부와 아이코)이 이런

저런 즐거움과 기쁨을 느끼고 있다는 겁니다"라고 답했다. 이와 관련해 도모노 나오코(友納尚子) 왕실 저널리스트도 최근 〈문예춘추〉에서 "주간지 등에서 마사코가 왕태자비로서 적절한 태도를 보이지 않고 있다고 비판하고 있지만 이는 사실과 다르다"고 밝혔다. 그는 "중요한 공무라면, 예를 들어 '근로봉사단'이나 '인사 이동자 송별회' '대사 등의 접견' 등을 꼽을 수 있는데, 처음에는 거의 힘들었지만 최근에는 조금씩 나오고 있다"고 설명했다. 또 "주간지 등에서는 '거부'라고 표현한 궁중축제에도 5년 4개월 만인 2010년 일왕 부부 대리인 자격으로 부부가 함께 참석했다"고 덧붙였다. 그리고 "물론 아직은 '야외 파티'나 '해외 공무' 등을 보기는 어렵지만 원기를 되찾으면 머잖아 그런 업무도 수행할 수 있을 것으로 본다"고 말했다.

도모노 씨는 또 그녀가 대지진 이재민들을 돌보지 않았다는 주간지의 공격에 대해서도 사실과 다르다고 분명히 밝혔다. "마사코는 도쿄 조후(調布)시와 사이타마(埼玉)현에 설치된 피난소를 잇따라 방문했다"며 "그녀의 말 한마디에 피난민들은 큰 힘을 얻었다"고 설명했다.

누구의 말이 진실인가는 시간이 지나면 곧 드러날 것이다. 나는 도모노 씨의 말이 맞다고 본다. 꾀병을 부리며 9년씩이나 왕실의 공식 행사에 나타나지 않을 마사코도 아니고, 대지진이 났는데도 왕실에 틀어박혀 있을 그녀도 아니기 때문이다. 나루히토 왕태자의 말처럼 어쩌면 그녀는 또 한 번 '인격 부정'을 받고 있는지도 모른다. 지난번은 궁내청과 왕실이 이지메의 주역이었다면, 이번은 왕실의 시시콜콜한 '신변잡기'까지 기사화하는 일본 매스컴이 그 역할을 맡고 있다고 본다.

천황인가 일왕인가

2008년 4월 21일, 일본을 방문 중인 이명박 대통령은 후쿠다 야스오(福田康夫) 총리와의 정상회담 직후 가진 기자회견에서 "원론적인 면에 있어서는 일본 천황께서 한국을 방문하는데 굳이 방문을 못할 이유는 없다는 그 말씀을 우선 드리겠습니다"라고 말했다. 그로부터 1년이 조금 지난 2009년 9월 15일에도 이명박 대통령은 연합뉴스와 교도통신과의 인터뷰에서 "천황 방문이 내년 중에라도 이뤄질 수 있으면 양국 간에 큰 의미를 부여할 수 있지 않겠나 생각한다"고 말했다.

두 번씩이나 이명박 대통령이 공식석상에서 일왕을 천황이라고 부르자 거센 비난이 쏟아졌다. "이명박 대통령이 일본에서 태어났기 때문에 천황이라고 부른 것 아니냐"는 의혹까지 제기됐다. 이명박 대통령 입장에서야 억울할 것이다. 천황이라고 부른 것이 이명박 대통령만이 아니기 때문이다.

노태우 전 대통령 등 이전 대통령들도 만찬장에서 천황이라 불렀고 정부 공식문서에도 천황이라고 적었다. 모두 세 차례나 일왕 방한을 모색한 김대중 전 대통령은 그 가운데서도 가장 적극적이었다. 김 전 대통령은 1998년 일본 방문을 앞두고 일왕에 대한 공식 호칭을 '천황'으로 정리하기도 했다. 그는 또 방일 중 만찬석상에서는 두 번이나 깍듯하게 '천황 폐하'라고 불렀다.

외교관례상 그럴 수밖에 없다고 생각할 수도 있을 것이다. 하지만 KBS를 포함한 한국 언론들은 기사를 쓸 때 이미 10여 년 전 부터 '일왕'으로 쓰고 있다. '아키히토 일왕' '히로히토 일왕' 등으로 표현해왔다. 왜 이러는 걸까? 일본을 싫어하는 한국인들의 민족감정 때문일까? 아니면 인구와 국토를 기준으로 봤을 때 일본은 중국만큼 크지 않기 때문에 천황보다는 왕이 맞다고 생각하는 것은 아닐까? 도대체 '천황'과 '일왕'의 차이는 무엇일까?

흔히 '일왕'은 '일본의 왕'을 뜻한다. 사전적 의미로 '왕(王)'은 '일정한 분야나 범위 안에서 으뜸이 되는 사람이나 동물 따위를 비유적으로 이르는 말'로 정의된다. 비슷한 뜻으로 '임금'이 있는데, 임금이란 '군주국가에서 나라를 다스리는 우두머리'로 정의된다. 《한국민족문화대백과》에서는 '군주국가에서 나라를 다스리는 최고 통치자'로 정의하고 그 구체적인 내용으로 군왕, 군주, 주군, 인군, 왕, 나랏님, 상감마마, 황제 등으로도 불린다고 풀이하고 있다.

그렇다면 '천황'이란 무엇일까? '천황(天皇)'을 일본식 발음으로 표현하면 '덴노(Denno)'이다. 하지만 공식문서의 영어식 표현은 덴노보다 'Emperor'를 더 많이 쓴다. 즉, 여러 민족이나 나라를 하나로 묶어 지배하는 '제국(Empire)'의 최고 책임자로서의 '황제'를 뜻한다. 물론 영어에서 왕은 Emperor보다 한 단계 낮은 'King'으로 표현된다. 여기에다 일본의 천황은 하늘의 신을 주재하는 최고의 신관으로서의 자격도 갖고 있기 때문에 중국의 황제와 같거나 더 높은 지위를 갖는다고도 볼 수 있다. 하지만 이것은 어디까지나 일본 사람들이 정의하는 것이지 주변국에서 인정하는 것은 아니다.

1443년(세종 25년)에 서장관(書狀官)으로 일본에 다녀온 신숙주(申叔舟)는 1471년(성종 2년) 왕명을 받아 《해동제국기(海東諸國記)》라는 책을 펴낸다. 15세기 한일관계와 일본사회 연구에 귀중한 자료로, 신숙주가 직접 본 일본의 정치와 외교, 그리고 사회 풍속 등을 종합적으로 담은 책이다. 이 책에서 신숙주는 쇼군(將軍)을 국왕으로 칭하고, 천황은 국정과 무관한 존재로 묘사했다.

임진왜란 직전인 1590년, 일본에 파견된 통신사의 부사였던 김성일은 도요토미 히데요시에 대한 알현 형식에 대한 논의에서 '관백(關白)을 위황(僞皇)의 정승'으로 칭하여 천황을 일본의 최고 통치자로 인식하였다. 관백은 천황을 대신하여 정무를 총괄하는 관직이다.

하지만 국립국어원의 《표준국어대사전》에서는 '천황'을 '일본에서 그 왕을 이르는 말'로 설명하고 있으며, 국사편찬위원회에서 출간한 《한국사》는 '덴노'로 표기하고 있다. 이처럼 한국에서는 '천황'이라는 호칭을 인정하지 않고 '일왕'이라고 부른다.

일본은 왜 천황제를 고집할까?

　　2011년 12월. 쓰나미 피해를 입은 이바라키현 미토(水戸)를 찾았다. NHK 미토방송국 기자들과 함께 당시 쓰나미 피해와 이후의 복구 상황을 조사하기 위해서다. 미토 방문이 처음은 아니었다. 첫 번째 방문은 대지진 발생 한 달 전, 일본의 연예기획사인 덴츠(電通)가 마련한 미토 지역 관광상품 설명회 때였다. 아시아나항공이 서울 김포와 이바라키공항을 잇는 정기노선을 투입하자 한국인 관광객을 유치하기 위해 마련한 사전 행사였다.

　　일본의 대하드라마 세트장으로도 쓰이는 가이라쿠엔(偕楽園)은 환상적이었다. 매화꽃이 만발한 가이라쿠엔은 일본인들도 꼭 가보고 싶어하는 곳이다. 실제로 이곳은 오카야마시의 고라쿠엔(後楽園)과 가나자와시의 겐로쿠엔(兼六園)과 함께 일본의 3대 정원으로 불린다.

　　매화뿐만 아니라 일본인들이 즐겨 먹는 '낫토'로도 유명한 미토는 일본의 마지막 쇼군 도쿠가와 요시노부(德川慶喜)의 자취가 깊게 배어 있

미토에는 아직도 도쿠가와 막부의 문화와 유물이 남아 있다. 가이라쿠엔과 더불어 대표적인 유물인 고도칸(弘道館). 일종의 종합대학 같은 곳으로 막부시대 귀족 자제들이 문무를 익히는 것은 물론 천문과 음악, 의학 등도 배웠다고 한다.

는 곳이다. 에도 막부를 창설한 도쿠가와 이에야스(德川家康)는 후계자 간의 갈등을 없애기 위해 세 아들을 지방 다이묘(大名, 10세기에서 19세기에 걸쳐 일본 각 지방의 영토를 가지고 권력을 누렸던 영주)로 봉하고 쇼군(將軍)에게 아들이 없을 경우 이들 집안에서 양자를 입적시켜 대를 잇도록 했다.

미토 번(藩, 에도 막부에 의한 공식적인 지방자치 조직과 같음)은 이 세 가문 가운데 하나였다. 그래서 미토에는 아직도 도쿠가와 막부의 문화와 유물이 남아 있다. 대표적인 것이 앞에서 소개한 가이라쿠엔과 고도칸(弘道館)이다. 둘 다 미토 번의 9대 번주이자 마지막 쇼군인 도쿠가와 요시노부(德川慶喜)의 아버지 도쿠가와 나리아키(德川齊昭)가 세운 것이다. 고도칸은 일종의 종합대학 같은 곳으로 귀족 자제들이 문무를 익히고 천문과 음악, 의학 등을 배웠다고 한다. 인재 양성을 통해 서구 열강의 침략을 막겠다는 도쿠가와 막부의 정신을 느낄 수 있다.

하지만 역사의 아이러니일까? 도쿠가와 가문의 성지인 미토는 메이지유신의 사상적 기반이 된 미토학(學)의 본산이기도 하다. 그런 연유로 일본의 다른 어떤 곳보다 막부 말기 개화파와 위정척사파 간의 싸움이 심했다. 아직도 고도칸 정문에는 당시 개화파가 쏜 조총의 총알 자국이 남아 있다. 메이지유신이 성공한 후 미토 출신의 마지막 쇼군 요시노부는 막부의 권력을 천황에게 넘기는 '대정봉환(大政奉還)'을 단행한 뒤 고향 미토로 돌아와 근신했다.

그런데 일본 근대화를 이끈 개화파들은 왜 메이지유신을 하면서 천황제를 만든 것일까? 서양문물을 받아들여 나라를 새롭게 만드는 것이 그들의 목표였다면 굳이 천황제를 할 필요는 없었을 텐데, 왜 그랬을까?

흔히 일본의 역사학자들은 천황제가 일본정신의 근원이라고 말한다. 하지만 소설가 사카구치 안고(坂口安吾)는 천황제가 일본정신의 근원이 아니라 권력자의 통치 도구에 불과했다고 평가했다. 문학평론가 가라타니 고진(柄谷行人)은 《일본정신의 기원》이라는 책에서 이 부분을 다음과 같이 설명했다.

"천황제란 일본 역사를 관통하는 하나의 제도이기는 하지만 천황의 존엄이라는 것은 항상 이용자의 도구에 지나지 않았으며 진정으로 실재한 예는 없었다. 후지와라 가문이나 쇼군들은 무엇 때문에 천황제를 필요로 했을까? 무엇 때문에 자신들이 최고의 주권을 장악하지 않았던 것일까? 자기 자신들이 주권을 장악하는 것보다 천황제가 더 순조로웠기 때문이다. 즉, 자기 자신이 직접 천하를 호령하는 것보다 천황으로 하여금 호령하게 하고, 그 호령에 자신이 맨 먼저 복종해 보이면 오히려 그것이 더 널리 미친다는 사실을 알고 있었던 것이다.

(중략)

자기 자신을 신이라 칭하면서 인민에게 절대적 존엄을 요구하는 것은 불가능하다. 하지만 자신이 천황에게 조아림으로써 천황을 신으로 만들고 인민에게 복종을 요구할 수 있다. 그래서 자기들 마음대로 천황을 옹립해 그 앞에 조아리고, 자신이 조아림으로써 인민에게 천황의 존엄을 강요하고, 그 존엄을 이용해 호령했다."

사카구치의 설명은 명쾌하다. 메이지유신 때 개화파들이 내세운 명분은 '천황제 옹립'이다. 막부가 빼앗아간 천황의 힘을 다시 되찾아주겠다는 것이다. 그리고 이후 제2차 세계대전을 이끈 일본의 군부들도 '천황의 명령'이라며 천황의 존재를 신격화했다. 제2차 세계대전 패망 이후 미국이 보인 태도도 비슷하다. 맥아더 사령관은 일본을 점령한 뒤에도 천황제를 그대로 놔뒀다. 굳이 천황제를 없애는 것보다는 천황제를 이용하는 편이 통치에 더 편리하다는 판단 때문이었다.

일본에서는 지금도 새로운 총리가 선출되고 개각이 이뤄지면 곧바로 천황이 있는 황실로 간다. 그곳에서 천황이 주는 임명장을 받고 다시 총리관저로 돌아와 기자회견을 하고 기념사진을 촬영한다. 물론 천황에게 실권은 없다. 천황이 국정을 결정하는 것도 아니다. 하지만 천황은 국민들에게 신뢰를 받고 있다. 그렇게 신뢰를 받도록 정치 권력자들이 만들고 있는지도 모르겠다.

9장 /

대지진 이후의 한국과 일본

"힘내요, 일본!"

'어려울 때 친구가 진짜 친구다'라는 말이 있다. 일본이 우리를 36년간 식민통치했지만 그래도 한국인들은 대지진으로 고통받는 일본인들을 위해 너도나도 발 벗고 나섰다.

대한적십자사는 물론 언론사, 학교, 지자체 등이 앞장서 모금운동을 벌였다. 남녀노소를 막론하고 온 국민이 동참했다. 유치원 어린이부터 일본군 위안부 피해 할머니까지 꼬깃꼬깃한 천 원짜리 지폐를 들고 모금함을 찾았다. 이들은 강진과 쓰나미로 목숨을 잃은 많은 일본인들을 애도하고 일본이 가능한 한 빨리 지진 피해를 극복하고 다시 일어서기를 진심으로 바랐다. 한국인들이 이처럼 일본인을 위해 따뜻한 마음을 전한 것은 아마 1945년 광복 이후 처음 있는 일일 것이다.

대한적십자사는 동일본 대지진 구호모금을 시작한 지 14일 만에 213억 4,480만 원이라는 모금액을 기록했다. 2005년 미국 남동부를 강타한 허리케인 '카트리나' 재난 때 약 4개월간 모금한 193억 6,000만 원을 훨씬 웃도는 금액으로, 국내 자연재해 관련 모금 사상 최고액을 기록했다. 사회복지공동모금회도 모금운동을 시작한 지 이틀 만에 4만 명이 동참했다고 밝혔다. 모금액은 2억 3,977만 원이었다. 과거 아이티 지진 때에 비해 개인 기부자가 특히 많았다. 한국 유니세프, 한국 YWCA, 세이브더칠드런 등 비영리단체가 진행하는 모금운동에도 참가자가 계속 늘었다.

한국원폭피해자협회도 전국 회원들에게 공문을 보내고 모금운동에 참여해줄 것을 부탁했다. 협회 간부들은 "누구보다 핵의 무서움을 잘 알고 있기 때문에 후쿠시마 원전사고가 걱정된다"고 말했다. 독도가 한국 땅임을 알리는 시민단체 반크(VANK)도 신규 회원 가입비 전액을 일본에 기부했다.

한류 스타들도 모금운동에 동참했다. 원조 한류 스타 배용준 씨가 10억 원을 기탁한 데 이어 배우 이병헌 씨는 5,000만 엔(7억 원)을 대한적십자사에 기부했다. 최지우 씨도 "삶의 터전을 잃고 정신적 공황에 빠진 이재민을 위해 작은 정성을 보내고 싶다"며 대한적십자사에 2억 원을 기탁했고, 송승헌 씨도 2억 원을 구세군에 기부했다. 이 밖에도 일본에서 최고의 인기를 누리고 있는 장근석 씨가 1,000만 엔(1억 4000만 원), 김현중 씨가 1억 원을 기부하는 등 연예인들의 기부가 줄을 이었다.

'코리안 특급' 박찬호도 "조금이라도 피해 지역의 주민들에게 도움이 될 수 있기를 바란다"며 1,000만 엔을 기부했고, 맨체스터 유나이티드의 박지성 선수도 1억 원을 기탁했다.

재계와 금융계의 모금운동도 활발했다. 삼성과 LG는 일본법인 등을 통해 각각 1억 엔(14억 원)씩 기부했고, KB금융그룹과 우리금융그룹도

대한적십자사에 각각 10억 원을 내놨다. 특히 신한금융그룹은 KBS 특별생방송에 출연해 2억 원, 일본 현지법인에 1억 엔을 각각 전달했다.

이처럼 짧은 기간에 폭발적으로 성금을 모금할 수 있었던 것은 한국이 지리적, 문화적으로 가까운 나라인 데다 재일동포 등 많은 한국인들도 피해를 봤기 때문으로 해석된다. 또 '한류 열풍'을 타고 일본에 진출한 연예인이나 운동선수들이 솔선수범한 것도 중요한 요인으로 보인다.

추성훈의 모금운동

　　지진 피해 이재민을 돕기 위한 모금운동은 일본 안에서도 활발했다. 지진 발생 열흘쯤 뒤, 도쿄 도심 신주쿠역 근처에서 이종격투기 선수 추성훈 씨를 만났다. 추 선수는 일본인 격투기 선수 30여 명과 함께 모금운동을 벌이고 있었다.

　　푸른색 트레이닝복에 검정색 모자를 쓴 그를 알아본 일본인들이 모여들었다. 그러자 그는 기다렸다는 듯 큰 소리로 기부를 호소했다. "동북부 이재민들을 위해 여러분의 도움이 필요합니다. 작은 정성이라도 좋으니 모금에 동참해주세요." 휴대폰 카메라로 추 선수를 촬영하던 젊은 여자들이 지갑에서 돈을 꺼내 모금함에 넣었다.

　　NHK와 후지TV 등 일본 언론들도 추 선수를 따라다니며 열심히 취재했다. 추 선수는 일본 내에서도 인기가 높다. 격투기 선수로서의 개인적 명성도 있지만 그의 아내 야노 시호(矢野志保, 34)가 일본 최고의 톱모델이라는 점도 작용했을 것이다. 두 사람이 결혼한다고 발표했을 때 일본 언론들은 '미녀와 야수'가 결혼한다며 호들갑을 떨었다. 여하간 흔히 방송국에서 말하는 '시청률이 어느 정도 보장되는 인물'이 바로 추성훈 선수이다.

모금운동이 끝난 뒤 나는 추 선수를 후배 홍수진 특파원에게 소개해줬다. 홍 특파원은 추 선수와 인터뷰를 한 뒤 그날 밤 KBS 9시 뉴스에 내보낼 예정이었다.

홍수진 KBS 도쿄 특파원(이하 '특파원') : 왜 이런 모금운동을 하게 된 거죠? 특별한 이유라도 있나요?

추성훈 선수(이하 '추성훈') : 이번 지진으로 사람과 사람과의 관계가 얼마나 중요한지를 다시 한 번 느꼈어요. 그래서 내가 다른 사람들을 위해 할 수 있는 일이 무엇일까를 생각하다가 동료들과 함께 모금활동을 하게 됐습니다.

특파원 : 그럼, 이번 모금의 목표는 얼마 정도인가요?

추성훈 : 목표는 100만 엔(1,400만 원)입니다. 생각하기에 따라서는 많을 수도 있고 적을 수도 있는 금액입니다. 한 사람이 100만 엔을 기부할 수도 있겠죠. 하지만 저는 가급적 많은 사람들이 동참했으면 좋겠어요. 1엔이라도 좋아요. 그렇게 100만 명이 참가할 수만 있다면 그것이 더 값진 것이라고 봅니다.

특파원 : 마지막으로 한국에 계신 분들에게 하시고 싶은 말씀이 있다면?

추성훈 : 네, 한국에 계신 우리 동포들도 일본을 위해 많이 도와주셨으면 합니다. 감사합니다.

일본에 귀화한 지 10년쯤 되는 추 선수는 정확히 말하면 한국인이 아니다. 재일동포라고 하기에도 어색하다. 하지만 그를 직접 만나보면 아직도 그가 '한국을 끔찍히 사랑하는 사람'이라는 것을 쉽게 알 수 있다.

추 선수를 처음 만난 것은 도쿄 특파원으로 부임한 지 석 달쯤 지난 뒤였다. 재일동포인 한 친척이 추 선수를 만나보지 않겠냐며 소개해주셨다.

한국 언론에서는 추 선수를 '풍운아'라고 부른다. 1975년생으로 일본 이름은 아키야마 요시히로(秋山成勲). 2001년 추성훈은 중대 결심을 한다. 한국 국적을 안고 계속 재일동포로 살아야 할지, 아니면 일본으로 귀화해 일본 유도 국가대표가 될지를 놓고 밤잠을 설쳤다. "나는 한국인이다. 나는 한국인이다" 자신을 채찍질했지만 결국은 유도 선수로 올림픽에 나가고 싶다는 열망을 억누르지 못했다. 한평생 일본 땅에서 한국 국적을 갖고 살아가야 한다는 것이 얼마나 괴로운 일인지를 잘 알고 있는 아버지는 그런 아들을 이해했다.

결국 그는 일본으로 귀화했다. 그리고 한 달 뒤 일본 국가대표로 선발됐고, 2002년 부산 아시안게임에서 도복에 일장기를 달고 출전했다. 81 킬로그램급 결승전에서 한국대표 안동진을 꺾고 금메달을 목에 걸었다. 당시 추성훈이 안동진을 메치는 장면은 각 매체의 1면을 장식했다. 그 가운데 한 매체는 '조국을 메쳤다'는 헤드라인을 뽑았다. 그만큼 한국 언론에서는 그를 안 좋게 본 것이 사실이다.

하지만 2004년 추 선수가 종합격투기 선수로 전향하면서부터 한국 언론들이 그를 다시 보기 시작했다. 추 선수는 늘 도복을 입고 등장했는데 양쪽 어깨에 태극기와 일장기를 같이 달고 나왔기 때문이다. 일본 종합격투기에서 12승 1패의 좋은 성적을 기록한 추성훈은 2009년 미국 무대인 UFC에 입성했다. 그때도 여전히 그의 도복에는 한국과 일본의 국기가 붙어 있었다.

언젠가 추성훈은 "왜 한국과 일본 국기를 도복에 붙였느냐?"는 일본 기자의 질문에 대해 "나는 일본인이면서도 한국인입니다. 나의 이름은 아키야마이고 추성훈입니다"라고 대답했다고 한다. 실제로 그는 자신의 블로그에 10년 전 일본으로 귀화할 당시의 심경을 고백하는 글을 다음과 같이 올렸다.

"여권을 갱신했습니다. 제가 한국에서 일본으로 귀화했을 때 처음 만든 여권이었고, 그때는 오직 유도로 올림픽에 나가고 싶다는 열망으로 가족 중에서 저만 귀화를 했죠. 아버지는 하고 싶은 것을 하라고 이해해 주셨습니다. (…) 저는 여전히 한국과 일본, 양국을 함께 사랑합니다. 이 여권에는 많은 추억이 담겨 있습니다."

대지진이 일어나기 한 달 전쯤, 나는 제주에 있는 고향 선배로부터 전화를 받았다. 세계 7대 자연경관 선정 범국민추진위원회 사무총장인 양원찬 선배였다. 일본에서 유명한 재일동포 세 명을 홍보대사로 위촉하고 싶다는 것이었다. 갑작스러운 전화에 나는 "예, 최선을 다해보겠습니다"라고 대답한 뒤 그 사람들이 누구인지 물었다.

알고 보니 추성훈 선수, 일본 축구 국가대표 이충성 선수, 그리고 '동양의 야니'로 불리는 음악가 양방언 씨 이렇게 세 사람이었다. 한 사람 한 사람을 만나기도 어려운데, 이 세 사람을 한꺼번에 2월 19일 도쿄 데이코쿠(帝國)호텔에서 열리는 개소식에 참석할 수 있게 해달라는 부탁도 뒤따랐다.

고향 선배의 모처럼의 부탁이라 거절하기가 힘들었다. 그래서 세 사람에게 연락을 하고 정중하게 부탁을 드렸다. 그런데 결과는 의외였다. 세 사람 모두가 너무도 쉽게 홍보대사직을 수락했던 것이다. 그중에서도 추 선수는 "김 특파원의 부탁인데 거절할 수 있나요!"라며 그 자리에서 승낙해주었다. 일본 매스컴에서도 약속 잡기 어렵다는 추 선수는 그날 운동복 차림으로 데이코쿠호텔에 나타났다. 그때 나는 다시 한 번 추성훈 선수가 한국을 얼마나 사랑하는지를 알 수 있었다.

"고마워요, 한국 친구들!"

    2011년 4월 26일, 지진 피해를 입은 이와테현 하나마키(花卷)시를 찾았다. 한국의 안양외국어고등학교 학생들이 모은 성금 530만 원을 자매결연 학교인 미나미(南)고등학교에 전달하기 위해서였다.

    안양외고와 미나미고교 학생들은 해마다 10여 명씩 방학을 이용해 서로 상대 학교를 방문하고 학생들 집에서 1주일 정도 머물기도 하면서 우의를 다져왔다. 처음에는 어색했지만 한두 번 만나면서 양국의 학생들은 어느새 소중한 친구가 됐다. 한국 학생들은 일본의 라면을 좋아했고, 일본 학생들은 한국의 K-POP을 즐겨 불렀다. 언어와 문화는 달랐지만 두 나라 청소년들에게는 그런 것들이 큰 문제가 되지 않았다. 서로를 이해하고 서로를 아끼며 소중한 추억을 쌓아나갔다.

    2011년 3월 11일, 규모 9.0의 대지진과 함께 15미터가 넘는 대형 쓰나미가 이와테 해안가를 덮쳤다는 소식이 전해졌다. 안양외고 학생들은 일본 친구들이 걱정됐다. 혹시 지진 충격으로 학교가 무너진 것은 아닐까? 친구들이 바닷물에 휩쓸려간 것은 아닐까?

다음 날 학생들은 자발적으로 모금운동을 벌이기 시작했다. 간식을 사 먹으려고 주머니에 넣어둔 천 원짜리 지폐, MP3를 사기 위해 모아뒀던 비상금, 그리고 시험이 끝나면 노래방에 가려고 모아둔 만 원짜리 지폐가 모금함으로 들어갔다. 선생님들도 동참했다. 일본어과 선생님뿐만 아니라 다른 과목 선생님들도 정성껏 성금을 냈다. 이렇게 모아진 돈이 530만 원. 일본 돈으로 환전하니 37만 엔 정도가 됐다.

37만 엔이라는 금액은 생각하기에 따라서는 적은 돈일 수도 있다. 지진 피해를 입은 이재민들 입장에서 생각하면 집 한 채 수리비도 안 될 금액이기 때문이다. 하지만 중요한 것은 마음이다. 돈 37만 엔으로 따질 수 없는, 일본 친구들을 걱정하는 한국 학생들의 정성이 성금에 담겨 있기 때문이다. 나는 이러한 내용을 서울 본사에 알렸고, 본사는 그날 9시 뉴스로 제작하라고 지시했다.

하나마키는 비교적 내륙에 위치해 있어 쓰나미의 직접적인 피해는 없었다. 하지만 대지진의 아픈 흔적은 여기저기 남아 있었다. 지반이 침하되어 건물 벽에 쩍쩍 금이 가 있고 거리에는 인적이 끊겨 있었다. 상점가에서 만난 한 50대 일본 여성은 "언제 또 지진이 일어날지 몰라 다들 안전한 곳으로 대피했다"고 말했다. 대지진 이후에도 진도 4 이상의 여진은 계속됐다. 하루에도 수십 번씩 깜짝깜짝 놀라거나 집 밖으로 튀어나오는 일이 되풀이됐다. 그럴 때마다 아이들은 무섭다고 울부짖었다. 젊은 부모들은 그래서 고향을 떠났다. 삶의 터전이고 정든 고향이지만 더 이상 버티기 힘들었기 때문이다.

미나미고등학교는 시내 중심가에서 자동차로 15분 정도 떨어진 곳에

안양외고 학생과 교사 들의 성금을 전달하기 위해 미나미고교를 찾았다. 전교 학생회장인 남학생은 "이번에는 우리가 도움을 받았지만 다음에 만약 한국이 어려울 때는 우리가 돕겠다"고 의젓하게 말했다.

있었다. 조용하고 깨끗한 시골학교였다. 학교 정문 안으로 들어가자 요시노(吉野) 교장선생님과 남녀 학생대표들이 KBS 취재팀을 따뜻하게 맞아주었다.

나는 안양외고 학생들과 선생님들이 전달해달라는 성금과 격려 메시지가 든 봉투를 교장선생님께 드렸다. 교장선생님은 선뜻 봉투를 받지 못했다. 한참을 망설이다가 겨우 두 손으로 소중하게 받아들었다.

나는 안양외고 학생들이 어떻게 해서 모금운동을 벌이게 됐는지를 교장선생님께 간단히 설명했다. 말이 채 끝나기도 전에 교장선생님의 눈시울이 붉게 물들어 있었다. 그리고 겨우 말문을 열었다.

"저희는 정말 감동했습니다. 한국 학생들에게 꼭 고맙다는 말을 전해주세요. 저보다 우리 학생들이 더 고마워할 거예요. 아마 평생 잊지 못할 것입니다. 이런 것이 진짜 교육이죠. '참교육'이란 이럴 때 쓰는 말인 것 같습니다."

정년퇴임이 2년 남았다는 교장선생님은 앞으로 한국에 갈 기회가 있다면 안양외고를 방문해 교장선생님과 학생들을 직접 만나보고 싶다고 말했다.

"저는 한국에 대해 아는 게 많지 않습니다. 학생들에게 한국과 일본은 이웃나라라고 가르치는 정도죠. 왜 두 나라가 친하게 지내야 하는지에 대해서는 가르친 적이 없어요. 별로 관심이 없었기 때문이죠. 하지만 이번 안양외고의 성금을 받으면서 '아, 내가 잘못했구나. 내가 너무 무관심했구나' 하는 후회가 들었어요. 지금부터라도 한국을 제대로 공부하겠어요. 그리고 안양외고 선생님과 학생들도 만나고 싶어요. 제가 직접 그들에게 '고맙습니다'라고 말하고 싶어요."

1층에 있는 1학년 교실도 찾았다. 국어(일본어)시간이었다. 풍경은 우리 고등학교 수업과 크게 다르지 않았다. 선생님이 책을 읽으면서 주요 내용을 요약해주자 학생들은 그 내용을 열심히 메모했다. 이른바 '유도리(융통성) 교육' 때문에 일본 학생들의 학력이 저하됐다는 비판도 적지 않지만 적어도 이 시골 학교만큼은 그런 것 같지 않았다. 열심히 가르치려는 선생님, 열심히 배우려는 학생들의 모습이 너무나 보기 좋았다.

문득 나는 '안양외고 학생들은 지금 뭘 하고 있을까?' 궁금했다. '어쩌면 한국에서 국어(한국어)수업을 받고 있지는 않을까? 이 학생들처럼 교과서에 밑줄 긋고 노트에 메모하고 있지는 않을까?' 갑자기 피식 웃음이 나왔다.

미나미고교 학생대표들과도 인터뷰를 했다. 전교 학생회장인 남학생과 부회장인 여학생이었다. 남학생은 의젓하게 "이번에는 우리가 도움을 받았지만 다음에 만약 한국이 어려울 때는 우리가 돕겠다"고 말했다. 부회장인 여학생은 1년 전 안양외고를 방문했다며 그때의 추억을 얘기했다. "한국 음식이 너무 맛있어요. 맵기는 하지만 그래도 너무 좋았어요. 모두가 다 친절했고요. 대학도 한국에 있는 대학을 다니고 싶어요." 시골 학교라서 그런지 도쿄 학생들보다 순수해 보였다. 웃는 모습도 티 없이 맑았다.

취재를 마치고 학교를 나오려는데 교장선생님이 따라 나왔다.

"특파원님. 이 먼 곳까지 와주셔서 고맙습니다. 안양외고 학생들이 보내준 성금은 지역 교육청과 논의한 뒤 지진 피해를 입은 학생들을 위해 쓰겠습니다. 아직도 지진 피해로 학교에 나오지 못하는 학생들이 많거든요. 또 부모를 잃은 학생들도 적지 않고요. 피해 복구가 쉽지 않을 것 같습니다. 하지만 우리는 반드시 극복할 것입니다. 안양외고 학생들과 선생님처럼 우리를 도와주는 고마운 분들이 옆에 있으니까요. 끝까지 지켜봐주세요. 감사합니다."

나는 교장선생님과 굳게 악수했다. 더 이상 무슨 말이 필요할까? '그래요, 일본은 이 위기를 반드시 극복할 거예요. 우리 대한민국 국민들의 따뜻한 마음을 잊지 말아주세요.'

오후 6시. 도쿄로 돌아와 기사를 작성했다. 안양외고와 미나미고교의 잔잔한 우정은 그날 9시 뉴스로 전국에 방송됐다. 1분 10초 리포트 안에 적십자와 교회 봉사자 이야기까지 담아야 했기 때문에 당시 뉴스에서는 자세한 내용을 다 담을 수 없었다. 안양외고와 미나미고교 학생들과 선생님들에게 미안한 마음이지만, 그나마 이렇게 책에서라도 당시 상황을 자세히 소개할 수 있어 기쁘다.

아침에 2시간 동안 비행기를 타고 이와테현에 도착, 다시 한 시간가량 자동차로 이동하여 미나미고교에서 1시간 취재, 그리고 다시 자동차를 타고 공항으로 돌아와 2시간 비행기를 타고 하네다공항 도착. 그리고 시부야까지 다시 자동차로 1시간.

당일 코스로 지진 피해 현장을 다녀와 리포트를 작성한다는 것은 사실 무리다. 저녁까지 굶어가며 거의 초죽음 상태로 강행군했지만 이상하게 그날은 피곤하지 않았다. 안양외고와 미나미고교를 통해 내가 꿈꾸는 미래지향적인 한일관계를 보았기 때문일까?

또 뒤통수 맞은 한국

들불처럼 활활 타오르던 한국인들의 기부 행렬에 찬물을 끼얹은 것은 바로 일본 정부였다. 2011년 3월 30일, 대지진 충격이 채 가시기도 전에 일본 문부성은 '독도는 일본 땅'이라는 주장을 강화한 중학교 교과서 검정 결과를 발표했다.

사실 이런 움직임은 며칠 전부터 KBS 취재팀에 포착됐다. 주일한국대사관의 한 고위 관계자는 오프더레코드(off the record, 기사화하지 않는다는 약속)를 전제로 이렇게 말했다.

"김 특파원, 일본이 아무래도 중학교 교과서 검정 결과를 곧 발표할 것 같아요. 우리가 자제해달라고 요청했지만 일본은 어렵다고 말해요. 걱정입니다. 분명 한국에서는 난리가 날 텐데… 이러지도 못하고 저러지도 못하고, 난감합니다."

나는 그 관계자에게 "문제는 타이밍입니다. 왜 하필이면 이때 발표하냐는 거죠. 일본 정부도 지금 지진 때문에 정신이 없고, 한국 국민들이 열성적으로 모금운동을 하고 있는 이 시점에 꼭 독도가 일본 땅이라고 주장할 필요가 있냐는 거죠. 일본 공무원들은 바보 아닙니까?"

그러자 그 관계자는 "교과서 검정은 일본 정부가 오래전부터 준비해왔어요. 갑자기 발표하는 게 아니라 준비해왔던 것이 시기가 돼서 발표하는 거예요. 뭐라고 할까요, 매뉴얼 사회의 모습이라고 표현하는 게 맞는 것 같습니다"라고 설명했다.

매뉴얼 사회의 비극. 그렇다. 융통성이라고는 하나도 없는 매뉴얼 사회가 얼마나 위험한지를 나는 느꼈다. 누구 하나 책임지지 않으려는 사회, 모든 것이 매뉴얼에 따라 흘러가는 사회. 그런 사회이다 보니 국내 사정이나 한일관계는 이차적인 문제가 된다. "준비됐던 교과서 검정이 때가 됐으니 발표한다. 뭐가 잘못됐나?" 이렇게 말하는 일본인들이 나는 불쌍하다고 느꼈다.

우려했던 대로 일본 문부성은 교과용도서 검정조사심의회를 열고 독도 영유권 주장을 기술한 중학교 사회교과서 12종의 검정을 통과시켰다. 이에 따라 일본 중학교 사회교과서 가운데 모든 지리교과서와 일반 사회(공민)교과서는 독도가 일본의 고유 영토라고 기술하게 되었다. 또 독도를 한국이 불법 점거하고 있다는 내용을 담은 교과서도 기존 1종류에서 4종류로 늘어났다.

특히 지리교과서 가운데 교육출판에서 나온 교과서는 "다케시마(독도)는 일본의 고유 영토이며 1952년 이후 한국 정부가 불법점거하고 있다"고 썼다. 나머지 교과서들도 지도에 독도를 일본 영토로 표기하거나 일본의 영토인 다케시마(독도)에 대해 한국의 주장과 차이가 있어 미해결 문제라고 표기하는 등 독도의 영유권 주장을 노골적으로 기술했다.

이 소식이 전해지자 한국인들은 "일본인들은 역시 믿을 수 없다" "어떻게 은혜를 원수로 갚느냐"며 분노했다. 사랑이 깊었던 만큼 증오도 더 컸던 것일까. 한국에서는 일본인을 돕자는 분위기가 갑자기 반일(反日) 감정으로 돌아섰다.

괴산군은 모금운동 중단은 물론 기존의 모금액을 전 직원들에게 돌려줬다. 인도주의적 차원에서 자발적으로 진행하던 일본 지진 피해민 돕기 성금 모금액을 환불한 것은 전국 지자체 가운데 처음이었다.

독도수호전국연대도 주한일본대사관 앞에서 일본의 역사왜곡을 규탄하는 집회를 가졌다. 이들은 "일본 지진에 대한 한국의 온정적인 도움이 배은망덕하게도 역사왜곡으로 돌아왔다"며 주한일본대사의 강제 추방과 지진 성금 모금 중단, 해병대 독도 주둔을 주장했다.

자유총연맹도 즉각 헬기장과 방파제를 보수하는 등 영유권 강화조치를 취하고 독도 영토 교육을 확대할 것을 요구했고, 평화통일시민연대 등 44개 시민단체는 이명박 대통령이 직접 독도를 방문할 것을 요구하기도 했다.

물론 이런 가운데에서도 인간교육실현학부모연대 등 일부 시민단체와 지식인들은 "한국인으로서 분노는 당연한 것이지만 감정적인 반응을 자제하고 한일공동 역사연구 등을 통해 재논의해야 한다"고 주장하기도 했다. "우리가 감정적으로 나가면 이 문제를 국제사법재판소로 가져가려는 일본의 전략에 말려들 수 있다"며 이성적인 대응을 촉구하는 사람도 있었다.

하지만 한일관계는 언제나 목소리가 큰 사람이 이겨왔듯이 이번에도 합리적이고 이성적으로 대응하자는 사람들의 목소리는 받아들여지지 않았다. 정부가 '조용한 외교' 차원에서 일본 지진 피해자에 대한 인도적 지원을 이어갈 것이라는 입장을 보였지만, 이미 지진 피해민을 돕기 위한 모금활동은 눈에 띄게 줄어들었다.

사회복지공동모금회에 따르면 3월 14일~18일 하루 평균 모금액은 15억 7,000만 원(7만 9,912건), 둘째 주인 3월 21일~25일 5억 8,000만 원(2만 515건)이었지만 독도 영유권이 일본 교과서에 기술됐다는 보도가 나간 뒤 31일에는 ARS 모금 건수가 82건, 4월 1일에는 21건으로 최저치를 기록했다.

KBS의 ARS 전화 참여 모금액도 26일 1,142만 원, 27일 990만 원, 28일 547만 2,000원 등 뚜렷한 하강 추세를 보였다. 심지어 KBS의 ARS 모금활동을 비판하는 네티즌까지 있었다. "공영방송 KBS 등을 포함한 대부분의 언론사, 정부기관, 대기업이 성금 모금에 동원된 것은 부적절했다"고 비판하는 사람도 늘어났다.

보편적 인류애로 시작된 일본 지진 피해 모금운동이 어느새 반일감정의 공격 목표로 변해버린 것이다. KBS와 대한적십자사는 더 이상 성금을 모은다는 것이 무리라고 판단하고 4월 25일 ARS 모금을 사실상 종결했다.

4월 26일. 유종하 대한적십자사 총재와 박갑진 KBS 시청자본부장이 도쿄 미나토(港)구에 있는 일본적십자사 본사를 찾아 일본 이재민 지원 성금 155억 원을 추가로 전달했다. 대한적십자사와 KBS가 모은 전체 성금은 406억 원. 이 가운데 359억 원은 이미 일본적십자사와 주일한국대사관에 전달했고, 나머지 24억 원도 구호물품 운송과 구호용 이동식 발전기 지원 등에 사용됐다.

다음 날 박갑진 본부장과 점심식사를 하며 한국의 분위기를 들었다. 박 본부장은 격앙된 목소리로 "이번에 KBS가 306억 원을 모았는데 그 가운데 절반이 ARS를 통해 이뤄진 거야. 놀랍지 않아? 시청자들이 ARS 전화번호를 눌러 2,000원씩을 냈다는 거지. 한 사람 한 사람이 2,000원씩을 내 150억 원을 만들었다는 것은 기적이야!"라고 말했다.

박 본부장은 또 "KBS 연말 불우이웃돕기 모금에도 이번처럼 ARS 성금이 많이 나오지 않아. 돈은 대부분 대기업이 내고, ARS 모금은 20만 건 정도야. 그런데 이번에 이렇게 많은 ARS가 접수됐다는 것은 이웃나라 재해에 대한 한국인들의 마음이 반영된 것이라고밖에 분석할 수 없지"라고 강조했다.

박 본부장은 이런 좋은 기회가 일본 정부의 교과서 왜곡으로 더 발전되지 못했다며 아쉬움을 표현했다.

"그런데 문제는 모금 열기가 한창 고조될 때 일본 정부가 교과서 왜곡문제를 터뜨린 거야. 우리 국민들이 가장 민감하게 생각하는 독도문제를 다시 거론한 것이지. 그때부터 모금도 안 됐고, 모금운동에 나선 KBS 등 언론사와 사회단체는 매국노로 비판받았어. 이러다 보니 모금 활동도 중단할 수밖에 없게 된 거야."

유례없는 대재앙이 만들어준 국경 없는 인류애는 결국 일본 정부의 독도 영토 야욕으로 빛을 보지 못했고, 두 나라 간의 민족감정은 또다시 원점으로 돌아갔다.

일본의 야욕

한국과 일본 두 나라 사이에 독도문제만큼 첨예하게 대립하는 사안도 없을 것이다. 그런데 더 큰 문제는 대지진 이후 일본의 극우세력이 결집하면서 앞으로 독도문제가 더 심각해질 수 있다는 사실이다.

대지진 발생 몇 달 뒤, 일본 방위성 산하 방위연구소에 근무하는 다케사다 히데시(武貞秀土) 총괄 연구관을 만났다. 한국말도 유창한 다케사다 씨는 일본 방위 분야 최고 전문가이다. 가끔 개인적으로도 만나 일본의 방위정책이나 무기체제 등에 관해 의견을 교환하는 취재원이다.

다케사다 씨는 20대 젊은 시절 연세대학교 어학당에서 한국어를 공부했다고 한다. 당시 그와 함께 어학당에서 공부한 사람이 현재 산케이신문 서울지국장인 구로다 가쓰히로(黒田勝弘) 씨라고 들었다. 구로다 씨는 한국 언론이 기피하는 일본 기자 가운데 한 사람이다. 한국을 폄하하는 기사를 너무 자주 쓰기 때문이다. 하지만 나는 구로다 씨를 나쁘게만 보지 않는다. 그의 기사들 가운데는 우리가 눈여겨볼 것도 적지 않기 때문이다.

다케사다 씨는 술을 좋아한다. 함께 술을 마시면 "김 특파원, 소주 폭탄 돌립시다"라며 은근히 분위기를 띄운다. 그리고 빈 잔을 뒤집어 머리 위에 탁탁 터는 시늉까지 한다. 그는 일본의 많은 취재원들 가운데 함께 술을 마셔도 마음이 편한 몇 안 되는 사람 중 하나이다.

그날은 작심하고 내가 먼저 말을 꺼냈다. "다케사다 씨, 독도는 일본 땅인가요, 한국 땅인가요?" 그는 한참 생각에 잠기더니 "독도는 한국 땅입니다"라고 말했다. 나는 깜짝 놀랐다. 일본의 방위정책을 연구하는 전문가가 그렇게 말했기 때문이다. 하지만 그다음 말을 듣고 나는 맥이 빠졌다. "하지만 다케시마는 일본 땅입니다."

나는 일본 사람들은 왜 독도를 일본 땅으로 생각하느냐고 다시 물었다. 그는 "영토는 국가를 형성하는 제1차적 요소이기 때문입니다. 정부가 자국의 영토를 지키지 못하면 그것은 정부로서의 기능을 못하는 것입니다. 자민당이든 민주당이든 영토문제에서는 이 같은 원칙이 철저하게 적용됩니다. 한국에서는 50여 년 만에 자민당에서 민주당으로 정권이 바뀌었으니 독도문제에서도 뭔가 유연해질 것이라고 생각하겠지만, 천만의 말씀입니다. 절대 변하지 않습니다"라고 말했다.

나는 역사적으로나 지리적으로 봐도 독도가 한국 땅이라는 것을 재차 강조했지만 다케사다 씨의 생각은 달랐다.

"지금 현재 일본이 안고 있는 영토문제는 모두 3곳입니다. 하나는 쿠릴 열도에 있는 북방 4개 섬, 러시아가 강제로 점령하고 있는 곳이죠. 두 번째는 다케시마(=독도)입니다. 이곳도 일본 땅인데, 한국이 실효 지배를 하고 있는 곳이죠. 마지막 세 번째는 센카쿠 열도인데, 이곳은 현재 우리가 실효 지배를 하고 있어요. 중국이 자기네 땅이라고 하지만 엄연한 일본 땅입니다."

그의 말을 정리하면 현재 인접국과 영토분쟁을 일으키고 있는 3곳 모두 일본 땅이라는 얘기이다.

나는 일본이 한국과 미래의 동반자가 되고 좋은 관계를 유지하려면 독도에 더 이상 집착하지 말아야 한다고 얘기했다. 하지만 다케사다 씨는 남북한이 충돌할 때, 한국은 일본의 도움을 필요로 할 것이라며, 오히려 독도 때문에 양국 간의 감정을 상하게 하는 것은 좋지 않다고 본다고 한술 더 떴다.

처음부터 결론을 기대한 것은 아니다. 다케사다 씨가 일본의 최고 통치권자도 아니고 독도문제를 결정할 수 있는 사람도 아니다. 더구나 그는 준공무원 자격으로 군사작전을 연구하는 사람이기 때문에 더더욱 보수적일 수밖에 없다.

"그만합시다. 더 얘기했다가는 우리 사이가 나빠질 것 같군요. 남은 술이나 마시죠?" 나는 씁쓸한 미소를 지으며 그에게 잔을 권했다. 그러자 그도 미안했는지 "죄송합니다. 다음에는 독도 말고 다른 얘기를 합시다" 하며 맞장구를 쳤다.

우리는 다음을 기약하고 헤어졌다. 지하철역까지 걸어가면서 혼자 생각했다. '대지진으로 현 민주당 정권이 흔들리면 보수 세력들은 더 나설 것이다. 그럴 경우 독도문제는 지금보다 더 심각해질 수 있지 않을까?'

한 달 뒤 나의 예상은 적중했다. 2011년 7월, 일본 외무성이 대한항공이 독도 상공을 시험 비행한 것을 트집 잡아 외무성 직원들에게 한 달 동안 대한항공 탑승 금지령을 내린 것이다.

2011년 6월 16일, 대한항공은 세계에서 가장 큰 여객기인 A380 취항에 앞서 인천-독도 간 시범비행을 했다. 이에 대해 일본 외무성은 7월 11일 한일관계를 담당하는 북동아시아 과장 명의의 이메일로 "외무성 본청 공무원들과 해외공관은 대한항공을 한 달간 이용하지 말라"고 지시했다. 국가가 공무원들에게 특정 항공사를 이용하지 말라고 지시하는 것은 매우 이례적인 일이다.

그렇다면 왜 일본 외무성은 민간 항공사를 상대로 이런 무리한 조치를 내린 것일까? 이유는 크게 두 가지 때문으로 보인다. 첫 번째는 이토 히로부미(伊藤博文)의 외고손자인 마쓰모토 다케아키(松本剛明) 외무장관의 판단, 두 번째는 야당인 자민당의 압력이다.

마쓰모토 외무장관이 조선 강제병합의 원흉인 이토 히로부미의 외고손자라는 사실을 내가 알게 된 것은 자민당에서 민주당으로 정권이 바뀌기 전이었다. 당시 그는 일본 민주당 국회의원으로 이렇다 할 주목을 받지 못했다.

하루는 친하게 지내는 NHK 정치부 기자에게서 연락이 왔다. 이토 히로부미의 외고손자가 국회의원으로 있는데, 한번 만나보겠냐는 것이었다. 물론 자기는 정보만 주고 빠지겠다면서 나중에 어디서 그런 정보를 얻었냐고 물으면 그냥 아는 기자를 통해 알았다고만 말해달라고 부탁했다.

나는 정식 공문을 작성해 마쓰모토 국회의원 사무실에 보냈다. 당시 내가 알고 싶었던 것은 '혹시 이토 히로부미의 유품이나 새로운 증언이 있는가?' 하는 것 등이었다. 만약 새로운 사실이 나온다면 뉴스 가치가 충분히 있다고 판단했기 때문이다. 하지만 의원 사무실에서 온 답장은

'인터뷰 불가'였다. 의정활동으로 바쁘다는 것이었다. 그 후에도 몇 번이나 연락을 했지만 답은 늘 똑같았다. 인터뷰 불가.

대지진 이후 내각이 바뀌면서 마쓰모토는 외무성 장관이 되었다. 그의 가족사를 알고 있는 사람들은 한일관계가 제대로 나아갈지 걱정부터 했다. 나 역시 그가 과연 한일관계를 제대로 풀어나갈지 의심했다. 아니나 다를까, 그의 첫 번째 작품은 '대한항공 이용 금지'였다. 대지진 이후 한일관계가 그 어느 때보다 중요해진 시점에서 일본 부활에 앞장서야 할 일본 외무장관이 그런 지시를 내렸다는 것은 일본을 위해서도 좋은 일은 아니었다.

두 번째로 야당인 자민당의 압력이다. 이 기회를 통해 정치적 입지를 강화하기 위한 포석이 깔려 있었다. 그들은 일본 정부가 느슨하게 대처했기 때문에 대한항공이 독도 상공을 비행했다며 정부의 책임을 따지겠다고 압박했다.

이후 자민당 국회의원 4명은 한술 더 떠 8월 1일부터 4일까지 직접 울릉도를 방문하겠다고 밝혔다. 강창일 등 한국 국회의원들이 일본인들에게 민감한 남쿠릴 열도의 구나시리(國後) 섬을 러시아 루트로 방문한 데 대한 보복으로 판단된다.

하지만 일본 국회의원들은 이런 말은 하지 않고 울릉도의 독도박물관을 둘러보고 한국 측 독도 영유권 주장을 알아보겠다는 말만 했다. 물론 울릉도를 방문해 자민당에 대한 일본 국민들의 지지율을 높이려는 꼼수도 있었던 것으로 보인다. 무토 마사토시(武藤正敏) 주한일본대사는 이들이 안전하게 울릉도를 방문할 수 있도록 우리 정부에 신변 안전 조치를 공식적으로 요청하기까지 했다.

독도문제가 또 터진 것이다. 7월 19일, 김황식 국무총리는 국무회의에서 "대단히 유감스럽게 생각한다"며 "민간기업을 상대로 한 조치는 국제적 외교관례뿐 아니라 세계무역기구(WTO) 협정에도 반할 수 있는 부적절한 조치로서 조속히 철회해야 한다"고 밝혔다. 또 "대통령이 이미 '천지개벽을 두 번 해도 독도는 우리 땅'이라고 분명히 말한 것처럼 독도는 명백한 대한민국의 영토라는 것이 결코 변할 수 없는 사실"이라고 강조했다.

우리나라 외교부도 같은 날 정례 브리핑에서 "일본 국회의원들의 울릉도 방문 계획은 자제하는 것이 좋겠다"며 "일본 국회의원들이 독도문제를 거론하기 위해 울릉도를 방문할 계획이라면, 그것은 양국 관계 발전을 위해 전혀 도움이 되지 않는다"고 밝혔다. 외교부는 또 "그런 방문을 자제하는 게 좋겠다는 생각을 하고 있다"며 "적절한 대응방안이 무엇일지에 대해 모든 가능성을 열어 놓고 상황을 지켜보면서 검토해나갈 예정"이라고 말했다.

이에 대해 일본의 반응은 뜨거웠다. 특히 해당 의원이 속한 일본 자민당은 즉각 반발했다. 그 선봉에 선 사람은 이시바 시게루(石破茂) 자민당 정책조사회장이었다. 이시바 의원은 "한국인들이 일본에 오는 것이 자유인 것처럼 일본인도 한국 어디든 방문할 수 있다"며 "입국이나 논의조차 허용하지 않는 것은 이 문제의 해결을 막는 것이다"라고 한국 측의 입국 자제 요청을 비판했다. 이시바 의원은 또 "울릉도에서 일장기를 들고 '다케시마(=독도)는 우리 영토'라고 주장할 의도는 조금도 없다"며 "이번 (울릉도) 시찰의 목적은 이 문제가 한국에서 어떻게 이해되고 있는지 알기 위한 것"이라고 강조했다.

이시바 의원과는 개인적으로도 인연이 많다. 2008년 KBS 시사기획 프로그램인 〈쌈〉의 초창기 멤버로 다큐멘터리를 제작할 때 일본 도쿄에서 처음 그를 만났다. 그때 만든 다큐멘터리 제목이 '최초 공개, 일본 자위대 이렇게 만들어진다'였다. 당시 일본 국회 국방위원회 소속 의원이었던 이시바의 취미는 일본 자위대가 보유하고 있는 탱크와 항공기의 축소 모형을 직접 만드는 것이었다. 당시 그는 KBS와의 단독 인터뷰에서 "자위대가 왜 군대가 아니냐"고 당당하게 말했다.

"육·해·공군 및 그 외의 전력을 보유하지 않는다, 나라의 교전권을 인정하지 않는다, 이게 헌법 9조 2항이죠. 그렇다면 자위대는 뭔가요? 화력시범 보셨죠? 신형 전차와 신형 헬리콥터들이 화력시범장을 쉴 새 없이 날아다녔잖아요? 그것들이 육군이 아니라면 믿겠어요? F15 전투기, F2 전투기 200대를 갖고 있어요. 이것을 공군이 아니라면 믿겠어요? 이지스함을 갖고 있고 잠수함을 16대나 갖고 있어요. 이것들이 해군이 아니라는 거예요. 거짓말이죠. 누가 보더라도 그건 군대에요. 그게 군대가 아니라고 거짓말을 해도 되는 건가요?"

참고로 일본 평화헌법 9조는 다음과 같다.

1항 : 일본 국민은 정의와 질서를 기조로 하는 국제 평화를 성실하게 희구하고,
국권의 발동에 의한 전쟁 및 무력에 의한 위협 또는 무력의 행사는 국제 분쟁을
해결하는 수단으로서는 영구히 이를 포기한다.
2항 : 전항의 목적을 달성하기 위하여 육·해·공군 및 그 외의 어떤 전력도 보유하
지 않는다. 국가의 교전권 역시 인정하지 않는다.

무기 현대화에서도 이시바 의원은 조만간 미국 수준의 정찰위성을 독자적으로 운용해야 한다고 주장했다.

"예를 들어 말씀드리면 미사일 방위를 할 때 북한이 미사일을 발사시켰습니다. 몇 시 몇 분에 도쿄에 떨어지고 몇 시 몇 분에 오사카에 떨어질지는 미국 위성이 아니면 알 수가 없습니다. 일본의 이지스함이나 일본의 레이더로는 몇 시 몇 분에 어디에 떨어지는지를 모릅니다. 미국의 위성 역시 고장이 날지도 모르죠. 미국의 위성이 틀린 정보를 보낼지도 모릅니다. 그럴 때 일본은 어떻게 할지를 생각해두지 않으면 안 돼요."

KBS와의 인터뷰 한 달 뒤, 이시바 의원은 자민당 정권인 후쿠다 내각의 방위성 장관으로 선출됐다.

2011년 12월 NHK와의 협력회의에 참석하기 위해 일본에 갔을 때도 우연히 뉴오타니호텔에서 이시바 의원을 만났다. 비서도 없이 혼자였다. 4년 전에 비해 크게 달라진 것은 없었다. 어눌한 듯하면서도 자신감에 넘치는 말투도 여전했다. 다음 선거에서 야당인 자민당이 다시 정권을 잡는다면 그의 역할은 지금보다 더 커질 것이다. 아니, 어쩌면 총리감 후보 1, 2위를 다툴지도 모르겠다. 보수파의 대부를 자처하는 이시바 의원이 총리가 될 경우 독도를 둘러싼 한일 간의 마찰은 또 어떻게 전개될지 궁금하다.

조용한 외교, 당당한 외교, 스마트 외교

도쿄 특파원 3년 동안(2008. 7. 1~2011. 6. 30) 늘 염두에 뒀던 화두는 '어떻게 하면 한일관계를 발전적 방향으로 이끌 수 있을까' 하는 것이었다. 민족감정만 자극하면 시청률이 잘 나온다는 것을 나도 알고 있다. 하지만 언제까지나 그러고 싶지는 않았다. 오히려 일본인들이 지금 무엇을 생각하고 있고, 또 어떻게 하면 일본의 논리를 깨부술 수 있는지에 대한 기사를 써야 한다고 생각했다. 그렇게 하는 것이 미래 지향적인 한일관계를 구축하는 데도 도움이 되기 때문이다.

그러다 보니 서울 본사에 있는 선후배들과 다툴 때도 많았다. "일본에 있다 보니 너도 친일파가 됐구나!"라고 놀리는 사람도 있었다. 하지만 나는 KBS 뉴스의 신뢰도를 높이기 위해서도 차분하게 보도해야 한다고 맞섰다.

물론 그렇다고 두 나라 사이에 있었던 어두운 과거사를 덮어두자는 이야기는 아니다. 결코 잊어서는 안 된다. 자라나는 세대에게도 분명히 교육시켜야 한다. 일제는 식민지 통치 기간 동안 한국인들의 언어를 빼앗고 강제로 전쟁터에 동원했으며 어린 처녀들을 일본군 위안소로 보냈다. 이밖에도 야스쿠니 신사 강제 합사, 한국 문화재 강탈, 그리고 재일동포의 차별 등 해결해야 할 문제가 한둘이 아니다. 풀리지 않는 독도문제는 한일 동반자 관계를 가로막는 주요 외교 현안이다.

그렇다면 독도문제를 어떻게 해결해야 할까? 논란의 소지를 없애기 위해 결론부터 말하면 이렇다. 독도는 대한민국의 영토이고 또 대한민국 영토라는 것을 분명히 일본에 인식시키기 위해 지금보다 훨씬 더 스마트(smart)한 외교 전략을 짜야 한다. 일본이 독도를 자기네 땅이라고 주장할 때만 반짝 모였다가 곧 사라지는 일회성 규탄대회나 독도를 방문해 총 들고 보초 서는 '보여주기식' 정치 행사가 아니라 진지하고 차분하게 우리의 실리와 국익을 생각하는 '스마트 외교 전략'이 절실하다는 것이다.

지금까지 독도문제를 둘러싼 우리 정부의 외교 전략은 크게 다음 두 가지로 요약된다.

첫 번째는 '조용한 외교'이다. 독도문제에 우리가 민감하게 반응할 경우 독도를 국제분쟁 지역화하려는 일본의 노림수에 걸려드는 것이라며 '차분한 대응'을 강조한다. 일본의 의도가 독도를 국제분쟁 지역화해 궁극적으로 국제사법재판소로 끌고 가려는 것이기 때문에 우리가 그런 의도에 휘말릴 필요가 없다는 것이다. 오히려 대응하지 않는 편이 훨씬 더 낫다는 전략이다. 이에 따라 일본 고위급 인사의 독도 영유권 주장에 대변인 명의의 즉각적인 입장 표명과 주한일본대사관 관계자 조치를 자제해왔다.

조용한 외교를 주장하는 사람들은 또 조용한 외교가 실리 외교(effective diplomacy)를 위한 장애물을 제거하고 실리적 효과를 최대화하는 데 목적이 있다고 말한다. 따라서 조용한 외교는 소극적인 외교 전략이 아니라 장기적으로 볼 때 적극적 외교 전략일 수도 있다고 이들은 주장한다.

두 번째는 '당당한 외교'이다. 일본에 대해 우리도 당당하게 비판할 것은 비판하고 주장할 것은 주장하자는 것이다. 정부의 조용한 외교가 독도의 국제분쟁 지역화를 막기 위한 올바른 대응인지에 대해 의문이 일면서 이 전략이 주목받고 있다. 우리가 아무리 대응을 하지 않아도 일본의 독도 영유권 주장은 수그러들지 않고 있으며, 독도가 한일 간 분쟁 지역이라는 인식이 점점 더 국제사회에서 확산되고 있다는 우려 때문에 나온 것이다.

당당한 외교의 대표적인 사례는 아마도 2012년 1월 겐바 고이치로(玄葉光一郎) 일본 외무장관에 대한 정부의 대응일 것이다. 당시 우리 외교부는 가네하라 노부카쓰(兼原信克) 주한일본대사 대리를 외교부로 불러 겐바 장관의 발언에 대해 강력히 항의하고 즉각 철회할 것을 요구했다. 겐바 장관은 하루 전날 일본 국회 외교연설에서 독도문제와 관련해 "받아들일 수 없는 것은 받아들일 수 없다고 (한국에) 전하겠다"며 "하루 아침에 해결될 문제가 아닌 만큼 끈기 있게 대응해나가겠다"고 독도 영유권을 주장했다.

하지만 이 두 가지 외교 전략만으로는 일본의 독도 야욕을 멈출 수 없다. 일본의 독도 야욕에 대해 우리 정부가 강온(強穩) 전략 사이를 왔다 갔다 할수록 일본은 더 치밀하게 대응할 것이기 때문이다. 그렇다면 어떻게 해야 할까?

우리도 기존의 외교 전략을 대체할 좀 더 치밀한 독도 전략을 만들어야 할 것이다. 두 가지 전략을 유기적으로 조합한 이른바 '스마트 외교'가 나타나야 한다. 스마트 외교란 '조용한 외교'도, '당당한 외교'도 아니다. 때로는 조용하게 상대방을 설득하고, 때로는 당당하게 상대방을 위협하면서 최종적으로는 우리가 원하는 방향으로 상대방을 이끄는 외교가 바로 스마트 외교이다. 한마디로 '눈치나 감정에 의존하지 않고 일본을 내 편으로 끌어당기는 외교'를 말한다.

스마트 외교에서 가장 중요한 것은 정당성(legitimacy) 확보이다. 만약 일본 정부나 국민이 우리의 목표가 정당하다고 여긴다면, 우리는 위협이나 협상 카드를 활용하지 않고도 우리가 원하는 대로 일본을 설득하기가 훨씬 더 쉬워진다. 또한 정당성은 눈치나 감정 사용에 따른 저항과 비용을 줄일 수 있다.

그렇다면 어떻게 정당성을 확보할 수 있을까? 첫째, 두려움이 아닌 낙관주의 자세를 유지해야 한다. 독도문제에 대해 우리의 마음속에는 '혹시 일본이 독도를 빼앗아갈지도 모른다'는 두려움이 있는 듯하다. 물론 일본은 아직까지 독도를 자기네 땅이라고 주장하고 있다. 외교부 홈페이지, 국방방위백서, 중고등학교 교과서에서도 독도를 자기네 영토로 표시하고 있다. 일본의 전현직 관료들도 독도를 한국 땅이라고 인정하지 않는다.

하지만 독도는 엄연한 대한민국 영토이다. 따라서 우리는 독도문제에서만큼은 두려움을 가질 필요가 없다. "우리 것을 갖고 왜 너희들이 자기 것이라고 억지를 부리느냐? 대꾸할 일고의 가치도 없다"고 낙관적인 자세를 유지할 필요가 있다. 장사를 할 때 가장 무서운 사람은 상대방이 뭐라고 하든 여유를 갖고 꼼꼼하게 손익을 따지는 사람이다. 마찬가지로 외교에서도 가장 무서운 전략은 낙관주의 자세를 유지하면서 침착하게 대응하는 것이다.

한 걸음 더 나아가 한일관계에서도 우리가 주도권(이니셔티브)을 갖는 것이 중요하다. 한류 드라마와 K-POP 열풍, 그리고 삼성전자와 현대자동차 등 우리에게는 일본인들이 부러워하는 것이 한둘이 아니다. 한국은 위대한 나라다. 한국이 21세기 한일관계의 주도권을 못 쥘 이유가 없다.

둘째, 일본에 빌미를 줘서는 안 된다. 외교는 치밀한 두뇌 싸움이다. 그런데 최근 독도문제를 둘러싸고 발생한 사건들을 보면 우리가 이 두뇌 싸움에서 밀리고 있는 것은 아닌지 우려된다. 예를 들어 일본 외무성의 대한항공 이용 자제 지시는 대한항공이 먼저 독도 상공에 A380을 시험 비행했기 때문에 생긴 것이다. 우리 정부는 총리 산하와 외교부에 독도에 관한 문제를 전담하는 심의기구를 갖고 있다. 대한항공이 사전에 이 심의기구와 충분히 협의를 했다면 문제가 없었을 것이다. 그것이 아쉽다. 결과적으로 대한항공은 일본 내 이미지만 떨어졌고, 일본 우익들에게 대한항공을 이용하지 말자는 빌미를 제공했다.

또 일본 자민당 국회의원 4명이 울릉도에 가겠다고 신청한 것도 사실 따지고 보면 그전에 강창일 의원 등 한국 국회의원들이 남쿠릴 열도의 구나시리 섬을 방문한 데 따른 일종의 보복 성격을 띠고 있다. 구나시리 섬은 우리의 독도처럼 러·일 간에 민감한 영토문제가 있는 곳이다.

물론 "대한항공이 우리 영토인 독도 상공을 비행하는 게 뭐가 잘못이야" 또는 "러·일 간 문제가 되고 있는 남쿠릴 열도 섬을 우리 국회의원이 갈 수도 있는 것 아니냐"라고 말할 수도 있다. 하지만 굳이 우리가 먼저 일본에 공격의 빌미를 줄 필요는 없지 않을까? 결과적으로 일본 외무성은 대한항공을 한 달간 이용하지 말라는 공문을 소속 직원들에게 내려보냈고, 보수 '꼴통' 자민당 의원 4명은 다음 선거를 걱정하지 않아도 될 정도로 일본 내에서 영웅이 돼버렸다. 이것이 우리가 바라던 것인가? 이렇게 하는 것이 과연 독도문제 해결에 도움이 될까? 나는 아니라고 본다. 적어도 우리가 먼저 일본에 빌미를 내줄 필요는 없다고 본다.

셋째, 한국이 무섭다는 것을 일본 스스로 알게 해야 한다. '조용한 외교'를 주장해온 우리나라 외교관들은 "독도가 역사적, 지리적, 국제법적으로 대한민국 영토"라고 주장하면서도 일본 정부에 대해서는 "교과서에 싣지 말아달라" "방위백서에서 빼달라" "외교부 홈페이지에서 삭제해달라"고 협조를 구해왔다. 하지만 일본 정부가 이런 협조를 받아들인 적은 한 번도 없다. 며칠 뒤 독도가 일본 땅이라는 내용이 교과서든, 방위백서든, 외교부 홈페이지에든 실리면 이번에는 한국 언론들이 기다렸다는 듯 일제히 달려들어 애국심을 자극한다. 그러면 시민단체들이 주한일본대사관 앞에서 일장기를 태우고 혈서를 쓴다. 그리고 얼마 지나면 언제 그랬느냐는 듯 다시 조용해진다. 이런 순환 구조가 독도문제가 터질 때마다 반복돼왔다.

일본 정부나 우익 인사들은 이런 구조를 너무나 잘 알고 있다. 처음에는 한국의 과격 반응에 놀랐을 것이다. 하지만 이런 일이 몇 번 반복되어오면서 '그래 조금만 참자. 며칠 있으면 한국인들은 다시 조용해 질 거야'라고 생각하게 되었을지도 모르겠다.

이래서는 독도문제가 해결될 수 없다. 한국을 잘못 건드렸다가는 큰

일 난다는 생각을 스스로 갖게끔 만들어야 한다. 어떻게 그것이 가능할까?

먼저, 일본에 경고를 줘야 한다. 어설픈 경고가 아니라 체계적이고 논리적인 경고여야 한다. 예를 들면 '지금부터 경고하겠다. 독도문제를 자꾸 거론하면 우리는 중대 결심을 할 수밖에 없다. 그에 대한 모든 책임은 일본이 져야 한다'라는 식으로 말이다. 그렇게 말해 놓고도 몇 번 더 기회를 줄 수도 있다. 그럴수록 우리의 정당성은 더 높아질 것이다. 그리고 그 경고를 듣지 않을 때는 독도에 대한 영토주권을 강화하는 방향으로 나아가는 것이다. 말이 아닌 행동으로 말이다. 물론 여기서도 가장 중요한 것은 정당성 확보이다.

10장

일본은 어디로?

우울한 일본

요즘 일본인들은 우울하다. 3·11 대지진 이후 1년이 다 돼가지만 아직도 지진의 공포가 끝나지 않았기 때문이다. NHK 방송의 지진속보는 거의 매일 방송되고 있다. 최근에는 후지(富士)산 일대에서 이상 징후가 포착됐다며 후지산이 폭발하는 것 아니냐는 우려도 증폭되고 있다. 후지산이 마지막으로 폭발한 것은 305년 전인 1707년. 당시에도 후지산 폭발 49일 전, 스루가(駿河)만에서 시코쿠(四國) 앞바다가 진원인 진도 8.6의 대지진이 일어났다. 후지산 폭발과 대지진이 한꺼번에 일어난다면 도쿄와 수도권을 포함한 관동 지역은 그야말로 초토화될 것이다.

엎친 데 덮친 격으로 일본 내 최고 지진전문기관인 도쿄대 지진연구소가 최근 충격적인 발표를 했다. 2012년 1월 24일, 도쿄대 지진연구소는 도쿄와 요코하마(橫浜), 지바 등 수도권에서 규모 7.0 이상의 강진이 발생할 가능성이 '4년 내 70%'로 높아졌다고 발표했다. 지금까지 일본 문부과학성 산하 지진조사연구 추진본부는 수도권 직하형(直下型) 지진을 포함해 미나미간토(南關東) 지역에서 규모 7.0 이상의 지진이 발생할 확률을 '30년 내 70%' 정도로 추정했다. 무려 26년이나 앞당겨진 것이다. 6개월 전에 간 나오토 전 총리가 경고한 '규모 8.0 정도의 도카이 대지진이 발생할 확률이 87%'라는 것도 30년을 상정한 것이었다. 그런데 이번 도쿄대 지진연구소는 앞으로 4년 안에 동일본 대지진과 같은 규모의 거대 지진이 도쿄와 수도권을 덮친다고 한 것이다.

가뜩이나 불안한 일본인들은 거의 패닉 상태이다. 더욱이 이번에 발표된 지진의 형태가 '직하형 강진'으로 알려지면서 충격은 더 크다. 직하형 강진은 1995년 한신·고베 지진(규모 7.3)처럼 지반이 상하로 흔들리기 때문에 한순간에 대도시를 폐허로 만들 수 있다.

도쿄만 북부에서 한신 대지진과 같은 규모 7.3의 직하형 지진이 발생할 경우 얼마나 많은 피해가 발생할까? 일본 중앙방재회는 관동 대지진과 같은, 초속 15미터의 바람에 저녁 6시라는 상황을 대입한 결과 사망 11,000명에 화재로 인한 가옥 파손은 85만 채에 이를 것으로 추정했다. 특히 지반 침하로 강둑이 무너지면서 대규모 홍수도 우려되었다. 이럴 경우 도쿄도의 저지대 주택가는 대부분 침수되고 전철과 버스 등 대중교통 수단도 제 기능을 못하게 된다. 집까지 거리가 멀어 걸어가기가 힘든 사람이 도쿄도 내에만 390만 명, 수도권 전체를 합치면 650만 명에 이를 것으로 추정된다. 물론 이것도 집까지 10킬로미터 이내인 사람은 모두 걸어간다는 전제 아래 나온 숫자이다.

특히 '수도 직하지진(首都 直下地震)'이 일어나면 침체에 빠진 일본 경제는 직격탄을 맞을 수밖에 없다. 복구비용과 생산 기능에 지장을 주는 부분까지 포함하면 일본의 국가예산(92조 엔)을 넘어서는 112조 엔의 피해가 날 것으로 예상된다.

지진이 일어나기 전에 미리 알면 피해를 줄일 수 있지 않을까? 하지만 이번 동일본 대지진에서도 알 수 있듯이 '언제, 어디서, 어떻게' 지진이 일어날지를 예측한다는 것은 사실상 불가능하다. 아직까지도 지진은 현대 과학으로 알 수 없는 신의 영역이라고 말해진다. 익명을 조건으로 KBS 취재에 응했던 일본의 한 지진전문가는 다음과 같이 말했다.

"일본은 40년 전에 이미 '지진예지연락회(地震予知連絡会)'를 만들었어요. 지진 분야에서는 둘째가라면 서러운 사람들이 다 모였어요. 이름만 들어도 다 알 만한 쟁쟁한 사람들이죠. 돈과 사람을 투입해 미리 지진을 예측해내는 지진예지 연구에 총력을 쏟았어요. 하지만 그런 과정을 통해 우리가 배운 것은 '예지는 역시 안 된다'는 것이었습니다. 그래도 건진 것이 있다면 '장기 예측 연구'입니다."

간 나오토 전 총리가 30년 안에 진도 8 정도의 도카이 대지진이 일어날 확률이 87%라고 말한 것도 이런 장기 예측 연구에 따른 것이다. 하지만 이러한 장기 예측도 어디까지나 확률적 통계에 불과하다.

"확률치의 80%는 과거 119년간 규모 6이나 7 이상의 지진이 5회 이상 일어났다는 통계에 따른 것에 불과합니다. 관동 지역(도쿄와 수도권) 지하에는 필리핀해(海)판과 태평양판, 그리고 육지판이라는 3장의 거대한 판이 겹쳐 있습니다. 하지만 이 판들이 어떻게 밀치락달치락하는지는 아직까지도 모릅니다. 혹시 우리가 모르는 또 하나의 작은 판이 있을 수도 있습니다."

일본은 경제대국이라는 자존심에도 상처를 받고 있다. 일본의 경제 전망이 갈수록 나빠지고 있기 때문이다. 2011년 일본의 통관 기준 무역수지는 2조 4,927억 엔 적자. 통관 기준으로 일본이 무역적자를 기록한 것은 제2차 유가파동으로 석유 수입액이 급증했던 1980년 이후 31년 만이다.

후루카와 모토히사(古川元久) 경제재정·국가전략 장관은 동일본 대지진과 유가급등 등으로 일시적으로 무역적자가 나타났다며 크게 문제될 것이 없다고 밝혔다. 하지만 일본 재계를 대표하는 경단련(經團連)의 관측은 이와 좀 다르다. 요네쿠라 히로마사(米倉弘昌) 회장은 적자가 일시적일 수 있지만 엔고가 장기화될 경우 무역적자가 장기화될 수 있다고 우려했다.

경제전문가들의 시각은 더 비관적이다. 일본의 강점인 수출산업의 경쟁력이 구조적으로 약화됐기 때문에 무역수지 적자는 해를 거듭할수록 더 늘어날 수밖에 없다는 것이다. 앞으로 3~4년 안에 무역수지 적자가 10조 엔에 이를 것으로 보는 전문가도 적지 않다. 심지어 무역수지 적자로 인해 현재 흑자를 유지하고 있는 일본의 경상수지도 머잖아 적자로 변할 것이라고 예상하는 전문가도 나타나고 있다. 경상수지가 적자로 돌아선다면 부채 상환을 위한 일본의 대외의존도가 높아지게 된다. 경상수지의 또 다른 구성요소인 소득수지도 위험하다. 은퇴한 베이비부머 세대가 저축을 노후자금으로 사용하게 되면 경상수지도 적자가 될 수 있기 때문이다.

여기에다 선진국 가운데 GDP 대비 국가부채 비율이 가장 높은 나라가 일본이다. '너무 많은 부채' '너무 낮은 성장' '너무 많은 고령' '너무 적은 어린이' 등 일본 경제를 상징하는 모든 조건들이 최악이다. '잃어버린 20년'도 모자라 어쩌면 '잃어버린 30년'으로 이미 접어들었는지도 모르겠다.

지금까지 일본이 버틸 수 있었던 것은 15조 달러에 달하는 가계저축 덕분이다. 하지만 이것만 믿기에는 대내외적 변수가 상당히 좋지 않다. 최근 〈월스트리트저널〉은 유럽발 국가부채 위기의 그림자가 이제 일본에까지 확산됐다고 보도했다.

그 근거로 일본 국채 신용부도스왑(CDS) 비용의 급격한 상승이 제시됐다. 일본의 5년 만기 국채의 CDS 고점은 대지진 넉 달 뒤인 2011년 7월 90bp(bp는 100분의 1%)였다. 하지만 2011년 10월에는 110bp까지 오르더니 2012년 1월에는 155bp에 이르렀다. 프랑스(222bp), 이탈리아(530bp)보다는 낮은 수준이라고 하지만 그렇다고 안심할 수 있는 정도는 아니다.

우선, 국제 신용평가사들이 일본에 대해 호의적이지 않다. 스탠더드앤드푸어스(S&P)와 피치는 일본의 국가채무를 이유로 신용등급이 조만간 강등될 것이라고 수차례 경고했다. 해결방법은 판매세율 인상 등 일본 스스로의 자구책 마련이다. 하지만 일본 정치인들은 아직까지도 사태의 심각성을 인식하지 못하는 듯하다. 노다 요시히코 총리가 세수 증대를 위해 판매세율을 점진적으로 10%까지 인상하는 방안을 제시했지만 야당은 물론 여당 내에서도 반발이 심하다.

두 번째는 천문학적인 일본의 국채 규모이다. 수십 년간의 방만한 지출로 일본의 국가부채는 GDP의 2배를 넘었다. 미국 국채와 비슷한 수준이다. 더군다나 2013년 3월까지 이어지는 2012년 회계연도에서 세수가 커버할 수 있는 부분이 45%에 불과하다. 나머지는 또 빚을 내야 한다. 이처럼 국채 규모가 커진 것은 3·11 동일본 대지진 이후 투여된 막

대한 재건 비용도 한몫했다. 경제협력개발기구(OECD)는 재건 비용 지출로 일본의 GDP 대비 국가부채 비율이 2012년에 최고 230%까지 늘어날 것으로 전망했다.

NHK 서울 특파원의 고백

한국에 나와 있는 일본 특파원들의 심정은 어떨까? KBS 본사 IBC 건물 7층에는 NHK 서울지국이 있다. 나는 가끔 그곳을 찾는다. 3년 동안 배운 일본어를 잊어먹지 않으려는 속셈(?)도 있지만, 그보다는 온갖 정보를 얻기 위함이다. 사실 그곳에서는 언제나 그렇듯 한국어가 공용어가 된다. 내가 하는 일본어보다 NHK 특파원이 하는 한국어가 훨씬 더 자연스럽고 완벽하기 때문이다.

NHK 서울 특파원들 가운데서도 특히 와카즈키 씨와는 오랜 친구처럼 허물없이 대화하는 사이이다. 주제는 정치, 경제, 사회, 문화 등 그때그때 달라진다.

2012년 2월 토요일 오후, 나는 와카즈키 씨를 KBS에서 가까운 한 이탈리아 음식점에 초대했다. 와인을 마시면서 나는 일본 경제가 걱정된다고 말했다. 일본어로 "사키가 미에나이(先が見えない, 앞이 보이지 않는다)"라고 직접적인 표현까지 썼다. 그녀는 한참 동안 말이 없더니 자기도

요즘 그런 느낌이 많이 든다고 말했다.

"며칠 전 LG전자에 다녀왔어요. 새로 내놓은 최첨단 TV를 취재했는데요, 정말 놀랐어요. 놀라운 기술이었어요. 머잖아 이 새로운 TV가 세계시장을 점령하겠구나 하는 생각이 들었어요. 한편으로는 일본 사람으로서 부러웠어요. 왜 우리(일본)는 LG와 같은 TV를 만들 수 없는 걸까? 갑자기 궁금증이 들었어요. 그래서 담당 임원에게 물어봤어요. '일본에도 소니나 파나소닉 등 대형 전자회사들이 있는데, 왜 이런 일본 기업들은 LG와 같은 첨단 TV를 만들지 못하는 거죠? 그 이유가 기술력 때문인가요? 아니면 다른 이유가 있어서일까요?'

그랬더니 우리를 안내해준 LG전자 임원은 '일본이 갖고 있는 기술이나 우리(LG)가 갖고 있는 기술이나 큰 차이가 있다고는 보지 않습니다. 우리가 이런 TV를 만들 수 있는 것은 '기술력'이 아니라 '과감한 투자'입니다. 이것이 꼭 필요한 것이라고 판단되면 우리는 결단력 있게 과감하게 투자를 합니다. 공장을 다시 짓고 공장 라인을 새로 바꿉니다. 이것이 LG와 일본 기업들의 차이점이라고 생각합니다'라고 말했어요.

취재를 마치고 돌아오는데 기분이 묘했어요. 뭐랄까요, 정말 자괴감이 들었어요. 아, 이러다 일본 기업들이 모두 한국 기업에 뒤처지는 것 아닌가라는 생각이죠. 한때 세계 최고를 자랑하던 일본 기업들이 왜 이렇게 한국 기업에 맥을 못 추는 걸까요. 일본 전자업계가 다 뭉쳐도 LG전자를 따라 잡을 수 없다는 것은 이미 불편한 진실이 된 지 오래지요.

다음은 현대자동차 차례가 될 것 같아요. 현대자동차가 도요타자동차를 추월할 날도 멀지 않았다는 생각이 들었어요. 정말 그렇게 된다면 일본은 어떻게 될까요? 도요타는 일본인들에게 '희망의 등불'과 같은 존재예요.

총리가 1년 만에 사임해도 놀라지 않던 일본인들도 대규모 리콜 사태로 도요타가 위험하다고 할 때는 잔뜩 긴장했어요. 그만큼 도요타는 일본인들의 국민기업이죠. 그런 도요타도 한국의 현대자동차를 이제는 의식하지 않을 수 없게 된 거예요."

와카즈키 씨는 잠시 말을 멈추고 와인을 한 모금 마셨다. 나는 그녀에게 "하지만 원천기술은 일본이 다 갖고 있잖아요? 그것이 일본의 힘 아닌가요?"라고 물었다.

그녀는 천천히 고개를 끄덕이며 말했다.

"그렇죠. 원천기술은 일본이 앞섭니다. 하지만 지금은 기술만 갖고 버틸 수 없어요. 새로운 자본주의 체제에 맞는 근본적인 개혁이 필요하다고 봐요. 그러기 위해서는 기업가들뿐만 아니라 정치인들이 먼저 정신을 차려야 해요. 위기의식을 가져야 일본이 다시 일어설 수 있다고 생각해요."

와인 한 병을 둘이서 다 마셨다. 와카즈키 씨의 얼굴이 조금 빨개졌다. 평소 술을 잘 마시지 않는 그녀가 그날은 과음을 한 것이다.

"저도 일본 사람이에요. 가끔은 저도 자존심이 상해요. '삼성전자가 신제품을 개발했다.' '현대자동차의 영업이익이 크게 올랐다.' 'LG전자가 일본 시장을 공략한다' 등 한국 기업들의 좋은 점만 보도하지는 않아요. 가끔은 한국 경제의 어두운 모습도 취재해요. 대기업과 중소기업 간의 불평등문제라든지 노사문제, 그리고 쪽방촌에서 어렵게 사는 빈민층도 취재해요. 한국 경제가 발전한 것 같지만 이면에는 이런 어두운 면도 있다고 보도하는 거죠.

그런데 그런 보도가 나가면 일본 내 반응이 좋아요. NHK 시청자들로부터 '좋은 보도였다'는 내용이 접수되고, NHK 보도본부 안에서도 선후배들로부터 고생했다는 얘기를 많이 들어요. 왜 그럴까 생각해봤어요. 한국 경제가 좋다는 기사보다 한국 경제가 어둡다는 기사에 왜 일본 사람들은 더 많은 관심을 갖는 것일까?

아마도 한국을 후발국이 아닌 '경쟁자'로 인식하기 때문이 아닐까 생각해요. 어느 순간인가 한국이 일본의 라이벌이 돼버린 거죠. 도쿄의 유명 전자상가에는 삼성이나 LG TV가 히트 상품으로 소개되고 있어요. 일본 젊은이들 사이에서는 삼성전자의 갤럭시 스마트폰이 인기예요."

나는 와카즈키 씨의 말을 들으면서 많은 생각을 했다. 일본인들이 요즘 들어 부쩍 한국에 대해 도발적인 태도를 갖는 것도 이런 이유들 때문이 아닐까 하는 생각이 들었다. 예를 들면 일본군 위안부문제 사과 거부라든지 독도 영유권 주장과 같은 것이다. 실제로 내가 만난 일본인들 가운데 상당수가 그런 말을 했다.

"3·11 대지진이 났을 때 제 주위에 있던 한국 사람들은 저에게 '괜찮냐?' '일본에 계신 부모, 친지들은 다 무사하냐?' '일본은 다시 일어설 것이다' 등 위로를 해줬어요. 정말 눈물이 날 정도였어요. 한국 사람들이 이렇게 따뜻한 감정을 가졌는지 몰랐어요.

그런데 일본 교과서에 다케시마(독도)를 일본 땅으로 기록했다는 소식이 전해지면서 한국 사람들의 태도가 변했어요. '독도가 왜 일본 땅이냐?' '도와줘봤자 일본인은 믿을 수 없다' 등등. 심지어 한국적십자사에서는 성금을 돌려달라는 한국인들 때문에 제대로 일을 못 볼 정도라고 들었어요.

무엇이 한국인의 모습이죠? 대지진이 났을 때 저에게 보여준 관심과 애정은 '인도주의적인 사랑' 아니었나요? 무엇을 바라고 그랬던 것은 아니잖아요? 독도 영유권 주장과 지진 피해 성금은 별개 아닌가요? 처음부터 독도를 포기하라는 뜻에서 지진 성금을 모으고 일본에 보낸 건가요?"

일본군 위안부문제와 관련해서도 일본인들의 시각은 우리와 분명히 달랐다.

"뭘 더 하라는 겁니까? 1992년 미야자와 기이치(宮澤喜一) 총리가 서울에서 '과거 일본의 행위에 대해 마음속으로부터 반성과 사과를 한다'고 밝히지 않았습니까? 당시 서울에서는 '수요집회'가 열렸고 파고다공원에서 화형식도 있었어요. 그런 분위기 속에서도 마야자와는 '군이 직접 관여한 점 부정할 수 없다'고 솔직하게 반성했어요. 그리고 6개월 뒤 가토 고이치(加藤紘一) 일본 관방장관이 '위안소의 설치나 운영, 감독 등에 정부가 관여했다'고 다시 한 번 인정했어요. 이듬해에도 고노 요헤이(河野洋平) 관방장관이 담화에서 '일본 관헌 등이 (위안부 모집에) 직접 가담했던 일도 있다'고 인정했어요. 이렇게 해서 나온 것이 1994년 무라야마 도미이치(村山富市) 총리의 위안부 사죄 담화입니다. 민간기금에 의한 위문금 지급 구상도 발표했어요.

그런데 한국 내 시민단체들이 반대했어요. 일본 정부의 책임을 인정하라는 것인데, 이 정도면 일본도 할 만큼 한 것 아닌가요? 뭘 더 원하는 겁니까? 일본 천황이 서울에 와서 머리를 조아리고 사죄라도 해야 됩니까? 그리고 천황이 사죄한다고 한국인들의 마음이 다 풀릴까요? 저는 아니라고 봅니다. 우리의 입장도 생각해줘야죠."

죽음의 공포가 남긴 질문

3·11 대지진 다음 날. 도쿄대학교의 한 연구실 컴퓨터에 한 통의 이메일이 도착했다. 대기 중 방사능 수치가 높아 연구자들은 외출을 자제해 달라는 내용이었다. 밤에는 환풍기도 틀지 말라고 적혀 있었다.

도쿄대 안에 설치된 방사능 관측기에서 측정된 방사성 물질이 점점 늘어나고 있다는 사실을 감지한 것이다. 눈에 보이지도 않고 냄새도 나지 않는 방사성 물질은 우리가 알고 있는 것보다 훨씬 더 빠르게 확산된다. 하지만 당시 일본 언론에서는 이런 사실을 보도하지 않았다. 언론도 모르는 방사능 확산을 연구자들은 이미 알고 있었던 것이다. 어쩌면 그때 그 이메일은 후쿠시마원전 최초의 방사능 경보였는지도 모르겠다.

후쿠시마원전 3호기가 폭발하던 3월 15일, NHK 헬기 카메라는 원전 3호기에서 모락모락 피어나는 연기를 포착했다. KBS 도쿄지국에 있던 지국장과 나는 너무 놀라 TV에서 눈을 떼지 못했다. 수증기처럼 보이는 저 하얀 연기 속에 인체에 치명적인 방사성 물질이 얼마나 포함돼 있을까? 그리고 이 방사성 물질이 도쿄로 날아온다면 어떻게 될까? 우리는 비상대책을 세워야만 했다. 최악의 경우 도쿄지국을 폐쇄하고 더 남쪽으로 이동해야 한다. 하지만 그런 결정을 내리기는 쉽지 않았다.

KBS가 남쪽으로 이동한다면 당장 교민사회가 흔들린다. 모두가 불안한 상황이었다. 또 앞으로 얼마나 더 큰 위험이 있을지 아무도 예측 못하는 상황이었다. 그래서 재일동포와 주재원들은 KBS의 일거수일투족을 지켜보고 있었다. 머릿속으로는 '차후 대책을 세워야 한다'면서도 겉으로는 태연하게 행동해야만 했다. 재일동포나 주재원들로부터 전화를 받아도 '안심하라'는 말만 했다.

특파원의 임무는 현장을 지키는 것이다. 아무리 어려운 상황이 있어도 자신의 근무지를 떠날 수 없다. 서울에서 파견 나온 동료나 선후배들이 모두 한국으로 철수하더라도 KBS 도쿄 특파원은 일본에 남아야 한다. 그것이 우리의 사명이기 때문이다. 우리는 일본을 떠나는 것이 아니라 취재를 계속할 수 있는 곳을 찾고 있었다.

지국장은 서울 본사에 이런 상황을 설명했다. 하지만 본사는 좀 더 기다려보자는 답만 내놓았다. 하루 뒤, 도쿄 주재 한 언론사 선배로부터 전화를 받았다. 하네다공항으로 이동하면서 전화를 했다며 "우리는 남쪽 후쿠오카로 철수한다. KBS도 잘 판단하라"고 말했다.

순간 머리가 멍했다. '올 것이 왔구나! 이제 KBS는 어떤 선택을 해야 할까?' 지국장과 장시간 논의했다. 그리고 다음과 같은 결론을 내렸다.

1) 섣불리 도쿄를 떠나서는 안 된다.
2) 주일한국대사관의 동태를 주시한다.

3) NHK와의 협력을 강화한다.

4) 본사의 지침에 따른다.

우리만 대책을 세우고 있는 것은 아니었다. 당시 주일미국대사관도 사태의 심각성을 인식하면서 자국민 철수 대책을 세우고 있었다. 3월 17일, 일본 후쿠시마원전 반경 80킬로미터 이내 자국민들에게 대피 권고를 한 데 이어 일부 자국민들에게는 일본을 떠나도 좋다고 말했다. 도쿄, 요코하마, 나고야 일대에 거주하는 외교 공관원의 가족과 부양인 약 600명에게 '자발적 대피(authorized departure)'를 제안한 것이다. 이는 '철수 명령(ordered departure)'보다는 한 단계 약한 것이다.

서울 본사에 정확한 정보를 제공하기 위해 지국장은 NHK 담당자들도 만났다. 특집 9시 뉴스가 다 끝나고 자투리 시간을 이용해 지국장과 나는 NHK가 어떤 대책을 세우고 있는지, 만약 도쿄가 위험해 피난을 가게 된다면 어디로 가는지 등을 자세히 물었다.

NHK는 당장 사무실을 옮길 계획은 없다고 했다. 하지만 최악의 경우 남쪽에 있는 오사카지국을 중심으로 비상방송 체제를 갖출 수도 있다고 귀띔했다. 방송이 끊기면 국민들은 더 큰 공포를 느낀다. 어떠한 일이 있어도 방송만큼은 계속 내보낸다는 것이 NHK의 사명이라는 말도 덧붙였다.

오사카지국을 중심으로 비상방송이 시작되면 부근에 있는 고베와 교토 등 다른 NHK 지역방송국들도 바빠진다. 또 오사카 남부에 있는 지방방송국들도 중계차 지원 등 업무 협조가 이뤄진다.

우리는 NHK가 오사카로 이동하게 되면 오사카지국 건물 안에 KBS를 위한 특별 공간을 제공해달라고 요구했다. 그들은 최대한 협조하겠다고 말했다. 하지만 문제는 KBS를 위한 방송망을 구축하는 것이었다. 방송은 공간만 확보된다고 할 수 있는 것이 아니다. KBS 본사와 연결할 수 있는 통신망을 갖춰야 생방송이나 중계차 참여가 가능하기 때문이다.

다행히 방사능 공포는 시간이 지나면서 수그러들었다. 모든 것이 다시 정상을 되찾아갔다. 서울에서 파견 나왔던 선후배들도 모두 돌아갔다. 도쿄지국 이전 구상은 더 이상 논의되지 않았다. 지국장도 나도, 그리고 서울 본사 데스크도 입을 다물었다. 마치 아무 일도 없었다는 듯이 일상의 생활을 해나갔다.

'역사는 승자의 기록'이라는 말이 있다. 우리는 승자는 아니다. 하지만 역사의 현장에서 우리는 치열하게 고민했다. 우리 자신의 목숨보다 시청자를 우선 생각했고, 어떻게 하면 방송을 계속할 수 있을지에 대해 밤잠을 설치며 논의했다. KBS의 판단이, 아니 우리의 생각이 반드시 옳았다고는 생각하지 않는다. 하지만 분명한 것은 간 나오토 전 총리가 최근 일본 언론에 고백한 것처럼 당시 도쿄는 위험했다. 우리가 상상하지 못할 정도로 정말 위험한 상황이었다. 도쿄에 사는 모든 주민들에게 '도쿄를 떠나라'고 대피 명령을 내려야 할 극한 상황까지 상정됐다.

후쿠시마원전 3호기가 폭발한 지 이틀 뒤. 일본 외신기자클럽에서 긴급 기자회견이 있었다. 문제의 후쿠시마원전을 설계한 오구라 시로(小倉志郞) 씨가 외신기자들 앞에서 충격적인 고백을 했다.

"말이 좀 그렇긴 하지만 '무지(無知)'에 가까운 상태였습니다. 너무 안이했어요. 쓰나미에 대한 의식이 부족했어요."

그때 한 외국 기자가 좀 더 구체적으로 말해달라고 질문했다. 그러자 오구라 씨 옆에 앉아 있던 사키야마 히사코(崎山比早子) 전 일본방사선의학종합연구소 주임연구관이 그 기자를 향해 말했다.

"지금 그런 질문을 할 때가 아닙니다. 시간이 있을 때 당장 일본을 떠나세요. 지금 당장 떠나는 것이 좋다고 생각합니다."

회견장은 순식간에 찬물을 끼얹은 것처럼 조용해졌다. 외신 기자들은 서로의 얼굴을 쳐다보며 한동안 말이 없었다. 그랬다. 2011년 3월의 도쿄에는 말로 표현하기 힘든 '공포 분위기'가 퍼져 있었다.

도쿄 세카가야구 나카마치 4-16-10 베르메종 201호(東京 世田谷区 中町 4-16-10 ベルメゾン 201号). 어두운 방 한구석에서 나는 소리 없이 다가오는 대지진의 공포를 온몸으로 느꼈다. 창밖에 서 있는 벚나무는 화사한 벚꽃을 한껏 피우고 있었지만 나의 마음은 편하지 않았다.

아시아를 탈피해보겠다며 제국주의의 길을 선택한 일본. 히로시마와 나가사키에 원자폭탄 공격을 받아 세계 유일의 피폭국이 되었던 일본.

그런 일본이 66년 만에 또다시 방사능 공포에 떨고 있다.

자신들이 자랑하던 후쿠시마원전에서 폭발사고가 잇따르면서 '죽음의 재'라는 방사성 물질이 일본 열도로 퍼져나가고 있다. 역사의 아이러니일까?

제2차 세계대전을 일으켰던 그들의 선조들은 대일본제국이라는 '군사력'을 너무 믿었고, 그 결과 원자폭탄이 투하되면서 수많은 사람들이 목숨을 잃었다. 그리고 66년 뒤인 지난 2011년 3월. 이번에는 '과학기술'을 너무 믿었다. 어떠한 일이 있더라도 '원자력은 안전하다'고 믿었다. 하지만 원자로는 폭발했고, 방사성 물질은 누출됐다. 일본이 자랑하던 '원자력 안전 신화'가 철저하게 깨진 것이다. 앞으로 얼마나 많은 사람들이 목숨을 잃을지 아무도 모른다.

헤겔이 말한 것처럼 "우리가 역사 속에서 배우는 것은 역사 속에서 아무것도 배울 수 없다는 것을 배우는 것"인지도 모르겠다. 자신의 힘만을 믿고 한국과 다른 나라를 점령했던 일본. 과학기술만 믿고 지진대국 일본 열도에 원전을 세운 일본. 역사는 진짜 되풀이되는 것일까? 나는 그 답을 일본인들에게 묻고 싶다.